本书为笔者主持的教育部人文社科课题"群体冲突诱因与干预机制研究——基于长三角区域的调查"（项目批准号：11YJA810026）之扩展研究成果。

从群体冲突到全球治理

认同的失范与重构

From Mass Unrest to Global Governance: Identity Anomie and Its Reconstruction

张全义 著

中国社会科学出版社

图书在版编目（CIP）数据

从群体冲突到全球治理：认同的失范与重构/张全义
著. —北京：中国社会科学出版社，2015.9
ISBN 978 - 7 -5161 -5842 -5

Ⅰ.①从… Ⅱ.①张… Ⅲ.①群体性—突发事件—公共
管理—研究 ②国际政治—研究 Ⅳ.①D053 ②D5

中国版本图书馆 CIP 数据核字（2015）第 063897 号

| | | |
|---|---|---|
| 出 版 人 | 赵剑英 | |
| 责任编辑 | 侯苗苗 | |
| 责任校对 | 季　静 | |
| 责任印制 | 王　超 | |

| | | |
|---|---|---|
| 出　版 | 中国社会科学出版社 | |
| 社　址 | 北京鼓楼西大街甲 158 号 | |
| 邮　编 | 100720 | |
| 网　址 | http：//www.csspw.cn | |
| 发 行 部 | 010 - 84083685 | |
| 门 市 部 | 010 - 84029450 | |
| 经　销 | 新华书店及其他书店 | |

| | | |
|---|---|---|
| 印　刷 | 北京君升印刷有限公司 | |
| 装　订 | 廊坊市广阳区广增装订厂 | |
| 版　次 | 2015 年 9 月第 1 版 | |
| 印　次 | 2015 年 9 月第 1 次印刷 | |

| | | |
|---|---|---|
| 开　本 | 710 × 1000 | 1/16 |
| 印　张 | 18 | |
| 插　页 | 2 | |
| 字　数 | 305 千字 | |
| 定　价 | 66.00 元 | |

# 认同安全："群体冲突"研究的非传统安全视角（代序）

我与张全义博士相识多年，平时常有相互交流与砥砺。他自2005年起任浙江大学非传统安全与和平发展研究中心兼职研究员以来，发表了不少很有见地的非传统安全研究论文。张全义博士是一位能甘坐孤独的"冷板凳"，独守清贫的"理论岛"的学者。特别是近几年，他专心治学，相继完成了几部重要著作，发表了数十篇中英文学术论文与时政评论。《从群体冲突到全球治理：认同的失范与重构》一书是张全义博士在学术探索上取得的又一新成果。

纵览全书，该书的阐述特点有三：

一是强调群体冲突研究的非传统安全视角。非传统安全问题往往具有全球的性质，目前越来越多的国内群体冲突转化为具有国际性影响的非传统安全问题与挑战。

在全球化时代，凡是引起大规模群体冲突和暴力性的事件，其真实的诱因往往源于多个层面，并往往超越主权国家的既存边界；比如，21世纪初以来的中东乱局，像萨达姆、卡扎菲、穆巴拉克、本·阿里政权的倒台或危机某种程度上就说明了这一点。前几年中亚发生的"颜色革命"、泰国的"红黄衫党群体示威"、中东的"阿拉伯之春"事件都与种种外源性非传统安全威胁因素存在着这样或那样的关系，甚至这些非传统安全威胁因素与传统安全威胁因素相互交织，形成新的国际性冲突，如欧美与俄罗斯在乌克兰问题上的博弈便是一例。就我国而言，近30年来中国的一些重大政治事件的发生也多多少少与地缘政治、大国关系、国际体系的格局变幻有关。这种复杂场景或新挑战亟须非传统安全研究学者对之作深入的理论剖析与研究。

可喜的是，本书作者能从非传统安全的视角对群体冲突的政治治理作深入的理论考察，并运用多学科交叉的方法对群体冲突作总体性研究。作者能围绕失序的政治生态如何进行政治治理展开深入探讨。在剖析美国的次贷危机、中东的持续乱局、泰国的政治危机、乌克兰的冲突事件、伊斯兰国的极端行为等问题时，作者分析称：群体冲突的升级不是暴力便是战争，甚至可能持续发酵为国内革命或引发全球性危机或世界级的战争。作者在分析中国的语境基础上指出："在我国，自 20 世纪末伊始，群体冲突事件似乎也进入了一个高发期，尽管与上述的冲突、暴力在性质上与原因上有所区别，但其带来的政治、经济效应仍值得高度关注。"在研究中，作者观察到我国群体冲突的若干新特征："冲突的诱因不断泛化，冲突的参与者身份日益多元化，冲突的表征不断趋于暴力或恐怖，并使诸多社会行为体或使动者互相碰撞、会聚并形成巨大的冲击波并给国内的政治治理带来前所未有的挑战。"作者认为，这一切不仅使群体冲突与化解成为了政治治理中不可回避的议题，也使基于传统体制的政治治理陷入某种程度的困境。因而用非传统安全视角对群体冲突的政治治理进行研究尤其重要。

二是强调心理认同失范状态下的认同再建构。人的价值生命是一种特定场域中的关系复合体。著名的德国社会学家诺贝特·埃利亚斯（Nobert Elias）说过："每一单个的人，一旦他诞生在这个世界上，就已经被置于先他在场的某个人类群体中"，"我们叫做'心灵'、'心理'的那个东西，实际上不外是这些联系功能的一种相互关联……相反，人的有机性天生地就在他是一个更为广大的世界的一部分。"

群体冲突是任何社会在"有序—失序—有序"转换中的重要表征，而深度全球化则给我们的社会转换与治理提出了诸多新的挑战，这些挑战引发出以下一连串问题：如果说以往生命安全、利益失却、经济受损是导致群体冲突的一个诱因，那么，在当下物质、福利和安全基本得到保证的情况下，规模性冲突事件为什么还会接连发生？如果说诱发群体冲突的认同成因与群体潜意识相关联，那么，意见领袖或领头人在群体冲突事件中担当了什么样的角色？冲突群体与领头人之间又是如何互动并在理念上实现共享？如果说勒庞之"乌合之众"理论让我们洞悉了冲突之后的从众心理，那么，如何理解社会组织、国家甚至体系心理对政治治理的挑战？全球化的场景下国际关系、地缘政治、媒体失范等又给国家治理带来了哪些挑战？纵览全书，作者围绕上述问题做了一个大胆尝试，不仅对社会人、群体之冲突心理形成及其化解进行了讨论，而且在国家与体系心理层面做了探索。

认同是安全的核心变量。心理认同、集体认同、国家认同等并非是空洞或抽象的话语，其生成或转换离不开根植于其中的社会场景。然而，面对群体冲突的政治治理，我们需要进一步发问：阶级/阶层认同、体系/制度认同、文化价值认同本身及其之间如何形塑社会结构？社会认同实现的路径或机理表现在哪些方面？在结构生成上如何形塑了一个阶级或阶层，并如何影响社会制度或体系的转换？全球化场景下阶级或阶层认同发生了哪些变化？阶级认同是否仍将沿袭历史的传统对社会制度的变迁发挥变量性的作用？国际政治的复杂性与世界经济体系的非平衡发展是否会催生一个国际无产阶级的出现？诸如此类的问题虽比较宏大，但与现实紧密相关，是从事社会治理研究所不可逾越的问题，难能可贵的是，作者结合自己的研究方向，从认同生成与转换、失范与建构的维度对上述问题做了梳理与回答。

作者认为，认同建构是政治治理的首选路径，而认同的最终生成又取决于使动者在个体、组织与体系层面的建构。这"建构的建构"的逻辑似乎是作者想给读者指出的政治治理的必然逻辑。然而，群体不合作、群体抗议示威乃至种种过激的群体冲突又似乎打破了这一逻辑的顺利展开，进而使得政治治理出现了难以超越的困境。作者指出，认同失范是政治治理困境的关键所在，特别是"心理认同失范是导致从国内到全球治理失序的渊薮"，心理认同与群体冲突、全球治理的关联是人类社会场域联系的主要特征。为此，作者认为对心理认同的范式重构是解决现实政治治理困境的一个重要路径，这是因为心理认同范式具有以下特征：心理认同生成与其相应的社会场域或场景有着深刻的联系，心理认同机制与社会秩序和社会发展有着深刻的联系，心理认同内核与社会理念和社会价值有着深刻的联系，心理认同演化与社会制度和社会治理机制有着深刻的联系，心理认同研究范式与理性主义研究范式及多元主义研究范式有着深刻的联系。作者进而得出的结论是：心理认同在很大程度上构成了人们"集体行动的逻辑"，而心理认同研究则已经上升为一门"综合的学科"。

三是强调中国方略与国际体系及世界格局的关联性思考。"位卑未敢忘忧国"，关注天下治理是中国知识分子的一个鲜明特征，作者秉承了知识分子的这一自然天性。

全球化场景下的制度改革不仅涉及国内体制，还须考虑国际场景。国内规范与全球规范的融合与嫁接问题已是学界多年探讨的一个议题。国与国之间的竞争表现为硬实力、软实力与巧实力的综合运用，而领导（leadership）与治理模式本身就是国家实力综合运用的表现。领导作为一种集约的概念，就是引导和激励，是一种感召力、影响力。中国要做一个负责任的具有影响力的大国，就必须深思既存的国际体系与新兴大国之间的关系建构，深思中国走向世界时与原有和新建的国际规范之间的衔接与融合。王逸舟教授指出："全球化场景下，需要一种新思维———一种创造性的介入，不是'个人自扫门前雪'，更不是采用极端、激进的方法去摧毁或破坏既有的制度或体系。"社会主义只是人类进步历史上的一个阶段，我们追求的有中国特色的社会主义应基于中国本身的历史、政治进程，同时也不应脱离世界历史和政治的场景。

此外，本书的研究风格也值得一提。观其著，作者浓重的哲学思辨趣味、厚实的历史阐述功底跃然纸上。作者的阐述不仅涉猎了从古希腊哲学家到近代的霍布斯、马基雅维利、黑格尔、马克思，从现代的涂尔干、韦伯、达伦多夫到当代的罗尔斯、李普塞特等人文社会学科巨匠的论说；而且借用了一些历史大家如汤因比、兰德斯、亨廷顿的学说。从书中可知，作者深受社会心理学中认同理论、沟通理论、冲突学中社会立方体理论（social cubism）以及政治学中建构主义理论、世界系统进化理论的启迪。难能可贵的是，作者试图对国内外大师的观点与现实进行嫁接与诠释，试图从人性、政治结构、阶级斗争、意识形态、社会正义、社会功能、社会控制等角度分析社会冲突，以期从理念、功能、制度诸角度开具药方并将其运用于社会治理和国家机能的改善。在案例上，作者采用了历史和现实中一些耳熟能详或曾经引起关注的案例，有的还是作者亲身经历的群体冲突场面。书中也提及了近年来发生在国内的一些重大群体冲突事件。作者领导的研究小组还进行了现场调研、人物采访和网上调查，并有针对性地与一些客体或冲突使动者进行了面对面的互动。作者主张对行为体采用综合的、连续的、人性的"工程"（project）或模板（module）疗法，并虑及国内政治、国际关系、媒体议程设定、全球体系的互动等相互制约的因素。作者特别提醒社会治理者将冲突化解当作一门"国家的艺术"，从而促使冲突由消极到积极、由风险到机遇的转换。

当然，本书也有不少在理论上值得进一步商榷的地方，如作者在分析社会整体时，仍然沿用"主体—客体"的范畴，甚至把由人组成的社会行为体认定为"客体"，而没有从"主体间性"的视角把握所要分析的行为体。再如作者虽难能可贵地提出了国家治理与全球治理之间的机制协调思路，但如何在现实层面保证社会组织、国家与全球层面推进这种协调尚缺乏实证层面的验证与分析。还如在案例采用上有的案例带有受访人情绪化的特点，其中的一些叙述与推断也难免含有主观的因素等。然而，瑕不掩瑜，我深信张全义博士的新著将会给读者带来重要的启迪，我也衷心祝愿张全义博士在虚心听取读者批评的基础上，"大度看世界，从容做学问"。

余潇枫

浙江大学非传统安全与和平发展研究中心主任

浙江大学生公共管理学院教授、博士生导师

于浙江大学玉泉石流斋

2015 年 4 月 20 日

# 目  录

# 导　论

## 一

　　近年来，笔者一直就国家认同与全球治理之间的关系等议题进行思考，并得出初步结论：历史结构、体系演进、社会场景、文化意识及政治治理的效用与集体认同或身份的建构实现有着不可分割的关系，认同的最终生成取决于使动者在个体、组织与体系层面的建构。[①] 认同建构是政治治理的首选路径，无论是国内治理还是全球治理，在治理的意义上含义殊途同归，正如政治学家迈克尔·罗斯金（Michael G. Roskin）在对德国魏玛共和国的历史研究中所指出的，"如果没有人们支持的话，好制度也没有太大的价值"。[②]

　　然而，设若理论的奉献让我们认识到了认同对于政治治理的研究意义，政治家、管理者亦不遗余力地在推进治理，而在现实中，为什么遇到的却是另一番场景？

　　无论承认与否，群体性冲突越来越成为十分抢眼的符号，遑论国内或国外，示威性群体冲突似乎已成为社会生活的"调味品"。打开电视或电脑，在世界各地，几乎每一天都有关于群体性冲突的镜头或消息。示威游行中，那黑压压的人群、震耳欲聋的口号声、警察与示威者之间的僵持对峙、示威者失去理智或歇斯底里的行为，官员们尴尬的窘态，以及铺天盖地的媒体长枪短炮的镜像直白地告诉我们：群体不合作的社会事实已实实

---

　　① 张全义：《世界国家生成机理初探——全球集体认同的生成与模式转换研究》，光明日报出版社 2010 年版。

　　② ［美］迈克尔·罗斯金：《国家的常识：政权·地理·文化》（插图第 10 版），夏维勇、杨勇译，世界图书出版社 2013 年版，第 201 页。

在在地影响到了我们的生命、安全与福祉，并对国家治理与国际秩序形成了挑战。

失序的政治生态几乎成为政治紊乱的代名词，其引发的效应往往不可预测，它将波及或威胁到既有的政治秩序与权力安排，遑论国内治理还是全球治理。

在此，不妨回首近年来发生在世界各地影响比较大的冲突性事件：

2008—2009 年，美国次贷危机爆发，引发全球经济动荡：罢工、罢市、罢购成为媒体追逐的热门话题，几乎每天美国都有群体冲突或示威游行发生。

2010 年，中东乱局持续发酵：突尼斯、巴林、埃及等国频频爆发群体性冲突事件，导致政局动荡、经济衰退，使得不少政治大佬或铁腕人物出人意料地提前结束政治生涯甚至沦为囚徒或死亡。尤其是，一度被称为"中东枭雄"的利比亚前领导人奥马尔·穆阿迈尔·卡扎菲对欧美的"不合作行为"还诱发了战争，并最终导致其本人死于非命。① 其后，叙利亚的国内冲突最终引发了内战，并持续至今。

2011 年，声势浩大的"占领华尔街"事件再一次吸引了世界的目光。港口罢工事件、进军华盛顿行动曾使得奥巴马政府一筹莫展、穷于应对。

2012 年，也是极不平静的一年，暴力、自焚、恐怖事件时有发生，一些极端民族主义、分离主义、恐怖主义分子伤及无辜、袭击基层政府，严重影响到相关主权国家的经济发展与政治稳定。

2013 年，世界性冲突事件似乎愈演愈烈。从北欧到东欧，瑞典、俄罗斯、克罗地亚，群体冲突不断升温，暴力冲突从农村蔓延至城市中心，骚乱、恐怖袭击触目惊心。

2014 年，冲突、暴力、恐怖袭击事件似乎有增无减。从中东、东南亚的泰国、东欧的乌克兰再到北美美国的弗格森骚乱②，群体性冲突事件所引发的暴力、伤亡触目惊心、令人发指，并不断引发政府危机、地缘政

---

① 法国、德国、英国等欧洲代表希望在地中海区域实现"大地中海计划"，而美国多年来一直在实施其"中东路线图"，卡扎菲坚持己见，两边都不让步，终使欧美在铲除异己的战略上达成认同。

② 2014 年 11 月 24 日，美国密苏里州大陪审团晚间决定不起诉 8 月枪杀非裔少年的警察后，全美各地爆发大规模示威游行，涉及 34 个州的 90 座城市；圣路易斯地区经历一夜骚乱，枪声频传，并出现纵火和劫掠事件，截至 25 日清晨超过 80 人被警方逮捕。见《美国"弗格森骚乱"波及 34 州 90 城超过 80 人被捕》。( http://news. sohu. com/20141126/n406387506. shtml)

治动荡、军事政变，甚而造成国家分裂、动乱。

2015 年伊始，持续的暴力冲突还在叙利亚、伊拉克等地上演，尤其是"伊斯兰共和国"（ISIS）极端行为又为本来就动荡、复杂的中东局势平添了变数。

打开历史的画卷，冲突、暴力与战争向来波谲云诡，其演化、发酵变得难以预测，而后果往往是殃及普通百姓，造成生灵涂炭，平民百姓流离失所，并最终给人类文明带来劫难。冲突、暴力、战争向来与政治是孪生兄弟。群体冲突的升级不是暴力便是战争，甚而持续发酵为国内革命或引发全球性危机或世界级的战争，今天如此，过去亦如此。20 世纪与 21 世纪的诸多悲惨事实充分印证了这一点，它足以勾起人们刻骨铭心的记忆。

1905 年俄国革命直接诱发了俄国国内战争，继后的巴尔干战争、塞尔维亚与波黑民族之间的流血冲突斗引发了第一次世界大战；德、日、意法西斯的种族至上主义倾向最终引发了第二次世界大战。两次世界大战造成了空前的死亡。第一次世界大战死亡人数大约 1000 万，第二次世界大战接近 1500 万，其中犹太民族就有 500 多万人遭到种族灭绝式的杀戮。

在 20 世纪，大约有 1 亿人直接死于由政府支持的、由军事单位组织的集体冲突和暴力。仅 20 世纪 90 年代，高加索地区、前南斯拉夫、塞拉利昂等地区和国家就曾遭遇大规模群体性暴力冲突。1994 年，在卢旺达惨案中，胡图族与图西族之间通过集体暴力制造了一场接近 100 万人的大屠杀。在这场悲剧性的冲突中，暴力的升级使得参与者几乎成了疯子——乳臭未干的儿童、温良贤恭的妇女竟对自己的邻人和亲友进行疯狂的施暴与砍杀。

让我们将目光再转向 21 世纪初。在震惊中外的"9·11"事件中，3000 多条鲜活的生命瞬间消失，具有讽刺意味的是，袭击的目标竟是自称是世界上最民主、最文明、最现代、最进步代表的美国。其后，暴恐的帷幕几乎覆盖了世界上每个地区，从别斯兰到巴厘岛，冲突、暴力、恐怖、战争此起彼伏，它实实在在地殃及人类的生命与安全，其中的一些暴行与杀戮冲撞人类文明的底线。

在我国，自 20 世纪末伊始，群体性冲突事件似乎也进入了一个高发期，尽管与上述冲突、暴力在性质上与原因上有所区别，但其带来的政治、经济效应仍值得高度关注。

1996 年以来，由环境问题引起的群体性事件接连发生，其中松花江污染事故、大连海岸油污染事故、厦门 PX 项目引起了国内外媒体的关注，并引发了群体的规模性参与并导致了群体冲突事件的持续上升。已有的数据表明，2000 年以前，由环保问题引起的事件以年均 29% 的趋势增长，2011 年以来却呈三位数趋势增加，2012—2014 年这种趋势有增无减，其中尤以什邡钼铜项目、启东排污项目、宁波镇海 PX 项目、彭州石化、广东茂名芳烃等项目引起的群体冲突抢镜，成为国内外关注且影响比较大的事件。在 2014 年的全国人大会议上，北京、上海、天津等大城市的"十面霾伏"现象终使中央政府不得不将百姓的"心肺安全"提上日程；2014 年，贵州三穗、云南晋宁、湖南平江的群体性事件以及发生在我国香港特区的"民主失范"行径更值得我们反思，它不仅影响了香港的繁荣与发展，而且影响到了国家的稳定与治理。

值得关注的是，一些冲突不断趋于暴力化、恐怖化，从"7·5"恐怖事件到昆明的暴恐袭击事件，手无寸铁的百姓成了无辜的牺牲品。虽然发生在我国的一些群体性或暴力事件有些系个体事件，但在全球化的场景下，不可否认，某些事件引发的效应已超越了事件本身，它给国家的安全、稳定及社会治理带来了前所未有的挑战。在我国，群体冲突还出现了新的特征：冲突的诱因不断泛化，冲突的参与者身份日益多元化，冲突的表征不断趋于暴力或恐怖，并使诸多社会行为体或使动者互相碰撞、会聚并形成巨大冲击波，给国内的政治治理带来前所未有的挑战。不难看出，在政治、经济、信息不断外溢的全球化场景下，人类社会之间的敏感度和脆弱度不断加强，使得个体的、孤立的冲突事件与整个社会连在一起，它们不仅危及个体利益、社会群体福祉，而且直接影响国家、地区关系，甚而引起国际关系紧张与国际体系的动荡，并殃及世界的和平与稳定，人类社会已确确实实进入不确定的"风险社会"时代。

冲突是任何社会制度的常象。19 世纪伟大的社会学家托克维尔指出，无论是个体意义的人抑或集合意义的人，威权社会还是民主体制，群体始终淤积着冲突的潜质。[①] "凡是有生活的地方必有冲突"，冲突学家达伦多

---

① ［美］乔恩·埃尔斯特：《政治心理学》，陈秀峰、胡勇译，吉林出版集团有限责任公司 2010 年版，第 153、159—160 页。

夫（Ralf G. Dahrendorf）、克博（哈罗德·R. 克博）等也认同这一点。①

群体冲突与化解已成为政治治理中不可回避的议题，政治家、学者、社会治理者须充分认识到，从管理到治理的转换并非仅仅表现为一种时髦、概念性的话语变化。它关乎治理方法、技巧、智慧、理念的提升，并不能停留于浅层（比如利益补偿），并亟须学者从实践层面进行推进。尤其是，尚需我们对一些现实的或与社会治理有密切关联的问题进行思考或解答。

就冲突生成的理性因素而言，如果说生命安全、利益失却、经济受损是导致群体冲突的重要诱因，那么，在物质、福利和安全基本得到保证的情况下，规模性冲突事件为什么还会接连发生？诱发群体冲突的潜意识表现在哪些方面？意见领袖或领头人对群体冲突事件中担当了什么样的角色？冲突群体与领头人之间是如何互动并在理念上实现共享？

一些发人深省的问题有：在国民生产总值、外贸进出口额、外汇储备、信息技术、航空航天技术，乃至人均寿命、营养水平、国民的受教育程度都得到了前所未有的发展，综合国力得到前所未有的提高时，为什么还会出现"吃肉骂娘"现象？为什么在话语层面会出现各种各样官员的雷人话语，如"替党说话，还是替老百姓说话？""我是法院的，我代表国家罗汉，花100万弄死你这个农民""公安机关依法打击一批，精神司法鉴定治疗一批，集中办班培训管教一批""为什么不公布老百姓财产？""你敢在新华网曝光，我就叫它关闭"，等等。如果说执政党的利益与人民的利益一致，那么，造成这种观念（认同）断裂的原因是什么？

一些看似不相干的问题也值得思考，从普通百姓的"老人倒地不扶""挟尸要价"到官员的"前腐后继""塌方式腐败"甚至频发的官员抑郁症式自杀现象等。我们不禁要问，导致这些非正常现象的诱因是什么？

从寻求科学治理的途径看，如果说群体冲突是政治治理中的一种常态，那么，社会治理者如何化解冲突，并引导民众理性对待利益、自尊、身份的失缺？如果说法律赋予民主示威成为一种合法的社会诉求，社会治理职能部门又如何引导民众进行合理的宣泄，进而在机制上进行创新？

---

①　达伦多夫指出："冲突看上去并不仅仅存在于社会生活中，只要有生活的地方，就会有冲突"；科林斯基也说："对于冲突理论而言，其最基本的见解是人类是合群的具有冲突倾向的动物。"［美］哈罗德·R. 克博：《社会分层与不平等：历史、比较、全球视角下的阶级冲突》（第七版），蒋超等译，上海人民出版社2012年版，第147页。

从提升政府治理的功能看，如果把社会比作一台机器，什么位域或条件有可能导致其零部件生锈、移位（错位），造成机器运转失灵甚至瘫痪的原因是什么？就更新换代而言，如何在不损坏主机的前提下进行修补、零件更新？如果国家被视作政治治理中最主要的行为体，那么，保持政治制度进步与执政党生命力的原动力是什么？执政党如何在法律与制度约束下实现国家的创新和发展？

从国内政治经济相互依存的角度看，一些涉及历史进程或体制变革中的现象也值得关注：冷战结束后，为什么社会主义的历史没有终结，苏联式的消亡没有在中国重演？为什么中亚的"颜色革命"以及后来的"茉莉花革命"在中国没有发生？国家如何从顶层设计出发在理念、制度以及结构层面进行法治建设或制度创新？政府职能部门或者社会治理者如何发挥其"守夜人"（night watchman）或"看门狗"（watchdog）作用，以扭转社会拐点或破坏式的革命发生？

从国内治理与全球治理互动的层面讲，如果说当下的世界不再是相互分离的世界，国内群体冲突与全球治理存在着密不可分的关系，那么，就复合性治理而言，国内政治、国际关系、地缘政治、国际体系与群体冲突存在着一种什么样的关系？作为单元体的国家应该拥有一种什么样的情怀？国际规范与国内规范、地区利益与全球利益、东方的礼俗社会与西方的法理社会能否以及如何达到有效的融合或衔接？单元体之间应该具有一种什么样的国家心理？国际社会中形形色色的行为体能否就共同的发展达成基本共识或认同？在此意义上，如何发展、壮大和维护国家的核心利益，发展与大国、邻国之间的和谐关系，进而促进世界的和平与发展？

上文中所提及的问题林林总总，涉及不少学科、领域、体系或范式，而事无巨细地就它们展开纵论，显然为本书的篇幅所难允，也为笔者的学识与驾驭能力所不及。

然而，在国内外政治、经济、军事、技术、环境等因素密切互动的全球化场景下，我们又不可能对上述问题之间的关联性、敏感性与脆弱性视而不见。影响群体冲突的变量不再是某个单一的学科或囿于某个特定的场域，这已是众所周知的事实。

就理论的实践意义看，学者的研究不能仅仅停留于观测导致群体冲突的表层现象，或者止步于望梅止渴般的建议；反而，需要从行为体的机理或机制，受体或客体的效用与联系的角度进行思考，需要对那些影响到行为体理念认同的结构或机理因素进行挖掘，需要寻找一个切入点或视角，就上述问题进行抽丝剥茧式的分析或阐述。围绕群体冲突与政治治理的关系进行纵论或解读，不仅是建立国内政治认同的需要，也是解决全球治理困境之所需。

"众里寻他千百度"，所以，从心理认同的视域出发，探讨政治治理便成为本书写作的重点或者试图达到的目的。①

二

政治认同、社会认同与心理认同向来难分伯仲。人是社会意义的人，人的思维与行为习惯既具有规律性的理性诉求又兼具感性的心理特征；一如费迪南·滕尼斯（Ferdinand Tonnies）所言，"一切社会的实体都是心理的本质的人造物，它们的社会学的概念必然同时也是心理学的概念"②。

社会的现实或事实的发生离不开具体的本体、客体与场景及其理念或精神。社会是由个体组成的，它不是简单的累计。个体命运、生活环境、家庭背景、群体心智、职业特征、社会场景、制度特点、文化意识、性别、话语甚至地缘政治、大国关系、国际体系等因素融合在一起构成了所谓的社会内容、结构与运转方式。

人类的社会是由主体与客体，精神或理念组成的。本体、客体泛指我们这个社会形形色色的行为体，包括个人、国家、非政府组织、国际体系与其存在的社会场景或体系，而理念或精神则涉及文化价值、意识形态、宗教信仰等人类特有的心智、认知或观念。就人的社会属性而言，无论是个体、群体还是大的组织行为体（比如国家甚至体系）多多少少都具有认同或身份的表征，并催发正向或负向心理效应，这是由认同的"同一、

---

① 原课题主要基于国内群体冲突的诱因与干预机制研究，但在研究过程中，笔者发现，冲突的心理诱因与认同已呈互相交错；从使动者的作用看，个体的人、社会组织、国家、国际社会互有影响；从治理内容看，国家治理与全球治理并重，因此，才有了"从群体冲突到全球治理：认同的失范与重构"这个议题。

② ［德］费迪南·滕尼斯：《共同体与社会——纯粹社会学的基本概念》，林荣远译，北京大学出版社2010年版，第25页。

归属与赞同"的基本含义所决定的。①

正向认同一般会产生积极、向上的作用，负向认同往往会引发消极、滞后效用并有可能淤积消极的社会潜意识，进而导致认同的失范（anomie）。托克维尔称失范是民主社会永远的和不可避免的特征，②政治认同、社会认同的生成或建构路径最终都会与心理认同挂钩。在此意义上，心理认同失范是导致从国内治理到全球治理失序的渊薮，重建社会秩序，推进全球治理需要重构失范的心理认同。③

心理认同不仅仅存在于个体层面，也表现于组织、国家、体系层面。政治治理效益最大化的解决途径与路径的实质是心理认同重构，这是从国内治理到全球治理的本义或实质。

冲突既可以是自变量，也可为因变量，冲突的正负作用在于人类的认知与驾驭，这已获得众多冲突研究学者或社会治理者的共识。所以，若无视社会冲突的存在，不是在实践上陷入政治意义的乌托邦，就是在学理上将自己置于与世隔绝的理论岛中。

将心理认同与群体冲突、全球治理联系在一起，不仅是由于冲突与矛盾、政治、价值之间的连带关系，更重要的是基于人类社会场域联系不断深化现实的考虑。"世界不是平的""世界又热又平又挤"——人类世界之间普遍的联系性已不再是一个纯概念性的话语，从政治、经济、军事、通信、技术、环境到物流、人力资源流动，我们这个世界已成为实实在在的地球村，其脆弱性、敏感性与相互联结、互相影响已成为一种普遍承认的事实或共识。

---

① 认同源于英文"identity"一词，但是这个概念却包含三种含义，其一是"同一"，强调在不同时空条件下某物与另一物为同一事物的现象，突出的是事物之间的一贯性；其二是"归属"，指的是个体或群体辨识自己的特色，以确定自己属于哪一种类属、不属于哪一种类属的活动，表达的是个体或群体的属性；其三是"赞同"，用以形容主体对某个组织、团体或观点的支持、赞同或肯定的态度或判断，表达的是个体或群体对事物或观点的肯定。刘骞：《全球化语境下的宗教认同与公民身份互动分析》，《世界宗教文化》2013 年第 2 期；江宜桦：《自由主义、民族主义与国家认同》，扬智文化事业股份有限公司 1998 年版。

② 托克维尔指出，失范（anomie）是民主社会永远的和不可避免的特征，也是民主国家的一种过渡特征。[美]乔恩·埃尔斯特：《政治心理学》，陈秀峰、胡勇译，吉林出版集团有限责任公司 2010 年版，第 153 页。

③ 需要指出的是，并非负向认同不可能产生积极、进步的作用，然而这取决于行为体（尤其是政治人）如何认知、判断及运用负向认同；详见本书关于社会潜意识与社会拐点的分析。

# 三

范式是关于研究对象（社会）的不同概念。范式的划分对于学术研究的意义在于确定研究者所选定的路径与解释方法，它可以是微观的/宏观的、理性的/感性的、唯名的/唯实的，利己的/利他的、冲突的/合作的。

自托马斯·库恩（Thomas Kuhn）在其《科学革命的结构》一书中旗帜鲜明地提出范式对于科学研究之意义并加以倡导后，无论是在理论层面还是实践层面，范式研究所彰显的社会意义是不可估量的，尽管在理论界尚有人质疑库恩的这一假设。①心理认同的研究范式不仅涉及政治学、社会学、心理学、管理学等学科之间的融合或相切，而且从实践效用上看也是解决现实政治困境的一个重要路径，这是由构成学科的特点及其与现实的关联性决定的。笔者认为，心理认同研究范式最主要具有以下特征或倾向。

其一，心理与认同在生成与建构机理上存在着天然的联系。心理与认同是一对孪生姐妹，对于认同的研究离不开社会心理分析，而对于心理的分析更离不开对认同的实现路径的研究，这是由人类的社会属性所决定的。②

著名的德国社会学家诺贝特·埃利亚斯（Nobert Elias）写道："每一单个的人，一旦他诞生在这个世界上，就已经被掷于先他在场的某个人类群体中"，"我们叫做'心灵'、'心理'的那个东西，实际上不外乎是这些联系功能的一种相互关联……相反，人的有机性天生地就在他是一个更

---

①　范式是存在于某一科学领域内关于研究对象的基本意向。它可以用来界定什么应该被研究、什么问题应该被提出、如何对问题进行质疑以及在解释我们获得的答案时应该遵循什么样的规则。古尔德纳（Gouldner）称之为域假设或范式假设。比如社会研究中有关人性是理性化还是非理性化，是自利的还是利他的，是稳定的还是变化的、一致的还是冲突的等。［美］哈罗德·R. 克博：《社会分层与不平等：历史、比较、全球视角下的阶级冲突》（第七版），蒋超等译，上海人民出版社 2012 年版，第 121 页。

②　出于结构考虑，关于心理学研究的学术研究路径及文献回顾放在本书上篇的导论部分，这样安排的原因主要基于对心理学研究视角本身的重视，尤其是为后续篇章中关于心理认同形成机理及其失范的论述做出铺垫。

为广大的世界的一部分。"①

　　心理认同的产生并非无缘无故，社会环境或场景往往成为影响人类心理行为的一个重要因素。社会认同的产生是人类心智运动的结果，在此意义上，人的心智并非表现为绝对的理性，如此，不应完全排除人类心智活动中的感性因素。否则，如果将从科学到人类的规律都归之于实证的或实然的，那么实证主义本身就是"反科学的"。②库恩称，一切科学理论作为对问题答案的解释，"归根到底必然是心理学或社会学的"。所以，科学的实质被描述为一种价值体系，一种意识形态。③

　　其二，心理认同研究范式更关注心理机制与社会人性之间的关系。就治理而言，心理认同研究关注的一个特征是心理机制与社会秩序与发展之间的关系。必须承认，人们的信仰、爱好受到外部机制的影响，从而干扰他们的知觉或潜意识，进而影响他们对事件的判断或行动的付诸。④

　　心理机制的产生都与所处的社会环境、时代背景存在着联系，社会或体系的变革往往会重组集体人格。中国社会心理学研究者王家忠指出："社会的变革引起人性的裂变，人性的裂变导致人性结构的重组与嬗变，人性的嬗变引起心灵的冲突与变迁。"⑤社会潜意识是导致群体反社会人格形成的前提，它是催促社会拐点或革命发生最重要的心源性因素。这种

①　[德] 诺贝特·埃利亚斯：《个体的社会》，翟三江、陆兴华译，译林出版社 2006 年版，第 24、42—43 页。

②　一般认为，"科学实在论"是基于近代科学成就而建立起来的一种关于世界"实在性"的理论，它承认世界的客观性和真理的符合论，建新科学是评判一切真假是非的标准；"反科学实在论"主张，实体是对于我们的具体的实体，离开了主体的实体是没有意义的。"反科学实在论"反的不是世界是否真实存在的问题，而是科学所揭示的世界是否真实存在的问题。吴国林、孙显曜：《物理学哲学导论》，人民出版社 2007 年版，第 16—17 页。

③　吴国林、孙显曜：《物理学哲学导论》，人民出版社 2007 年版，第 18 页。

④　乔恩·埃尔斯特称："我探讨了信仰（beliefs）与爱好（tastes）的形成，它们并非是对外部环境愿意表示顺从而产生的一种结果，而是对他人信仰与爱好表示顺从而产生的一种结果。这里也可以观察到相反的机制：信仰与爱好的形成是一种（无意识的）标新立异的愿望所产生的结果。"[美] 乔恩·埃尔斯特：《政治心理学》，陈秀峰、胡勇译，吉林出版集团有限责任公司 2010 年版，第 4 页。

⑤　动机的内容广泛而多样，包括：内在动机和外在动机、有意识动机和无意识动机、利己主义动机和非利己主义动机、前瞻性动机和后顾性动机。最重要的动机是优势（advantage）或利益（interest）、激情（passions）和社会规范（social norms）。似乎这些动机都是内在动机。它们同外在动机的框架相适应。这个框架包含对于风险、不确定性和遥远未来的态度。[美] 乔恩·埃尔斯特：《政治心理学》，陈秀峰、胡勇译，吉林出版集团有限责任公司 2010 年版，第 9—10 页；王家忠：《人性、社会、心灵——社会潜意识研究》，山东人民出版社 2006 年版，第 11 页。

潜意识的信仰一旦形成就会影响他们内外的、利己的或利他的、激情、偏好或者规范意识，久而久之，形成一种定式或固化的思维——反社会人格或社会潜意识，进而左右群体的行为。

构成社会的群体不是纯粹的机械性动物。群体亦富感性，其认知、行为或多或少受到心理认同的影响，在特定的社会场景下，集体心智或潜意识往往会成为一种心理机制或范式。主导这种心理机制的是其思想、理念、精神等非物化的东西，它时常左右人的认知、判断和行为。

社会人一旦受到情绪的影响或感染便会像溃坝般致使洪流或如脱缰的野马不可驾驭。冲突、战争、种族灭绝、暴力犯罪、恐怖袭击之后往往潜伏着复杂的心理机因，所以，复杂的、不可捉摸的人类的内心世界往往远非用博弈、演绎、归纳等所能解释。从人的生物功能或机理看，人的理性思维之后总是潜藏着这样或那样的非理性思维。无论是人类自身、大自然还是世界万物的运行都不能仅靠"原因与结果"就可以简单得出结论，机械的、模板的或功能性的分析路径只是人类解决问题的一个路径，尤其是对于我们人类的社会而言。

其三，心理认同范式绕不开理念或价值的变量因素。它不仅体现在个体层面，同样在组织、国家甚至国际体系层面都有表现，有不少理论巨匠曾对此做过高屋建瓴的分析。以本书引证比较多的几位学者为例，从20世纪80年代起，曼纽尔·卡斯特（Manuel Castells）之《认同的力量》，巴瑞·布赞（Barry Buzan）、维夫奥利（Waever. O）之《人、国家与恐惧》，亚历山大·温特（Alexander Wendt）之《国际政治的社会理论》与塞缪尔·亨廷顿（Sammuel · Huntington）之《文明冲突论》，他们分别就认同与社会组织、集体安全、身份建构、文明范式与治理之间的关系或内容等议题进行了纵论。

享誉世界的法国政治学家多米尼克·莫伊西（Dominique Moisi）还试图在文化心理上做出尝试，针对"文明冲突论"撰写了《情感地缘政治学：恐惧、羞辱与希望的文化如何重塑我们的世界》，进一步提出了情感因素在冲突中的作用。[①] 2010年，塞缪尔·亨廷顿、劳伦斯·哈里森等学者合作出版了《文化的重要作用：价值观如何影响人类进步》一书，以彰

---

① ［法］多米尼克·莫伊西：《情感地缘政治学：恐惧、羞辱与希望的文化如何重塑我们的世界》，姚芸竹译，新华出版社2010年版。

显文化认同对于文明进步的意义。可以看出，尽管学者们之间的观点或视角不同，但其共同之处是赋予了价值或理念在心理认同中的重大变量作用。

其四，心理认同范式与社会机制之间存在着相辅相成的关系。心理认同的研究范式如果失去了对心理机制研究的借鉴与学习，其社会作用或现实意义将大打折扣。在本书中，笔者借鉴了心理研究中的众多机制并试图与个体、组织、国家甚至体系相衔接。像勒庞的"乌合之众"心理机制、罗伯特·门斯切（Robert Menschel）关于群氓心理的描述，乔恩·埃尔斯特对托克维尔"政治心理学"的嫁接，查尔斯·蒂利（Charles Tilly）关于暴力及示威机制的论述以及约瑟夫·泰恩特（Joseph A. Tainter）关于复杂社会崩溃的假设等，不一而足。

学者所提及的一些机制对于社会治理至今极具借鉴意义。比如，查尔斯·蒂利对群体冲突与暴力的关系机制的分析。① 马博斯·雷蒙（Momboisse Raymond）、大卫·施威格布（David Schweigrube）关于示威机制从"警力升级"（escalated force）到"协商管理"（negotiated management）模式的叙述，② 希恩·拜伦（Sean Byrne）、西塞尔·艾文（Cynthia L. Irvin）的"社会立方体分析"（social cubism）等冲突分析机制对于化解民族、种族乃至国家边界之间的冲突都具有重要的意义。③

对于治理而言，机制并非仅仅存乎于微观的治理，它也与上层建筑领域（比如政治制度、价值观）、社会制度等有着密切的关联。历史的经验告诉我们，战争、政治灾难或宏大的事件之后在社会治理层面往往会出现真空，这就需要学者与政治家的远见卓识。在此意义上，顶层设计在笔者看来就是赋予某种特定的机制或模式在社会治理中的法理作用，进而促进政治制度或体制的完善、进步或变革；顶层设计不仅是某种集体政治文化的显现，也是精英政治理念的最大化体现。

---

① ［美］查尔斯·蒂利：《集体暴力的政治》，谢岳译，上海世纪出版集团 2006 年版。

② 戴维·施维格（David Schweingruber）结合"乌合之众"（madding crowd）、"暴民社会学"（mob sociology）、"暴民心理学"（mob psychology）与暴力、警力升级之间的关系做了一个很好的回顾，其中涉及西方及美国同时代社会心理学家的相关论述。David Schweingruber, "Mob Sociology and Escalated Force: Sociology's Contribution to Repressive Police Tactics", *The Sociological Quarterly*, Volume 41, Number 3.

③ Neal Carter and Sean Byrne, "The Dynamics of Social Cubism: A View from Northern Ireland and Quebec", adopted from Sean Byrne and Cynthia L. Irvin: *Reconcilable Differences—Turning Points in Ethnopolitical Conflict*, Kumarian Press, 2000.

学理上，本书借鉴了不少社会学、心理学或政治学研究机制。譬如，结合精英政治人格形成与决策关系的分析、围绕"酸葡萄综合征""溢出效应""补偿效应""逐出效应""交互效应"与"邻避效应"做出的议论、借鉴"国家的心理"之假设，围绕"前景理论"的研究机制，针对国家层面的心理进行分析。在此基础上，笔者尝试提出关于社会拐点诱因及其干预路径、并就政治体制改革、克服国内、国际规范建构困境等倡议，以及基于"物理相变"对国际体系干预的假说等内容。

研究路径上，笔者认同社会心理学、政治心理学、沟通理论、冲突学中社会立方体理论（social cubism）[1] 的效用，并深受政治学之建构主义理论、[2] 广义进化论等研究范式的启迪。[3] 笔者主张对形形色色的社会行为体采用综合的、连续的、人性的"工程"（project）或模板（module）疗法；在中观和宏观层面，虑及国内政治、国际关系、媒体议程设定、全球体系的互动等相互制约的因素，以期促使变量因素由消极到积极或由风险到机遇的转折或转换。

其五，心理认同范式与理性研究范式并非是冲突的。在关注心理认同研究中感性因素的同时，这里有必要对心理认同研究与理性思维之间的关系做出说明，就治理的效用而言，它们之间是统一的、融合的和互补的。

就政治治理而言，自古到今，理性主义作为一种进步的、科学的、思辨的主流学术范式，为阐释世界的本原、人逻辑的动机、政体的发展以及社会治理的进步起到了高屋建瓴的作用。从亚里士多德到笛卡尔、斯宾诺

---

[1]　社会立方体理论广泛被运用于种族之间的领土纠纷化解，其观点是在冲突化解中须采用多面的、多维度的视角来看待冲突形成的历史机因。

[2]　社会学之"从众理论""沟通理论""社会认同"以及政治学中的规范理论论述汗牛充栋，下文也将多次提及，此处不一一列举。建构主义的流派众多，作者采用了亚历山大·温特（Alexander Wendt）的温和的建构主义视角，其主要的观点为无论是个体意义的人还是集体意义的国家或体系，通过身份或认同的建构可以改变利益、安全认知，从而达到促进合作、促进安全、利益共享的目的。Alexander Wendt: *Social Theory of International Politics*, Peking University Press, 2005；关于体系认同的转换说明，见张全义《采访亚历山大·温特：探询建构主义的"问题领域"》，《国际观察》2007年第1期。

[3]　世界系统进化理论也被称为广义进化论，它将人类社会与自然社会当作一个共生系统。社会系统永远要对自然环境保持开放，与自然环境交换物质量、能量流和信息流，否则就不可能存在和进化。代表人物为欧文·拉兹洛（Ervin Laszlo）、大卫·洛耶（David Loye）。张全义：《世界国家生成机理初探——全球集体认同的生成与模式转换研究》，光明日报出版社2010年版，第3、35—38页；闵家胤选编：《社会系统等级结构研究（研究性论文集）》，冯鹏志、徐继明、缪建英译，单继刚统校，中国社会科学出版社2011年版，第224—225、244—245页。

莎、莱布尼茨尽管视角不同，但在对人类的理性认识上是一致的。启蒙哲学的渊薮是哲人对一元式思维的反思，而发轫于西方的国家主权理论正是理性主义与经验主义的产物。理性在认知、判断、行为的形成和实施过程中起着主导的作用，遑论他们是单个的人，还是集合意义的组织、国家。生命、财富、权利、安全、利益、制度、主权诸因素一直成为我们理解人类社会理想与现实、冲突与一致中必须考量的因素。①

然而，尽管现实政治或政策制定多依据理性逻辑往往成为现实政治或政策制定的依据，但是这并非说理性的判断或逻辑的演绎在任何情形下与行动相符。动机、信仰、个人意志往往造成与理性因素的矛盾或差异，正如乔恩·埃尔斯特（Jon Elster）所指出的"有时作为行动之基础的信仰不是完全理性的，有时存在着一种矛盾，在行动与动机和信仰之间存有差异"②。

古斯塔夫·勒庞（Gustave Le Bon）称：除了理性逻辑（rational logic）这一向来被我们视为行为之唯一指南的逻辑之外，还存在着"情感逻辑（affective logic）、集体逻辑（collective logic）和神秘主义逻辑（mystic logic）"，而这三种逻辑常常能够颠覆理性，并成为我们行为的深层动机。③

因此，对群体冲突的逻辑进行分析不可能不考虑到心理的因素，这正如拉塞尔·哈丁（Russel Hardin）在其《群体冲突的逻辑》一书中所言，"群体协作的实现很可能取决于非常主观的考虑，比如，在所有可能的协作点上所出现的某些突出的心理要素"④。认同、身份与认知、群体意志本身就存在着重叠关系，有的认同学者就干脆认为认同与认知、身份是等同的———一种"内在身份的感觉"（a sense of inner iden-

① 在对冲突源的阐释中，理性主义亘古以来都占有很大的市场，古希腊哲学家亚里士多德与德谟克利特的思想一向被公认为理性主义的渊薮，且对政治制度、社会治理、国际关系、全球治理影响宏大。人类的理性与知觉的进步是相辅相成的。很长的历史时段，人类对于自身及其自身的认识被神秘主义哲学所笼罩。某种程度上说，亚里士多德可谓理性主义之父，尽管印度的考底利耶早在公元前400年的《政事论》中就论及了"治理艺术"。俞可平主编：《国家治理与评估———中国与世界》，中央编译出版社2009年版，第415页。

② ［美］乔恩·埃尔斯特：《政治心理学》，陈秀峰、胡勇译，吉林出版集团有限责任公司2010年版，第10页。

③ ［法］古斯塔夫·勒庞：《革命心理学》，佟德志、刘训练译，吉林人民出版社2011年版，第3页。

④ ［美］拉塞尔·哈丁：《群体冲突的逻辑》，刘春荣、汤艳文译，上海人民出版社2013年版，第59页。

tity）。①

　　本质意志与人的心理几乎类同，或者是生命统一的原则，思维本身也属于现实，人的本体是理性与感性的混合体，在本质的意义上，经验、实证与理性殊途同归。②事实上，正是一些学者的工具理性思维方彰显了心理研究的实践意义，尤其是对于经济心理学而言，有些耳熟能详的理论或范式如冯·诺依曼（Von Neumann）之博弈论、约翰·福布斯·之纳什（John Forbes Nash Jr）之纳什均衡、曼瑟尔·奥尔森（Mancur Olson）之集体行动的逻辑（囚徒困境）、帕森斯的帕累托最优原则、③ 肯尼斯·约瑟夫·阿罗（Kenneth J. Arrow）的不可能定理④等在一定程度上成为理性分析的典范。

　　经济学家的高屋建瓴的分析为我们理解人类的选择、偏好行为与心理机因之间的关系提供了无穷的洞见。人类的社会行动之间为什么有合作？为什么会发生囚徒困境或零和博弈？不言而喻，人们并不排斥理性的逻辑推论或演绎。不妨说，社会心理的研究本身就脱离不开基于社会事实的理性分析，否则，就不存在利益共享或公共选择的话语或逻辑。

　　在享誉久远的《集体行动的逻辑》中，奥尔森就十分清晰地道出了

---

① 哈丁本人也写道："群体认同的重要性不言而喻，那么它是如何形成的？大多数的相关论述都假定，认同是一种原生的、道德的或者非理性的现象。"［美］拉塞尔·哈丁：《群体冲突的逻辑》，刘春荣、汤艳文译，上海人民出版社 2013 年版，第 5、21 页。

　　［美］约翰·特纳等：《自我归类论》，杨宜音、王兵、林含章译，中国人民大学出版社 2011年版；［澳］迈克尔·A. 豪格、［英］多米尼克·阿布拉姆斯等：《社会认同过程》，高明华译，中国人民大学出版社 2011 年版。

② ［德］费迪南·滕尼斯：《共同体与社会——纯粹社会学的基本概念》，林荣远译，北京大学出版社 2010 年版，第 117 页。

③ 帕累托最优（Pareto Optimality），也称帕累托效率（Pareto efficiency），是指资源分配的一种理想状态，假定固有的一群人和可分配的资源，从一种分配状态到另一种状态的变化中，在没有使任何人境况变坏的前提下，使得至少一个人变得更好。帕累托最优状态就是不可能再有更多的帕累托改进的余地；"帕累托最优"在指导自然资源开发时是一个十分有用的原理，但其"无人受害"的标准过于严苛，现实中很难完全达到。

④ 阿罗的不可能性定理是指，如果众多的社会成员具有不同的偏好，而社会又有多种备选方案，那么在民主的制度下不可能得到令所有人都满意的结果。定理是由 1972 年度诺贝尔经济学奖获得者、美国经济学家肯尼思·J. 阿罗提出。阿罗不可能定理说明，依靠简单多数的投票原则，要在各种个人偏好中选择出一个共同一致的顺序，是不可能的。这样，一个合理的公共产品决定只能来自一个可以胜任的公共权力机关，要想借助于投票过程来达到协调一致的集体选择结果，一般是不可能的。［美］肯尼思·约瑟夫·阿罗：《社会选择：个性与多准则》，钱晓敏等译，首都经济贸易大学出版社 2000 年版。

集体行动博弈环境下的心境机理，并用"分蛋糕"的案例做了注解。他认为：在公共选择上人们存在着"相容性的"（inclusive）和"排他性的"（exclusive）的行为。① 在一定程度上，"分蛋糕"可以被视作"搭便车"心理的一种扩展。因为，在严格坚持经济学关于人及其行为的假定条件下，经济人或理性人都不会为集团的共同利益采取行动。② 理性的人在集体利益的选择"做蛋糕"与"分蛋糕"上就出现了利益认知的差异，而认知差异使得理性的行动被异化或扭曲，心理基因成为人类理性与非理性心理特征的共性。③

其六，心理认同研究呈跨学科特性或多元主义视角，这是由构成范式研究的内容与构成所决定的。在库恩所著的《必要的张力——科学的传统和变革论文选》一书序言中，他以自己的亲身研究经历说明了学科之间（物理、哲学、历史等）关联之重要性，他生动形象地谈道："我不胜惊讶地发现，历史对于科学哲学家，也许还有认识论家的关系，超出了作

---

① 奥尔森教授对集体利益作了区分，具体有两种：一种是相容性的（inclusive），另一种是排他性的（exclusive）。顾名思义，前者指的是利益主体在追求这种利益时是相互包容的，如处于同一行业中的公司在向政府寻求更低的税额以及其他优惠政策时利益就是相容的，即所谓的"一损俱损、一荣俱荣"。用博弈论的术语来说，这时利益主体之间是种正和博弈。而后者指的是利益主体在追求这种利益时却是互相排斥的，如处于同一行业中的公司在通过限制产出而追求更高的价格时就是排他的，即市场份额一定，你多生产了就意味着我要少生产。这时利益主体之间是一种零和博弈。〔美〕曼瑟尔·奥尔森：《集体行动的逻辑》，陈郁、郭宇锋、李崇新译，格致出版社、上海三联书店、上海人民出版社1995年版，第5页。

② 奥尔森分析说：一般认为，由具有相同利益的个人所形成的集团，均有进一步追求扩大这种集团利益的倾向，奥尔森教授在本书中明确指出这种论断根本是错误的。如果由于某个个人活动使整个集团状况有所改善，由此我们可以假定个人付出的成本与集团获得的收益是等价的，但付出成本的个人却只能获得其行动收益的一个极小的份额。……集团收益的这种性质促使集团的每个成员想"搭便车"而坐享其成。集团越大，分享收益的人越多，为实现集体利益而进行活动的个人分享份额就越小。所以，在严格坚持经济学关于人及其行为的假定条件下，经济人或理性人都不会为集团的共同利益采取行动。〔美〕曼瑟尔·奥尔森：《集体行动的逻辑》，陈郁、郭宇锋、李崇新译，格致出版社、上海三联书店、上海人民出版社1995年版，第3—4页。

③ 奥尔森称：当根据这种集体利益的两分法而将各种各样的集团也相应地分为（利益）相容性集团和（利益）排他性集体两类时，他们集体行动的逻辑是不相同的。排他性的利益多少类似于我们通常所说的"既存利益"，这时集团碰到的是"分蛋糕"问题，固然希望分利者越少越好，分利集团越小越好，故这类集团总是排斥他人进入。而相容性利益似乎一时半会儿尚未存在，这时集团碰到的是"做蛋糕"问题。较之排他性集团，相容性集团就有可能实现集体的共同利益。〔美〕曼瑟尔·奥尔森：《集体行动的逻辑》，陈郁、郭宇锋、李崇新译，格致出版社、上海三联书店、上海人民出版社1995年版，第6页。

为给现成观点提供实例的源泉那种传统作用。"① 跨学科或多元主义的分析视角对于从事社会科学研究的学者应该感到不陌生，一些享誉盛名的理论家如涂尔干（Emile Durkheim）、韦伯（M. Weber）、齐美尔（Simmel Georg）、布厄迪尔（Pierre Bourdier）等在他们的研究成果中，都明显地带有浓厚的多元主义分析方法，尽管他们各自所采用的视角或理念不甚统一，表现为唯物的/唯心的、机械的/辩证的或宏观的/微观的、理性的/感性的等，但这并未影响他们研究成果中兼收并蓄的多元主义特点。

比如，在对社会冲突的研究中，齐美尔既坚持社会结构与事实对于价值观的形塑功效，同时又兼顾心理，强调由忠诚度所引起的认同对于冲突的影响；② 拉塞尔·哈丁（Russel Hardin）一方面坚持利益、理性因素对于冲突的作用，另一方面又坚持认为认同因素促成了集体冲突的逻辑。③ 而一些关注社会结构、阶级、冲突与正义的社会学家像达伦多夫、罗尔斯（John Rawls）、李普塞特（Seymour Martin Lipset）等也在其中。在当代，一些沟通理论学家如约翰·奥茨勒（John G. Oetzel）、斯蒂那廷·杜姆（Stella Ting. Toomey）的研究成果中就涵盖了社会学、宗教学、管理学、政治学等众多学科知识。④毋庸置疑，正是上述学家在对社会结构、价值、文化、正义、阶级、家庭、社区等多元因素的综合分析的基础上，才形成了他们各自独特的研究范式，这使得他们在各自的研究领域中独领风骚。

在多元研究的方法论上，主流的心理学家可称得上为东施效颦。从古斯塔夫·勒庞、拉斯维尔（Harold Dwight Lasswell）到斯通（Stone W. F.）、杰维斯（Robert Jervis）以及罗斯·麦克德莫特（Rose McDermott）等心理学家无一例外。翻阅他们的论著，其研究视阈下的社会、政治结构、政权特点、国际场景甚至传媒等因素跃然纸上。

近年来国内有为数不少的政治或社会治理研究的研究成果几乎都具有浓厚的多元主义视角。⑤ 公共理论学家、冲突研究者如郭湛、王维国、郑

---

① ［美］托马斯·库恩：《必要的张力——科学的传统和变革论文选》，范岱年、纪树立译，北京大学出版社 2005 年版，序言第 Ⅰ—Ⅱ 页。

② ［美］哈罗德·R. 克博：《社会分层与不平等：历史、比较、全球视角下的阶级冲突》（第七版），蒋超等译，上海人民出版社 2012 年版，第 393 页。

③ ［美］拉塞尔·哈丁：《群体冲突的逻辑》，刘春荣、汤艳文译，上海人民出版社 2013 年版。

④ John G. Oetzel, Stella Ting - Tooomey：*The SAGE Handbook of Conflict Communication*：*Integrating Theory*, *Research*, *and Practice*, SAGE Publications, 2006.

⑤ 因篇幅关系，这里仅列举与本书关联度比较紧密的几位学家进行评述。

广永、① 李永清、沈一兵、王宏伟②等研究中对于公共性、冲突的诱因分析很难用一种学科进行形容，俞可平、何增科、蔡拓的全球治理与民主建设的分析范式也很难用一种单独的学科进行界定；③ 在政治哲学领域，政治哲学家赵汀阳的《天下体系——世界制度哲学导论》之所以引起读者青睐，就是其或多或少地融合了社会学、心理学、政治学等视角。

而在国际政治领域，具有多元主义分析的视角如数家珍。比如，王逸舟、秦亚青、阎学通、王辑思、时殷宏的研究范式中融合了政治学、社会学、心理学、军事学、历史学等学科，从而使得他们的作品匠心独运、各显其长。在社会科学、自然科学研究领域，跨学科的研究范式正越来越多地受到关注与青睐。

显而易见，本书关于心理认同的范式研究借鉴了上述国内外学家的视角、模式、范式或研究方法。就心理认同范式研究而言，其学科构成与所涉领域也难令其脱臼于多元主义的分析范式，这是由心理学研究的内涵与外延所决定的。心理学分析视角容纳了众多门派，如精神分析学、社会潜意识说、社会心理学（又分为文化社会心理学、群氓心理学等分支学科）、政治心理学、领袖心理学，且个个门派相互交织。而从理论应用的角度上讲，任何一门心理学分析都离不开政治、经济、文化等特点的社会环境，尤其是在全球社会相互依存不断加深的情势下，心理认同研究已经上升为一门"综合的学科"。由是，在政治认同建构上，认同心理在很大程度上构成了人们"集体行动的逻辑"，认同与心理因素成为一枚硬币的两个表面，而基于心理认同的研究范式或可为我们观察现实的世界、解决政治治理困境打开另一扇窗户。

四

本书共分上、中、下三篇，每篇分为六章。在上篇，主要围绕政治心理学与文化认同的假说及文献综述、个体心理认同生成的机制、政治人格

① 郭湛主编，王维国、郑广永副主编：《社会公共性研究》，人民出版社2009年版。
② 李永清：《如何应对重大突发事件——以深圳经验为例》，中央编译出版社2011年版；沈一兵：《系统视野下城市突发公共事件的生成、演化与控制》，科学出版社2011年版；王宏伟：《重大突发事件应急机制研究》，中国人民大学出版社2010年版。
③ 俞可平主编：《国家治理与评估——中国与世界》，中央编译出版社2009年版。

与决策心理、社会结构、心理认同失范、文化价值与心理认同生成、影响心理认同的几种社会表征等内容进行。

中篇的论证基于理论与现实的嫁接，即围绕心理认同失范与社会拐点干预进行。笔者试图结合当下一些社会治理的问题或困境进行阐述，并试图在微观、中观、宏观层面进一步探析群体冲突生成的诱因，进而揣试提出冲突化解措施或干预机制。出于结构安排原因，关于对全球治理失范的诱因与干预的论证被放置于下篇，其论证围绕全球治理、体系心理、认同建构等层面进行。

为使本书免于纯学术的论证，笔者尽可能采用历史和现实中一些耳熟能详或曾经引起关注的案例。有些案例是笔者在境外亲身经历的群体冲突场面（比如韩国）；书中也提及了2011年以来在国内发生的一些重大群体性冲突事件。调查中，还进行了一些有针对性的现场调研、人物采访、互动和网上调查，笔者这样做的目的是试图为读者提供草根民众或被采访者的真实心境。

在走访当事人的过程中，大多数被采访者要求匿名或保密。由于有些采访在现场进行，被采访者的话语未免有失实或带有情绪化的成分，其中对问题的理解或回答难免含有主观的因素。在写作风格上，笔者试图在学术与实践层面做出平衡，尽可能做到雅俗共赏，既从学理、逻辑上进行演绎，又从鲜活的人物或案例上进行说明；为此，笔者还在一些机制或模式的说明中进行了图解式说明。

关于注释做两点说明：一是笔者对本书中采用的一些学科的专业术语包括人物及其观点作了注解和扩展，而这些注解对于专业研究人员或许是不必要的；二是文中有的部分用圆括号"（）"对一些称谓或术语进行了中文或英文注释，有的是被引原文本身就有，其目的是方便读者的阅读与理解。

需要特别声明的是，书中出现的"群氓""暴民""煽动家""暴力领导人""乌合之众"为所引用原著中的话语，其效用仅仅是佐证群体冲突中的某一现象（比如领头人、意见领袖），或服务于学术的论证，或对某一现象做出阐释。笔者并非赞同其称谓、观点或话语，对于一般的群体冲突参与者或使动者，笔者也绝无贬称或带有污蔑之意。

公开性、责任性、借鉴性是笔者撰写本书的一个准则或理念。笔者尽可能站在客观的立场上分析从群体冲突到全球治理中的各种诱因。社会如同人一样不仅须有一个健康的体魄，而且需要好的精神做支撑；学者或负责任的政治家须像医生一样要善于发现病变，并具有清除肿瘤、铲除病魔的义务。对人类世界任何行为体而言，如不及时进行整治或化疗，它就极有可能发生病变，成为绝症，成为集体失忆，到了病入膏肓再整改就为之晚矣。

本书的目的在于抛砖引玉。本着反思、反省、整改、干预与建构的目的，本书将围绕全球化场景下心理认同的生成、失范与建构的路径进行纵论，试图为探析提升政治治理的新路径，为推进国家建设、国际关系与全球治理的进步与发展贡献绵薄之力。

# 上　篇
## 心理认同生成与失范

在群体中，发生根本变化的不仅仅是个体的行为。即便个体仍未完全丧失独立性，其思想与感情也已经发生了转变。这种深刻的转变使吝啬鬼变成了挥霍者，多疑者变成了信徒，诚实的人变成了罪犯，懦夫变成了英雄。

—— ［法］古斯塔夫·勒庞

社会的变革是这样发生的，当社会的体系、结构无法满足集体成员的意愿、目标，如果当下的权利结构不能保证社会的平衡，导致秩序紊乱，当人们对当下的体系发生失望就会催促变革或反叛的发生——反叛也可能以政治形式出现，以推翻现存的社会，并用强调其他价值观的另一种社会取而代之。

—— ［美］西摩·马丁·李普塞特

# 本篇导读

　　本篇围绕心理认同的生成及其失范进行，其目的是试图从根源上挖掘心理认同生成及其失范的心理渊源。心理失衡与认同失范在内容和概念上相互重叠，但并非它们之间没有区别。心理失衡主要指涉比较微观层面的心理性因素，而失范主要指涉比较宏观层面的心理或理念因素。究竟心理是认同的衍生物还是认同是心理的反映，其中排序孰先孰后，难分伯仲。这种学术上的困境至少告诉我们心理与认同之间存在着重叠、交织或者互相依存的关系。

　　心理学的微观研究范畴主要定位于对个人人格、政治行为、情感、心理动机、集体决策等微观领域，社会（政治）人格因素在很大程度上左右一个人对具体事务的判断或认知，进而影响到其决策，这已被认知心理学所肯定。通过解读行为体的政治心理形成比如人格因素，往往可以帮助我们了解其政见、政治认同及其所采取的战略或行动。

　　受众心理的家庭环境、童年经历、教育背景、宗教信仰、婚姻状况，政治精英人物的政治人格形成更不例外，其政治理念或偏执狂式的政策或与他们早期的家庭环境、宗教熏陶、成长经历、个人的心路历程或多或少地影响了他们的政治理念和决策。在中观层面，国家结构、意识形态、国际关系以及政治场景、文化传统、政党意识、大众媒体等因素不仅会对个体的心理失范造成阴影，而且还会对社会潜意识（反社会人格）的形成起到影响。

　　本篇将首先围绕心理学研究的文献回顾进行，以梳理社会心理学、政治心理学、认知心理学之间的关联、发展路径及认同生成的社会机理。其次，围绕人格形成与决策心理的关系，导致心理失衡或认同失范的因素进行，从而服务于中篇关于社会拐点干预及认同建构的论证。

# 第一章　心理学研究文献回顾

心理学作为一门学科的诞生并非是一蹴而就的过程，从生物意义的心理学、认知心理学、社会心理学到政治心理学、认同心理学等学科的演绎与嫁接不仅是一个历史的过程，而且呈现出范式的变革与改进。

## 一

得益于18、19世纪科学技术革命的影响，理性或逻辑哲学一度备受推崇，因而，追逐事务的因果效应（causality）曾成为一种科学的或理想的范式得到广泛认可。然而，精神分析学之父西格蒙德·弗洛伊德（Sigmund Freud）却在同一时期对基于理性逻辑的思维范式提出了挑战，他试图从生理机因变化和潜意识出发探讨心理因素对于现实人行为（比如冲突行为）的影响，在他看来，人的生理性诱因，尤其是"性""恋母"情结或潜意识导致了社会人的心理的变异或失衡。

之后，基于精神分析学的心理学科得到长足的发展，名目繁多的心理学科如雨后春笋般应运而生。早期的心理学研究者多将个人的价值、信仰联系与心理反应连接在一起，在方法论上表现为一种微观的或个人主义（methodological individualism）的分析倾向，事实上，它仍未脱臼弗洛伊德关于本我（ego）意识扩展的假说。

然而，正如个体已超越了其生物意义存在，成为社会、群体、组织、国家或体系意义的人一样，心理学并非意味着就是一种机械的、原子的、个体式的分析视角，个体的人与社会在互动中便形成了"社会人"，因此，个体的心理与群体的心理渊源在一定程度上是共享的。埃尔斯特深有体会地议论道，方法论个人主义就是一种普通的信仰，并不意味着原子论式观点，并不是利己主义；任何行动（包括群体行为）都可以从行动者的动机或信仰中得到解释——要将它作为集合性社会现象的基本建构材料。①古斯塔夫·勒庞的"乌合之众"理论某种程度上就是这种视角的诠释。

　　如果说弗洛伊德的心理冲突分析视角基于"性""恋母"等潜意识情结，那么勒庞的心理分析视角则将社会环境纳入冲突心理的分析视角，它可称得上心理学意义上的一次革命。②"乌合之众心理学"或"群体心理学"（crowd psychology）的特别之处是将分析的受众扩展，围绕环境与群体心理的关系进行深入的分析，这基于他对 19 世纪法国大革命前后社会环境对于受众心理的影响所得到的启示，他高度关注群体心理对于个体心理的影响。毫不夸张地说，勒庞的这种高屋建瓴的认识是自近代以来一切关于群体冲突分析的基轴，它也是分析群体认同生成机理的起点。

　　勒庞解释说：

> 　　在群体中，发生根本变化的不仅仅是个体的行为。即便个体仍未完全丧失独立性，其思想与感情也已经发生了转变。这种深刻的转变使吝啬鬼变成了挥霍者，多疑者变成了信徒，诚实的人变成了罪犯，懦夫变成了英雄。③

　　20 世纪 30 年代，勒庞理论的后续效应催发了心理学衍生学科——政治心理学的诞生。其特征是将导致冲突的社会环境因素具体化，涵盖政治、文化、体制、意识形态等因素。政治心理学与社会学、社会心理学存在着千丝万缕的联系。作为那个时代的标志性人物，斐迪南·滕尼斯（Ferdinand Tonnies）、哈罗德·拉斯维尔开始尝试将社会共同体、政治、

---

　　①　方法论个人主义是一种饱受訾议的信仰，但是如果得到正确的理解，基本上是一种普通的信仰。它并不意味着一种原子论式的观点（它承认，个人之间的关系并不总是要简化为单细胞生物的属性）；它并不意味着利己主义（它同任何一套特定的动机相适应）；它并不意味着理性选择（在这里，它是完全中立的）；它并不意味着先天的性质或"获得的"性质（它同这样一种观点相一致：愿望是被社会所塑造的，即它是被其他个人所塑造的）；方法论个人主义告诉我们，在研究个人行动时，要将它作为集合性社会现象的基本建构材料。一般而言，任何行动都可以被行动者的动机和信仰所解释。［美］乔恩·埃尔斯特：《政治心理学》，陈秀峰、胡勇译，吉林出版集团有限责任公司 2010 年版，第 9—10 页。

　　②　除了《乌合之众：大众心理学》，勒庞还出版了《革命心理学》等著作。［法］古斯塔夫·勒庞：《革命心理学》，佟德志、刘训练译，吉林人民出版社 2011 年版。

　　③　［美］罗伯特·门斯切：《市场、群氓和暴乱——对群体狂热的现代观点》，郑佩芸、朱欣微、刘宝权译，上海财经大学出版社 2007 年版，第 120 页。

制度等因素与社会结构、社会关系、媒体环境甚至国际场景等联系起来。① 例如，在拉斯维尔的《传播的偏向》与《世界共同体中认同的未来制度》中，他高屋建瓴地将战争、传媒、政治、人格及国家、国际制度等因素纳入分析视野，毫无疑问，此为后来的政治心理、新闻传播研究带来了深厚的启示。②

但是，这并非说基于心理分析的研究范式无懈可击。20 世纪 50 年代前后，受到行为主义范式的影响，追逐工具理性的分析范式再一次回潮。在学科融合的过程中，理性的分析范式随后借鉴了心理学视角，比如囚徒困境、帕累托效应等理论或范式或多或少地汲取了不少心理学成分。到了 20 世纪 60 年代后期，欧洲的一些社会学者继续发扬光大这一范式，并试图将心理的研究置于社会的环境中，并充分借鉴工具理性主义视角，创造了不少心理学研究范式，尤其是开始关注心理对于社会认同构建的作用。③

美苏两个超级大国在冷战中的严重对峙也促使学界深度反思心理在政治博弈中的作用，尽管这期间工具理性的思维范式再一次回潮（比如以肯尼斯·沃尔茨为首的政治现实主义一度盛行）；一些案例，比如柏林危机、古巴导弹危机为心理研究学者提供了难得的实例，他们开始反思精英人物的政治人格对其决策的影响，罗伯特·杰维斯就是其中的代表。

作为 20 世纪 70 年代享有盛誉的政治心理研究者，杰维斯在其《国际政治中的知觉与错误知觉》一书中，针对柏林危机、古巴导弹危机的具体人物比如苏联的斯大林、赫鲁晓夫，美国的杜鲁门、肯尼迪等进行了心理解读，并得出结论，政治人物的心理构成与变化受到场景的影响，因而，在认知上存在着"知觉与错误知觉"（perceptions and misperceptions）④。

20 世纪 80 年代前后，受到皮亚杰（Jean Piaget）认知理论的启发，威廉·斯通等心理学家进一步将认知理论纳入社会治理、政治决策、国际政治中的事件分析，其独到之处是将历史档案解读、社会心理、认知心理

① ［德］斐迪南·滕尼斯：《共同体与社会：纯粹社会学的基本概念》，林荣远译，北京大学出版社 2010 年版。

② 拉斯维尔关于政治宣传和战时宣传的研究代表了早期传播学的类型，关键是他有机地将政治宣传与媒介传播相嫁接，从而将弗洛伊德的精神分析引入美国的社会科学并在国家政治中发挥作用。

③ ［德］埃里亚斯：《个体的社会》，翟三江、陆兴华译，译林出版社 2013 年版。

④ ［美］罗伯特·杰维斯：《国际政治中的知觉与错误知觉》，秦亚青译，世界知识出版社 2003 年版。

等学科娴熟地用于政治心理分析，并扩展了前景理论（prospect theory）的分析视角。前景理论为我们洞悉国际关系中的心理失衡或失范现象提供了难得的分析路径。

与此同时，欧洲的一些社会心理研究者承继了欧洲传统的社会历史分析方法，并在此基础上形成了其独特的心理分析视角，他们的学术贡献是在心理反应机制或模式上进行了探索。作为政治心理学领军人物的乔恩·埃尔斯特就分别以韦纳的《面包与竞技》、季诺维耶夫的"论伊邦斯基（Ibanski-an）社会学"、托克维尔的《论美国的民主》等政治哲学为模板分别探讨了"认知失调""理解非理性之物的模态逻辑""心理机制"三种分析模式。其视角的特别之处在于：在托氏分析的基础上，他创造性地提出了"酸葡萄综合征""溢出效应""补偿效应"和"逐出效应"的分析范式。

可以想象，上述基于社会心理学的分析模式大大开拓了心理研究与社会治理学者对于冲突源、心理干预作用的认识，更重要的是，它们也从侧面证明了社会认同建构在社会管理中的作用，尤其是，这种视角推进了欧美学者对于冲突处置机制的研究。20 世纪 60 年代的民权与反对越战的示威游行推动了美国警察的人性化管理，引起人们对群氓心理的研读，并引发了 20 世纪 70 年代从"警力升级"（escalated force）到"协商管理"（negotiated management）的转型，这种冲突化解机制一直持续到 21 世纪，并对当代关于示威机制的认同作出了贡献。①

随着全球治理与国际关系不确定性的增加，2004 年以来，国内外一些政治心理学者逐步将视野转向国内外政治互动以及信息技术对政治治理的影响。尤其是"9·11"事件后，以杰罗尔德·波斯特（Jerrold Post）、罗斯·麦克德莫特等为代表的政治心理学家开始从国内和国际两个层面因素考察领导人在危机决策中的参考点判定，这对于理解国际政治中的认同作用是极具指导意义的。

罗斯·麦克德莫特在其《国际关系中的政治心理学》一书中进一步探讨了人格形成与冲突之间的关系。他对领袖人格、政治心理与决策三者之间的关系做了进一步的梳理与发展，尤其是将这一认识扩展至对恐怖主义与弱势群体的心理解读，并为认识国际社会中认同失范提供了比较微观

---

① David Schweingruber, "Mob Sociology and Escalated Force: Sociology's Contribution to Repressive Police Tactics", *The Sociological Quarterly*, Volume 41, Number 3.

的分析视角。

20世纪80年代尤其是冷战结束后，方兴未艾的心理学、社会认同研究范式引领了全球范围内对于社会心理、政治认同的研究，中国的一些享有盛名的政治、心理与国际关系的研究学者也为此做了大量的引介工作。

在比较政治认同领域，我国的王逸舟、秦亚青、俞可平、赵汀阳等理论学者结合全球化与中国特色的情势做出了比较有深度和系统的思考，20世纪80年代以来，学界对他们的理论贡献已做过比较翔实的介绍与肯定。在政治心理层面，张清敏、林民旺、尹继武等也做了不少扎实的研究工作，他们分别针对政治领导人（毛泽东、周恩来）的权威人格、政治心理与决策三者之间的关系做出过比较深入的分析。周殿富还撰写了《领袖政治学——自柏拉图以来政治生存法则的历史陈述》，试图从政治哲学的角度解读"统治的法则"；[①] 王家忠等还从人性的社会性上探讨了社会潜意识与治理的关系，[②]并发表了大量论著与论文；王丽萍、刘伟、蒋云根等也尝试将心理认同与公共管理挂钩，并关注草根群体冲突与政治治理的关系。

然而，任何学科都需要面对现实的问题与挑战进行创新与发展，在这一点上，政治心理学科也不例外。21世纪以来，国际体系一直没有回归到一个比较稳定的态势，国家利益与全球利益交错、重叠，愈显混沌化、复杂化，进而对主权国家的"黑匣子式"治理形成了诸多挑战；日益发展的全球化效应在不同层面激发了民众的醒觉意识（维权意识、环保意识），国际体系的变化又引发了国内政治、地缘政治、媒体议程的变化，并引发了国内治理失序、恐怖主义泛滥以及地缘政治的变化，众多的问题与现象呈不确定性、模糊性、非常态化发展趋势，并给从国内治理到全球治理带来困境或挑战。

## 二

心理学或者说关于认同心理的研究，亟须结合新出现的问题在理论框架、学术范式，尤其是在实践上做出新的探索。在国内与国际政治的心理

---

① 周殿富：《领袖政治学——自柏拉图以来政治生存法则的历史陈述》，吉林人民出版社2007年版。

② 王家忠：《人性·社会·心灵：社会潜意识研究》，山东人民出版社2006年版。

互动及其认同建构上，至今仍存在着一些盲点。此外，由于受到学术研究时效性的限制，心理学研究需要更广阔的视野就问题领域做出有针对性的研究。尤其是，就心理认同形成与我国的社会治理与冲突化解的关系而言，既有的研究或多或少地忽略了一些重要的变量，并表现于以下几个层面：

一是缺少对国内外政治、经济情势互动对受众的心理认同影响比较系统的分析。尽管关于境外的群体冲突、示威游行或暴力事件在我国多有报道，各类出版物也不乏对事件爆发的经过及原因进行分析。但是其中一些分析或思维范式缺少一种互动的、全球的或切合国情或国别的分析，而案例的采用也距离我们这个时代十分遥远。不可否认，群体冲突与集体暴力存在着承继关系，群体冲突的演变往往会上升为暴力；冲突的导火线或源于一个事件、一类话语或某种行为，但是，就引起冲突的真实诱因而言，它还涉及众多因素。

宏观或体系层面的冲突在某种程度上也是引起微观冲突的重要的诱因，体系的文化或对单元体的思维及其决策路径形成影响。凡是引起大规模群体冲突和暴力性的事件，其真实的诱因除了直接的原因，也与外部的环境或场景不无关联，有些甚至超越了主权国家的"黑匣子"范围。21世纪初以来的中东乱局，萨达姆、卡扎菲、穆巴拉克的倒台或危机在某种程度上都说明了这一点。而中亚"颜色革命"、泰国的"红黄衫党"运动、中东的"阿拉伯之春"以及乌克兰利沃夫州的暴乱都与外源性因素存在着这样或那样的关系，欧美与俄罗斯在乌克兰问题上的博弈已是公开的秘密。就我国而言，近30年来中国的一些重大政治事件的发生也无不与地缘政治、国际体系的变迁存有关联。

二是就事件的形成或发酵而言，缺少对领头人或意见领袖认同互动的视角进行分析。如果说国际场景比如大国关系、地缘政治影响了民众的心理认同，那么在比较微观的层面，上述场景也会对领头人的心理产生影响。比如，杰维斯、波斯特、麦克德莫特等就试图从国内和国际两个层面的因素考察领导人在危机决策中的参考点判定，并试图挖掘冲突化解的预防机制，那么，如何从我国的国内环境出发并围绕意见领袖或领头人与群体冲突之间的关系做出展开心理分析也显得十分必要。

勒庞指出：

大众象征着一种无组织的存在，如果没有人在前面领导它，它就碌碌无为，一事无成。

从"瓮安事件"、厦门散步、"绥江千人围城""宁波、茂名的化工项目"到贵州三穗、云南晋宁的群体示威游行，这些事件中不排除领头人对群体冲突的鼓噪或领导。冲突中的领头人与群体之间的互动不仅可以诱发冲突，而且在一定层面可以激活、激化冲突。而在干预措施上，一些当事单位或个人过度强调利益补偿、法律惩罚，而忽略了对群体的心理抚慰，忽略了通过透析意见领袖心路历程达到式微冲突的目的。所以，如果能就群体冲突中意见领袖与群体之间的心理认同生成与失范做出分析，无疑对于当下社会治理是具有意义的。

三是缺少对媒体议程设置与对群体认同的心理研究。众所周知，2011年中东政局发生了一系列变化，这一切与维基百科难脱干系，曾经轰动一时的维基泄密事件在全球范围内引起了关注。

维基泄密首先发酵于突尼斯，导致其总统辞职外逃，接着殃及埃及并导致执政30余年的穆巴拉克总统辞职交权；接着，在巴林、利比亚、也门引起波动并最终导致利比里亚卡扎菲政权崩坍，其本人也死于非命，这种乱局似乎还在中东发酵，当下的乱局可以说与维基泄密效应不无联系。2014年初，泰国的黄红衫两党较量、乌克兰利沃夫州之后大国在媒体议程上的较量都与其后的地缘政治、大国关系、宗教势力、地区争霸等因素存在着千丝万缕的联系。

信息化使得我们这个社会的新闻传播便捷、灵通和有效。然而，在另一方面，由于人性的弱点和事件特有的心理驱使，人们对于媒体除了预期又多了一层期待，尤其是一些极端恐怖主义分子还在不时制造"媒体恐怖"，使得一些行为体试图驾驭媒体、操纵媒体、放大媒体，这是当代政治或社会行动的一个新特点，也是导致媒体失范的一个重要渊薮。

在全球治理与国家间认同建构层面，既有的研究采用立体或多维的视角，从学科交叉、范式融合的视野，从对国内群体冲突到全球治理中的一些议题比如心理认同和国际规范建构等层面进行客观的嫁接与分析。从学科交融或交叉的视角看，心理学、社会学、管理学、政治学向来就是互相交织甚至融合的。国家政治的目的在于保证机制的完善、秩序的推进以及营造一个宜人的外在政治环境。换句话说，任何学科如果失去了其对现实的指导意义，或许它就不能成为一门可持续发展的学科了。

全球化情势的变化不仅给国际关系带来了不确定的变数，而且给国内治理带来了挑战，从而使得国内、国际之间的联系性和政治脆弱性不断加大。"9·11"事件的爆发又促使学者将政治心理学效益"全球化"，由基于传统安全或主权的心理分析再过渡到非传统安全或国际社会的心理建构。不妨说，心理认同分析的范式或许正在成为非传统安全研究的一个重要路径，这种学理上的发展趋势事实上也多多少少地反映于现实的社会中。

三

具体而言，2012 年以来，我国的群体冲突多多少少呈现出以下新特征或新趋势：①

一是环境安全群体事件频发，邻避效应心理蔓延。2000 年以前的群体冲突事件，多与利益、安全纠纷有关，比如因土地流转、旧房改造引发的纠纷与群体冲突。近年来，除了因危房改造、工程建设、道路改进等引起的民事以及工伤纠纷外，群体冲突事件的环保因素正呈快速上升趋势，公众在经济增长决策中的缺位是以环境问题作为导火索造成社会问题的根源之一。

比如，群体性事件参与者多关注由微毒化学元素、水源、噪声等引起的环保性污染。近年来发生在浙江宁波、余杭、江苏启东、广东茂名等群体性事件便多与人们对相关项目或工程建设所引起的环境污染担忧引起。在宁波、茂名的冲突中，当地人称，没有人愿意在自己家旁边建一个垃圾站、一间厕所，或者一所化工厂。还有官员公开称：过去 20 多年化工业突飞猛进地发展，和全国最大化工园区之一共同生活多年后，他们对 PX 的反对已不是一个知识和技术的问题，而是集中代表了人们对化工业负面效应的厌恶和恐惧。一些社交网络、QQ 群内流传着各种有关 PX 的传说，

①　原文发表于国家发改委主管、中国经济体制改革委员会主办的《改革要参》（2013 年第9 期），此处有调整。

不止一位市民解释他们的反 PX 理由："大连、厦门都不要的东西，我们为什么要？"——"你家后院不要的，我家后院更不受欢迎"，这使得邻避效应不断发生外溢。

二是冲突参与者或受众呈多元化、高层化发展。不同于前几年的群体性冲突事件发生在比较集中的省份或地区，近两年来的群体冲突事件范围已遍及各个省（自治区）、市、县，涉及城市、农村、企业、机关、学校等众多领域。过去参与群体性事件的多是农民、企业退休人员、困难人群，现在则是在职和下岗职工、农民、个体业主、复转军人、教师、学生、技术人员、干部等各阶层人员；受影响的民众家属、亲戚甚至在外留学的子女等也普遍参与进来。参与群体冲突的人员来自社会的不同阶层，源自各种职业、不同社会身份：有国有企业的下岗失业职工、私营企业和外资企业的权益受损职工、失地农民、农民工、房屋被拆迁居民、库区移民、下岗的军转干部、出租车司机、环境污染受害者等。在一些涉及环保类的群体游行队伍中，不仅有一线的草根民众和国有企业人员，也有政府人员多多少少参与或进行声援，甚至一些政府人员还变相地充当了参谋或智囊。

三是意见领袖或领头人的作用突出并不断加强。在过去的群体冲突事件中，群众的组织能力不断增强，特别是尝试运用民间工会代表的形式与政府进行谈判。2012 年以来有相当数量的群体性事件的发生是有组织的，而且开始出现跨区域、跨行业串联声援的倾向，而这些行为背后或多或少地体现了"意见领袖"的作用。据调查，尤其是那些参加人数多、持续时间长、规模较大、反复性强的群体性事件事先都经过周密策划，目标明确且行动统一。比如，江苏启东事件的组织者开始尝试运用《告全市人民书》的形式，并引发数万名启东市民于清晨在市政府门前广场及附近道路集结示威。

四是学会运用目标对象宣泄不满。以往的群体冲突事件虽然有冲击政府机构、派出所或社区的先例，但是，近期以来的群体冲突事件表明，冲突的主体或组织者已开始利用政府机关的软肋，比如在启东事件中，冲突群体冲进市政府大楼，并从市政府中搜出保险套与许多名贵烟酒等物品及很多旅游景点的照片，并在警察到来之前将这些物证陈列在政府办公楼前。启东市委书记孙建华还遭到民众扒光上衣，市长徐峰被强行套上抵制王子造纸的宣传衣。

五是冲突的主体或受众学会利用媒体力量扩大影响。群体的参与或领导者学会利用各种媒体进行声援，比如，在宁波的 PX 项目中，当村民们在镇海区政府请愿的同时，组织者借助各种媒体传播 PX 产品有毒、致癌，并列举一家印度的工厂发生过爆炸事件，进而激发民众的抵制行为。在游行中，一些示威者甚至用身体托起英国 ITV 记者以引起更多的关注。坦诚地讲，事件之后的媒体效应加大了社会对事件的关注。当然，也不排除国外势力或媒体试图介入，使得冲突不断发酵。2012 年以来的群体冲突性事件在媒体中引发了巨大的反响，一些国外媒体和势力不择手段地进行渲染，在一定程度上给国内治理和政权稳定带来了挑战。如在宁波的 PX 项目中，路透社渲染道"示威游行人群和警察发生冲突，部分人被逮捕，其余人被警察驱散"，而美联社则夸张地称"警察使用催泪瓦斯对付示威群众，3 个大学生被逮捕"，而他们的报道与事实则有出入。

六是在冲突处置过程中，政府、官员甚至警力出现了"被动"的附和或配合结果。近两年来的民众示威过程中，出现了民众掀翻汽车、捣毁市政府办公电脑等暴力行为，而警方却保持了相当程度的克制。比如，在启东事件冲突中，有两名警察在该事件中被愤怒的民众拖进人群并遭到殴打，但启东市领导并未下令警方采取进一步强制措施。在整个过程中，公安民警坚持理性、文明、平和执法，没有乱抓人、乱打人，对违法行为依法进行了及时制止。在镇海的 PX 项目冲突中，宁波市政府经过研究决定，绝不强令推行既定的项目，并尊重民意，最后宣布坚决不上该项目。同时，宣布炼化一体化项目前期工作停止推进，再作科学论证。

在江苏启东事件中，江苏省南通市人民政府新闻发言人授权发布：南通市人民政府决定，永远取消王子制纸排海工程项目。与此同时，市长还在政府的官方网站上发布了一个名为"启东市发布致全体市民的一封信"的视频，这个视频声明了政府的态度，即应市民的要求，这个项目暂时不会启动，甚至出现了比较人性化的话语——"要市民注意身体，不要再举行示威游行的活动"。在湖南平江"火电事件"中，"群众一闹"，项目即停摆，上级行政意志下，项目又重启，最后，县委书记主动辞职并希望以此换得工程上马。需要反思的是，政府、官员、警察系统作为社会治理者的中坚力量，如果一味退让（甚至以辞职换工程上马），不坚持原则、准则，轻则出现有令不行，工程下马的结果，重则将对国家的治理权威形成挑战。

一言以蔽之，就政治心理学学科发展而言，如果说，勒庞以及其后的托克维尔、拉斯维尔、杰维斯的心理分析基于社会、政治效益、国家利益，那么，20 世纪 90 年代之后的政治心理学则不得不虑及全球化情势下各种行为体的身份、利益与价值的交织与融合等因素。就冲突的化解或和谐的环境促进而言，对集体使动者（国家、国家行为体、非政府组织）以及全球体系的心理认同互动研究或许将成为政治心理学研究领域的一种显学或趋势，这是由社会行为体的不断扩展与泛化、全球政治、经济体系变化所决定的。

# 第二章 心理认同生成的微观因素

社会是由众多个体组成的，但社会却不是个体的简单累积，群体认同的生成离不开对个体认同的考证，这是伟大的德国社会学家诺贝特·埃利亚斯在其《个体的社会》一书中所做出的结论。① 认同的生成同社会行为体所处的或面对的社会环境、客观场景、文化建构、社会结构等因素存在着千丝万缕的联系，外在环境与受众个人的认知体验和互动最终会引发社会行动。

社会人格形成与心理认同存在着什么样的关系？个体心理认同之间为什么存在差异？什么场景导致了个体心理认同的变化？这些问题将是接下来要探讨的议题。

一

当事者个体社会人格形成及其与冲突的关系并非是由单一因素所决定的，影响个体人格形成的因素往往互相交织、互相重叠、互相影响。也就是说，个体的心理同其成长经历、家庭环境、婚姻状况、宗教信仰、受教育程度是连在一起的，其心路历程从发酵到形成是一个过程。我们关注个体人格形成的一个重要目的是挖掘人格因素与决策心理的关系；同理，以上因素对于社会认同、政党认同、制度认同的影响也不可小觑，比如，在政党认同上，父母对子女的影响很大，研究表明，尽管孩子可能有自己的意识形态偏向，但在政党认同上往往倾向于父母所认同的政党。② 因此，本章将结合案例具体说明人格因素（尤其是精英人物）对心理认同的作

---

① ［德］诺贝特·埃利亚斯：《个体的社会》，翟三江、陆兴华译，译林出版社 2006 年版。
② ［美］迈克尔·罗斯金：《国家的常识：政权·地理·文化》（插图第 10 版），夏维勇、杨勇译，世界图书出版社 2013 年版，第 65 页。

用及其对决策的影响。

场景、环境、个人体验对于人的社会人格形成起着重要的作用，进而影响其心路历程、意识、决策心理及行为。微观意义的认同同社会管理、国家制度、政党不无联系，如果我们要洞悉群体的心智，就离不开对个体心智或人格的形成分析——"集体认同的过往基础已不再相干，社会已经'被个体化'"。①当事者的冲突心理与其心路历程有着千丝万缕的联系，除了时代背景、历史记忆、地域环境等客观因素，家庭背景、教育经历、宗教信仰、婚姻状况等对一个人的心理有着意义深远的影响。而在互动关系上，也不排除个体人格之间的互相嫁接与影响。在此意义上，影响社会人格形成的因素同影响心理认同的生成是一脉相承的。

## 二

亚里士多德将人界定为社会意义的动物，其隐含的意义在于，人具有群体、社会属性；人类不仅会构成天然意义的群体，也会衍生各种各样的组织形式。作为社会或国家组成中的一个最重要、最原始、最基础的单元，家庭是构成人类社会的基点。家庭作为个体走向社会的第一个途径，其环境对于个体的心理成长的意义是不言而喻的。

19世纪法国政治学家托克维尔曾提及：从婴孩时期的摇篮中将可以预测一个人的整个人生。如果我们想理解支配一个人生活的偏见、习惯和爱好，我们必须观察他还是襁褓中的婴孩这一时期情况；我们必须审视世界投射到他心灵上的第一个印记；我们必须聆听唤醒他那沉睡中的思想力量的第一句话。

托氏话语隐含的意义在于家庭作为个体人生长的第一和最重要的环境，对个体人格的形成不可小觑。家庭对于儿童早期的心理形成举足轻重。家庭背景的显赫与否、周围亲人的受教育程度、文化背景、宗教信仰及其性格特点、行为模式对于一个人的心理发展起着直接的影响。教育心理学的许多案例表明，孩子早期的偏好、兴趣的形成同父母及其家庭成

---

① ［英］罗斯玛丽·克朗斯顿：《阶级与分层》，陈光金译，复旦大学出版社2011年版，第36页。

员的影响是难以分开的，而家庭成员的各种熏陶对于当事人以后的学业发展、择业方向、择选婚姻伴侣、工作作风、政党认同有着重要的影响。

退一步说，即便个体的心理机制已经成熟，其家庭成员的情绪、认知及其对事物的判断也会影响甚至改变当事人的个体认知或判断。现实生活、电影中经常可以看到家庭成员（无论是正面还是反面）对于当事人认知判断、行为决策的影响。

如果说家庭背景是当事人个体心理或人格形成培育的第一课堂，那么当事人的教育经历则往往成为影响当事人人格心理形成的辅助或最重要的环境或过程，并对其人生产生重要的影响。

示范作用对于心理的形成效果十分明显。班主任、辅导员或学校的教职员工的言谈举止、文化素养、知识积淀、道德判断等同样对于个体的心理形成作用重大，所以，世界上几乎所有的国家都采用了义务教育制度，且多数国家把教育放在了重中之重的位置。

国民受教育程度的强弱同一国的科技水准、文化影响力、国家战略、影响力有着直接的关联，尤其是在全球化相互依存和软实力盛行的时代。受众的受教育程度不仅直接与其将来的就业、专业和婚姻家庭有关，而且更重要的是它会直接影响其对具体事物或事件的认知、判断和行动。

从反面的案例讲，在人类的历史中，殖民主义、侵略者曾对殖民地或被侵占领土进行文化或语言洗脑。主张"台独"的李登辉盛赞殖民文化，这种心理同其早期接受的日本奴化教育是分不开的，所以他才由衷地发出谬论"台湾从来不属中华民族"。

正是出于认知心理学的原理，在人类历史上，殖民主义者和帝国主义者总是将奴化教育与美化侵略连在一起。笔者在小学阶段读过的一本小说叫《儿女风尘记》，其中反映了主人公"小马"从殖民奴化教育中觉醒的过程。作为奴化教育的一部分，他被强迫送往日本接受"东洋教育"。但是，归国后，面对日本人对中国的蚕食侵略现实，他逐渐认识到日本人推行日文教育的企图在于长期占领中国的领土，并使中华民族彻底日化。这种觉醒最终促使小马的反日心理日渐形成，并使他最终成为一名坚强的反日英雄。

同理，由法国作家都德小说《最后一课》改编的故事也反映了普法战争后国民对奴化教育的抵制，它已成为小学生必读的一篇经典佳作。书中描写普法战争后被割让给普鲁士的阿尔萨斯省一所乡村小学，向祖国语言告别的最后一堂法语课。主人公之一的韩麦尔先生作为一个爱国知识分子典型形象被刻画得栩栩如生，而童稚无知的小学生的自叙，则生动地表现了法国人民遭受异国统治的痛苦和对自己祖国的热爱。

《儿女风尘记》和《最后一课》的故事从侧面反映了早期教育对少年儿童心智成长的影响。所以，早期的健康心理教育对于青少年健康人格的形成具有重要的意义。

北京社会心理研究所和北京高校学生心理素质研究中心在 2002 年做了一次大规模的心理调查，其所得出的数据表明有 16.51% 的大学生存在中度以上心理健康问题。《2010—2011 年度中国大学生心理健康调查报告》结果显示，分别有 27%、66% 的大学生认为自己经常或偶尔有心理方面的困扰，近九成学生心理出现困扰。[1]

就犯罪心理学而言，青少年犯罪或暴力行为的一个重要原因多半与其不健康的心理有关。许多学者得出结论：大多数杀人案都发生在朋友们和有人际联系的人之间，其心理表征带有明显的"两面性"。比如，美国加州大学洛杉矶分校的塞尔·雅各比教授在《杀戮欲》一书中对纽约市 2003—2005 年的杀人者进行了研究，相关数据表明：3/4 的杀人者认识受害者，那些年轻的犯罪者的心理或多或少都存在着心理扭曲现象。[2]

在此，不妨反思一下近来发生在我国的一系列校园报复性恶性事件。2004 年的马加爵案，起因就是他和同学打牌时发生争执；2007 年的中国矿大的铊投毒则是因为常某对三名同学心生不满便向其投毒；2012 年年底的安徽医科大学图书馆砍杀案也是由于鸡毛蒜皮的小事所致；而 2013 年复旦大学的投毒者林森浩则仅仅因生活琐事与同学黄洋不和，心存不满而痛下"毒"手；发生在南京航空学院金城学院的案件起因则是被害人蒋某敲门打扰了袁某玩游戏。

以上这些悲剧性事件告诉我们，犯罪动因与当事者的心路历程有很深的渊源，它提醒我们，心理健康教育对于预防犯罪或对犯罪者的教化十分重要，而这一点，对于分析或追踪个体的心理诱因与冲突行为之间的关系也非常值得借鉴。

---

① 《复旦投毒案：因琐事杀人带来什么的反思？》，http：//view.news.qq.com/zt2013/fudan-poison/index.htm。

② 同上。

宗教信仰是影响心理认同生成的一个重要机因。一个人的信仰或信念系统（belief system）对于其行为和决策有着重大的影响。① 宗教冲突或战争贯穿着人类历史的进化与发展，它不仅构成了冲突的内容而且也是引发冲突的载体。十字军东征、威斯特伐利亚战争、第一次世界大战、第二次世界大战、印巴战争、几次中东战争、冷战、冷战后的前南斯拉夫内战、科索沃战争、卢旺达事件以及"9·11"事件在一定意义上都与宗教冲突或认知异化存在这样或那样的关系。宗教之间的分野或抗争是国家政治或国际关系的一个重要内容。就恐怖主义的生成而言，自杀性事件的袭击者与原教旨主义者或极端宗教主义者的教化有关。宗教本身就是习俗的一部分，是由传统、传说和老年长者作为切实的和必要的东西流传下来的。②

宗教信仰对于一个人的世界观甚至人格形成同样重要，一些精英人物的政治理念往往就是其宗教信仰的反映。所以，一些极端宗教团体从幼儿时段就开始了所谓的启蒙教育，并教导他们勇于"牺牲"、成为"烈士"，而只有这样，他们的人生和来世才具有意义。如此，极端的宗教教化或启蒙成为导致社会冲突或安全的一个重大因素。试想，为什么日本的"奥姆真理教"、英美的"太阳神殿教"，以及2013年一度在我国泛滥的"全能神教"的成员那么投入，在死亡面前"大义凛然、义无反顾"？一个重要的原因是同其受到的宗教驯化有关。所以，宗教信仰对个人人格及其世界观的影响不可低估，它往往成为导致某些重大冲突的原始动因。

然而，这并非说宗教认同与政治治理是对立的，宗教认同与群体冲突并非存在着必然的变量关系；反之，宗教认同往往可以对社会秩序与世俗生活起到积极的作用。宗教研究学者拉菲格·Y. 阿利耶夫（Rafig Y. Aliyev）坚持，"权利、社会、宗教"三者的关系是相互交织的，它们之间相辅相成，互相促进。③

---

① Rose McDermott, *Political Psychology in International Relations*, The University of Michigan Press, 2007, pp. 112 – 113.

② ［德］费迪南·滕尼斯：《共同体与社会——纯粹社会学的基本概念》，林荣远译，北京大学出版社2010年版，第251页。

③ 拉菲格·Y. 阿利耶夫是笔者于2013年12月在耶路撒冷召开的有关宗教与中东和平缔造的会议上结识的一位阿塞拜疆学者，他热情地将他的专著英文简本《权利、社会与宗教》（*Power, Society and Religion*）（Trofford Publication, 2013）送给笔者，在此对他的至诚帮助深表谢意。

　　婚姻对于一个人心智或认同心理的影响亦不可忽略。钱钟书的《围城》里对婚姻的比喻恰到好处——城外人的想冲进去，城里的人想逃出来。从表面看，"围城"是在说明婚姻前后人们所遇到的心境，而深层次上它说明了婚姻对一个人心理机因转换的影响。

　　婚姻作为社会组织运行的一个子单元或表象，对于个体人的心理，尤其是对于偶发性心理的形成作用十分明显。社会冲突事件、刑事案件等与家庭或者当事人的婚姻状况、伴侣关系有着千丝万缕的联系，大众媒体几乎每天都有这样或那样的报道。

　　婚姻心理学认为，伴侣的情绪、言语、举止甚至一个眼神对于当事人的心理都有着重大的影响，它会营造温情也会催发争执，而两人世界的这种喜怒哀乐往往会发生情绪移植、转换，并有可能催发当事人群体冲突心理形成，而对于冲突化解，反之亦是。家和万事兴——和谐的婚姻生活与稳定的社会治理关系是不言而喻的，一些电视媒体，比如笔者所在的城市宁波的电视台所承办的"阿拉讲大道"电视节目就很好地发挥了其独特的社会调节、调解作用。

　　工作或生活环境同样会对一个人的人格形成和其后的心理认同产生影响，尤其是对于青少年而言。对于那些长期处于象牙塔中的学子们而言，学校毕竟不是社会的全部，青年们在中学、大学的主要任务是学习，多与老师、同学、图书馆打交道，而与社会的互动则显得不够。要了解社会真实的情况只有脱离象牙塔，参加工作才算真正进入了社会。

　　而对于青年学生而言，由于他们的社会人格处于形成初期或正在形成的阶段，其所在的工作环境，包括工作内容、同事以及广大的社会对其人格形成产生影响，从而影响其理念并在一定程度上对其决策产生影响。早期工作经历对一个人的政治理念、心理认同影响不可小觑。奥巴马的"变革"口号以及后来推行的社会保险改革就带有深厚的人格特征，以至于有人将他的医改方案称为"奥巴马医改"（Obamacare）。这与其在芝加哥黑人社区工作期间，与处于社会底层的黑人一起工作的境遇，以及启蒙牧师赖特对他的政治理念的影响是分不开的。①

---

　　① Quanyi Zhang, "Political psychology: Analysis on Barrack Obama's 'Change' Foreign Policy Making", *Proceedings of the International Conference*, Editura Aeternitas, Alba Iulia, 2010, pp. 277 - 290.

三

基于上述假设，以下结合美国前总统乔治·W. 布什政治人格以及对其政治理念的影响案例进行梳理。在笔者看来，布什的政治人格形成与其家庭背景、宗教信仰、工作经历、体制因素（比如利益集团）以及历史场景等因素是分不开的。①

一是布什家族中"家庭责任感"影响到了布什的人格形成。布什的个人价值观与他的家庭背景是相吻合的，老布什从小就刻意培养他的"男子汉"责任精神，而这种责任精神在 2003 年的伊拉克战争中被发挥得淋漓尽致。1991 年美国对伊拉克的海湾战争中，由于受到其他联合国成员国的掣肘，其父老布什当时未如愿将萨达姆·侯赛因赶下台。之后，萨达姆也没有在美国的军事、经济打压下认输就范，这种僵局一直持续到老布什黯然下台，从而使得他耿耿于怀。小布什 2001 年就任总统后，就一直寻找机会完成其父亲的心愿，并借核查、经济制裁、反对派力量试图从内部、外部里应外合整垮伊拉克。2003 年 3 月 20 日在没得到联合国安全理事会授权的情况下悍然发动了伊拉克战争，并最终将萨达姆送上了绞刑架。

二是偏执的宗教信仰形塑了小布什的政治人格。小布什自幼成长于基督教家庭，其家庭秉承浓厚的新教传统，这一点对小布什的影响非常大。比如，在 2000 年的总统竞选辩论中，他称耶稣基督是自己最崇拜的政治哲学家和思想家，并可以改变人们的心灵。照理说美国是一个宗教信仰自由的国家，多元化宗教信仰应是美国文化的特征。然而，小布什偏执的新教理念却使他走火入魔，这在一定程度上导致了其基督教原教旨主义的滋生。

而"9·11"事件则引发了小布什对穆斯林长久以来的仇恨。他曾将穆斯林与恐怖、邪恶直接挂钩。在"9·11"事件后他的非友即敌——"如果你不是我们的朋友，你就是我们的敌人"的演讲引起了巨大的争议；此外，

---

① 国内尚缺少有关对于我国社会精英或领导人的政治心理分析，一是因为难以获取相关的研究资料，二是这种研究方法尚没有在国内得到普及。此处借小布什的政治分析案例在于说明微观因素对于政治人格及其决策的影响，这种分析模式事实上也适于对群体冲突领头人或意见领袖的分析。笔者曾围绕小布什的政治心理形成做过一个分析，这里有删节。张全义：《乔治·W. 布什中东政策的政治心理分析》，《阿拉伯世界研究》2008 年第 2 期。

他的宗教偏执倾向在一定程度上也表现在其政治理念上。在他的第二次就职演说中，"自由"一词出现的频率竟然高达 49 次之多，他将美国歌颂为"黑暗世界"中的灯塔，承诺要与"束缚各国人民"的专制者进行斗争，发誓要与极权、独裁作斗争，并在全世界传播美国倡导的自由模式。

三是早期的工作培育了小布什的人格形成。"9·11"事件后，小布什成功地说服了俄罗斯、中国等几个联合国安理会常任理事国一同加入他的反恐联盟并使安理会第一次真正行使了"集体自卫权"，这与他早期在棒球比赛中担任的"拉拉队"负责人是分不开的，有人甚至称他是建立联盟的大师，而棒球生涯则使他受益无穷。

1963 年，小布什进入菲林普斯学院（Phillips Academy）学习并成功当选为该校棒球队的拉拉队长，第一次显示了他的组织和号召力。棒球生涯培养了他的领导潜质，同时也造就了他的团队精神。据称，他敢于起用能力上比他强的人，只要价值观念基本相同，他能做到"疑人不用，用人不疑"。1988 年小布什又接管了得州牧场队（Texas Rangers），并进一步锤炼了他的领袖潜质。他在事后回忆棒球生涯对他的影响时称："棒球生涯对于政治和管理而言的确是一个伟大的训练场地，棒球比赛的底线意在胜利或者失败。"

四是政治精英与体制因素对其政治人格的影响。鹰派人物、保守势力、利益集团、反伊斯兰势力事实上也对小布什的中东外交政策造成许多影响。当然，一些因素如历史渊源、市民社会、选民民意与竞选策略、草根政治、个人因素、国家安全与反恐斗争等因素也会对政治领导人的决策产生影响。

五是历史环境和事件对小布什政治人格的塑造作用。20 世纪五六十年代正是小布什的童年和少年时代，而这一时期美苏对峙的国际政治格局和美国自身的政治情势以及几次中东战争、20 世纪 70 年代石油危机对其家族生意的冲击都对小布什的个性形成起了形塑的作用。

上述分析无疑为我们认识人格与决策心理之间的关系提供了参考，这一分析路径对于我们认识现实中的政治人物也具有一定的参考意义。

美国现任总统奥巴马的执政风格与理念以及在国内外政治中的表现，在一定程度上与其母亲婚姻失败、母亲对他的早期教育、在印尼的生活、夏威夷的中学生活以及芝加哥的工作经历、启蒙牧师的影响是分不开的。①

---

① ［美］汪翔：《奥巴马大传》，长江文艺出版社 2008 年版。

# 第三章　意见领袖与群体之间的心理嫁接

政治精英的人格因素会体现于其对社会事实的判断、认知，尤其是会对其行动方式及在冲突事件中的决策心理产生影响，并多多少少地体现于其与冲突群体之间的心理认同互动中。早期的个人经历会对其成年后的人格产生影响。而个体的人格表征对于其人生观、世界观、冲突观产生了重要的影响。政治人格塑造了不同的领袖人物，而领袖人物的人格不可避免地影响群体的心智。如上一章所述，小布什、奥巴马的心理认同嫁接、政治理念实践等案例或多或少地对此进行了注解。

问题是，群氓心理或乌合之众心理是如何形成的？就群体冲突而言，领头人与群体之间的心理认同是如何形成的呢？在心理认同实现的路径上有无一定的套路或模板可循？这是本章试图探讨的问题。

## 一

对群体心理失范的话语描述莫过于"群氓"或"乌合之众"的称谓，而正是这种略带贬义的话语为我们理解群氓心理打开了一扇窗户。查尔斯·狄更斯（Charles Dickens）写道：

> 乌合之众……犹如大海，百川汇流，难寻根源；乌合之众千差万别，各不相同。浩渺的大海最是无常、飘摇不定，翻涌的海潮最是令人惊惧、冲动、残暴。无论是开展经济、政治活动，还是简单地泄愤，疯狂的暴徒总是危险的。①

---

① ［美］罗伯特·门斯切：《市场、群氓和暴乱——对群体狂热的现代观点》，郑佩芸、朱欣微、刘宝权译，上海财经大学出版社2007年版，第129—130页。

　　群氓心理是导致群氓行为的渊薮，偶像崇拜、人兽相残、酷刑、黑社会法庭、大屠杀、种族灭绝、暴恐袭击等都是群氓行为的表现。个体的非理性在环境的驱使中得到无限制的催发，并与群体的非理性交织在一起，推波助澜并导致群体认同心理的生成。一些悲剧事件远非仅用理性的推理可以得到答案，尤其是在群体冲突中，常人的非理性心理往往表现得一览无遗。在冲突中人们的盲从或乌合之众的意识使得原本理性的个体也变得狂躁、惊慌，进而引发暴力行为或者针对个体的过激行为。

　　这样的案例在历史上信手拈来，从荷兰的郁金香事件、美国布鲁克林的踩踏事件、20 世纪 20 年代末期美国华尔街的股票事件到纳粹德国对500 万犹太人种族灭绝式的屠杀、从卢旺达事件到"9·11"恐怖袭击，个体"犹如一粒沙子，和其他沙子一起，被风任意煽动并形成群氓"①。

　　关于群氓心理在经济领域的经典故事莫过于发生于 17 世纪前叶荷兰的"郁金香狂潮"，它已成为现代泡沫市场上的第一个版本并被广泛引证。当初谁也没有想到，是突然如潮水般涌来的郁金香球茎，使荷兰一夜间成了欧洲贸易业的领头羊，进而引发了股市潮水般的繁荣。在媒体和股民喧嚣的情绪影响下，郁金香球茎价格被哄抬到匪夷所思的地步——一个球茎的价格相当于后来的 110000 美元，后来又旋即变得一文不值并导致后来的股市天翻地覆地暴跌。②

　　20 世纪 30 年代美国经济的大萧条也是人们非理性心理的另一个经典案例。1929 年 10 月 24 日，纽约不断发展壮大的泡沫市场终于破灭，从而引发了全美的"大萧条"。蒙受了数百万美元损失痛苦的股民涌至纽约证交所门前，引发严重挤兑和暴力，美国国民完成了一次大规模的自愚。③

　　需要提及的是，回顾这些历史故事的目的不仅仅在于展示群氓心理产生的恶果，我们的目的是要挖掘导致群氓心理产生的诱因，或者说，是什么诱因导致了人们这种盲从的心理认同呢？

　　约翰·德莱顿在《论戏剧诗》中生动形象地感叹道："如果说你从人类身上解读出什么是群众，什么是百姓，那就是：无论他们怎么像，都难

---

　　①　[美] 罗伯特·门斯切：《市场、群氓和暴乱——对群体狂热的现代观点》，郑佩芸、朱欣微、刘宝权译，上海财经大学出版社 2007 年版，第 129—130、160 页。

　　②　同上书，第 2、7—11 页。

　　③　同上书，第 25 页。

以做出理性的判断。"①最理性的个体或集体，在重大事件、特别压力、群体效应等情势下也可能会变得十分异常。平日文质彬彬的个体、表现得十分理性的集体在冲突的场景中会变得疯狂、歇斯底里，甚至持刀杀人或者实施集体欺诈、谋杀甚至战争、恐怖威胁。也就是说，在群氓心理的驱使下，人们正常的心智也会被误导或驱使，并引发群体的非理性行为。非理性心理一旦占了上风，任何经验、教训也会失去其警示的作用。在群体事件中，这种心智与恐慌并存，使得恐慌升级并连环引发骚动不安的心理。②

2014 年 2 月的乌克兰利沃夫州群体冲突中，数千名反政府示威民众与重武装镇暴警察在首都基辅市区对峙，造成重大伤亡不说，67 名警察被示威群众强行掳走，州长竟被铐在柱子上。2013 年 4 月，在福建省厦门市同安区潘涂村民示威中，数千名村民于上午陆续聚集到同集路，与武警及特警对峙，双方再次爆发冲突，多名村民被打伤，多辆警车被砸或被刺穿车胎放气，一名女官员甚至被村民脱去上衣，数名警察受伤，2012 年 12 月，在江苏启东冲突事件中，时任江苏启东的书记还被愤怒的群体扒光上衣，有的民众为了达到目的，竟被唆使集体喝农药，这类非理性事件在现实中数不胜数。

## 二

在厘清了群氓心理生成的机理后，接下来探讨的问题是意见领袖与群体心理之间的嫁接问题。意见领袖之所以被称为意见领袖，是因为其个体的社会认同与某类群体心理认知上实现了某种认同。

人与人之间的心理交流通过互动产生，意见领袖或领头人对群体的影响也不例外，尤其是，如果领头人的经历与群体中成员的经历类似，就很容易产生共鸣，进而促成集体性格或意愿的形成。所以说，群体认同的产

---

① ［美］罗伯特·门斯切：《市场、群氓和暴乱——对群体狂热的现代观点》，郑佩芸、朱欣微、刘宝权译，上海财经大学出版社 2007 年版，第 36 页。

② 托马斯·潘恩说："恐慌并非一无是处。它们的耐性往往不长，然而情绪却能在人们心中迅速滋长，并且难以根除。"［美］罗伯特·门斯切：《市场、群氓和暴乱——对群体狂热的现代观点》，郑佩芸、朱欣微、刘宝权译，上海财经大学出版社 2007 年版，第 2、19 页。

生离不开领袖人物的引导，领袖人物与群体之间在人格、心智上的嫁接是产生认同的重要原因。

勒庞在谈到领袖人物的作用时指出：

> 大众是一场革命的工具，却不是它的出发点。大众象征着一种无组织的存在，如果没有人在前面领导它，它就碌碌无为，一事无成。大众一旦接受了刺激，很快就会超越它，但大众不能自己创造刺激。①

为了比较清晰地说明个体与群体之间的人格嫁接及其心理认同实现的路径，这里结合图形进行说明（见图1）。②

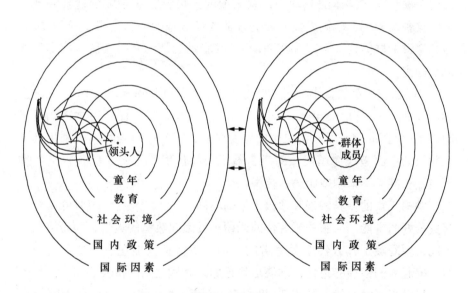

**图1　意见领袖与群体成员心理互动示意**

这里的领头人与群体成员心理互动模板旨在对意见领袖或领头人与群体成员的心理认同共鸣的生成过程进行简单梳理。

图中两个圆中的弧线分别表示领头人与群体成员各自的人格形成变量，即童年经历、教育背景、社会环境，以及外围性因素（国内政策与国际因

---

① ［法］古斯塔夫·勒庞：《革命心理学》，佟德志、刘训练译，吉林人民出版社2011年版，第4页。

② 本书的两个示意图均为笔者自行设计。

素）对其人格形成的影响，图形中类似火炬的虚线表示上述因素的交织、重叠或扩展，因为影响人格形成的因素并非是呈线性或单一的维度发展。而两个圆之间的双向箭头则表示意见领袖或领头人与群体成员之间人格因素的碰撞与（或）相切，并最终促使有效的心理互动发生，这种互动的结果一般具有目的性，进而对标的使动者的心理产生影响。

影响心理认知的一个重要因素是群体之间对历史事实或经历的共同感受。西格蒙德·弗洛伊德称："群氓心中邪念丛生是因为他们患有历史性大众暴乱的心理时疫，如果加上利益、安全因素的驱使，其形成的群体向心力可能更强、更凝固。"①

个体意识与群体意识哪个占上风与领头人的个人魅力或号召力有着直接的关联。在与群体的互动中，领头人的人格特征或多或少地会展现出来。这种情形下，他们人性中最美好抑或最丑恶的一面会得到充分展示，激情澎湃的群体往往会"闻声而动"，其骚动的情绪有时会被淋漓尽致地调动起来。

20 世纪 60 年代，小马丁·路德·金（Martin Luther King Jr.）在华盛顿广场面对 25 万民众疾呼："让自由之声响起来吧，让自由之声响起来吧。"从反面的例子看，第二次世界大战前，阿道夫·希特勒曾利用其个人阴谋的一面激起德国民众对于少数民众的仇恨，并将"反犹主义"推至极端，甚至不惜制造阴谋、传说。

领袖人物的差异表现于政治人格的不同，马丁·路德·金呼吁听众拥有更美好的本能，从服务于客体的愿望出发燃起热情的火焰；而希特勒则不同，他隐藏了其人性中最卑劣的一面，不负责任地捏造历史、煽动民情，撩起人们惨痛的记忆，淋漓尽致地煽动民族之间的仇恨。②

尽管当下的时代不同于 20 世纪 30 年代，也不同于 20 世纪 60 年代，尽管主体与客体已发生很大变化，但是，不难看出，人类易受感染的心智并没有大的变化。遑论褒贬，从领头人或领袖与群体互动的效用而言，他们都知晓多数人总是跟随少数领导者的脚步的道理，③ 所以，古希腊悲剧

---

① ［美］罗伯特·门斯切：《市场、群氓和暴乱——对群体狂热的现代观点》，郑佩芸、朱欣微、刘宝权译，上海财经大学出版社 2007 年版，第 120 页。

② 同上书，第 9 页。

③ 同上。

大师欧里庇得斯（Euripides）才说，暴民被恶棍领导是一件可怕的事。①

　　而群体的心智也在对领头人起着同样的作用，人类的社会是由个体组成的，但是又受制于群体。常识和群体意识哪个能占上风，取决于我们谈论的是哪种群体，也就是说群体的构成与其认同也同样影响着领头人的思想或意识。②

　　群体的构成是多种多样的，除了良民百姓、知识群体、企业大亨、政客精英，还有地痞流氓、黑帮或麻木不仁的其他芸芸众生。然而，任何具有情商系数的个人都不可能排除外在情绪或事件的感染。一旦个人的情绪被点燃，其表征类似于发热会逐步升级，在此意义上，精英人物也如此，尽管也有例外现象。

　　除了领头人与群体之间的思想、经历和身份共鸣（见图2），社会事件本身的动因或过程构成了心理认同实践的载体或平台，以下我们再结合图形对此流程进行说明。

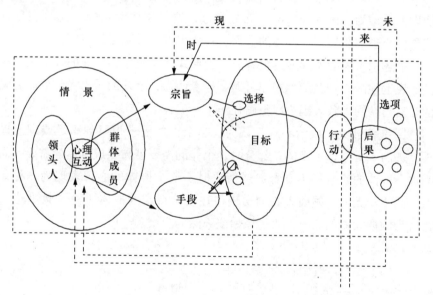

**图2　事件中的意见领袖与群体成员认同互动示意**

① ［美］罗伯特·门斯切：《市场、群氓和暴乱——对群体狂热的现代观点》，郑佩芸、朱欣微、刘宝权译，上海财经大学出版社2007年版，第126页。

② 群体的许多形式（从心不在焉的群体，到示威群体、骚动的群氓，甚至更糟）都类似于发热状的逐步升级。［美］罗伯特·门斯切：《市场、群氓和暴乱——对群体狂热的现代观点》，郑佩芸、朱欣微、刘宝权译，上海财经大学出版社2007年版，第9—10页。

　　标示"情景"的弧形圆是图 2 中所表达内容的浓缩，在意见领袖或领头人与群体成员的心理共鸣初步生成后，他们之间的互动往往会围绕具体事件进行，即在事件的宗旨、手段及其选择目标、行动计划（选择方式、欲达到的目标）及其后续效应（行动、后果）进行来回互动与修补。作为对事件产生重要影响的领头人或意见领袖，他会特别关注事件的每一个环节及其循环的流程，并针对具体事件在情景（事前）、选择目标（事中）及其选项后果（事后）事先进行策划；作为另一使动者群体在"恐慌"面前往往表现为无所适从，这时会听从领头人的召唤。

　　群氓认同心理的建立并非都是非理性的，尤其是人们在受到事件刺激、压迫、恐吓或恐慌的情形下，群氓心理往往会紧跟或效法意见领袖的心智。罗伯特·门斯切用旅鼠迁行的案例对群体在恐慌状态下的群氓心理做了生动的说明。他说，挪威旅鼠大规模的迁徙行程有时甚至以集体自尽的方式告终。驱使这种著名啮齿动物前进的是惊慌，而不是求死的愿望。所以他总结到，人在惊慌时会四处奔逃，这是群体动物的特性。①在狂热或恐慌心理的驱使下，群体的盲目、盲从表现得淋漓尽致。

　　上述两个模板所彰显的内容或互动形式并非是千篇一律的，但是，这并非说上述的心理互动无规律可循。笔者认为，上述的领头人与群体之间的互动与认同大致表现为以下路径。②

　　1. 悲情放大。政治心理学认为，当个人的需求得不到满足或理想破灭，进而成为集体不幸的一部分时，个体的需要就转换成群体的需要；而当这个群体的悲情得不到释放或解决时，整个群体的心智表现为一种无奈、无望、无助，领袖人物的出现往往会给特定的群体一种"救星感"，这就为领袖人物的介入提供了原始或天然的土壤。③

---

　　① ［美］罗伯特·门斯切：《市场、群氓和暴乱——对群体狂热的现代观点》，郑佩芸、朱欣微、刘宝权译，上海财经大学出版社 2007 年版，第 146—147 页。

　　② 笔者结合群氓心理的表征，在此对领头人的作用及其与群体之间的心理互动做了一个粗犷的梳理，以期揭示其中的一些规律性现象。

　　③ "When needs are not met, grievances are usually expressed collectively. Groups that are, or perceive themselves to be, marginalized attempt to redress grievance through a variety of responses…Denial of this deprivation and blockage of this can foster group cohesion within victimized communal groups and can work to promote collective violence if no other means of redress is available". Neal Carter and Sean Byrne, "The Dynamics of Social Cubism: A View from Northern Ireland and Quebec", adopted from Sean Byrne and Cynthia L. Irvin, *Reconcilable Differences——Turning Points in Ethnopolitical Conflict*, Kumarian Press, 2000, pp. 67 – 68.

2. 鼓动唆使。当个体的悲情转换为集体的不幸后，潜在的意见领袖或暴力领头人为了一己私利或某种特定的目标，往往会借机放大事件并进行煽风点火式的唆使，集体的悲情被一层层地放大，从而促使群体的凝聚力不断加强。

3. 制造混乱或恐慌。当集体的意志或事件不断放大，意见领袖往往会借机制造混乱。就像牛群由于气候状况或是天敌出现而神情紧张，狂热的群体的思想与行为是无法预测的。① 这其中也包括暴力威胁，民众在一手遮天的黑势力胁迫下，往往不敢说真话，甚至不敢讲真话而拒绝作证，从而形成了"遵行这一原则的人越多，胁迫的力量就越是强大"范式，国外黑手党以及近几年媒体所披露的各种黑势力刑事案件足可说明这一点。②

4. 个人崇拜与认同嫁接。意见领袖或暴力领头人知道维系群体盲从靠情感而非理智。他们知道，先让群众由衷地信任你，接着他们的思想就会跟着你走。因此，制造个人崇拜或在关键的时刻站出来充当"梁山好汉"几乎成为领袖人物的一种手腕，甚而一些居心叵测的政客还会把这种方式当作政治伎俩使用。

意见领袖往往会利用道德或人性中美好因素接近目标群体，在无助或盲目崇拜的驱使下，群体人格与意见领袖人格开始嫁接。这时，群体的心智就如同陷入一种自我设计的集体逻辑。这就一如股市上盲目购买股票的股民心境，其盲目地追随使得每个人成为"傻瓜"。在酝酿的群体冲突中，他们往往会更加认定那藏在幕后或活动在前台的煽动者，并推举其成为领头人或精神领袖。③

---

① ［美］罗伯特·门斯切：《市场、群氓和暴乱——对群体狂热的现代观点》，郑佩芸、朱欣微、刘宝权译，上海财经大学出版社2007年版，第141页。

② 哈丁借用黑手党的胁迫现象对"拒绝作证"做了一个详细的说明，他分析称，由于害怕受到迫害、暗杀，一些人就选择"拒绝作证"而在事实面前保持缄默，使得"拒绝作证"得到直观且刻意的实施，从而形成一种规范。［美］哈丁：《群体冲突的逻辑》，刘春荣、汤艳文译，上海人民出版社2013年版，第161—164页。

③ 难道每个在城市暴乱之后洗劫商店的人本身都是窃贼吗？答案是否定的。然而，一旦少数领导者创建出一套新的社会行为规范，国民便会采用新的行为模式。难道每一个摧毁了敌人机枪掩体的人都是与生俱来的英雄吗？答案同样是否定的。然而一旦天生的骁勇在他们战友的心中创建出规范，勇气必定在士兵当中蔓延开来，这就好像怯懦必定会在动用死刑的群氓中蔓延开来一样。同样，在极度混乱的市场环境中，每一个以接近峰值的价格购入股票或以接近谷底的价格卖出股票的人都不能被说成是十足的傻瓜，甚至是乌合之众。他们只是购入了一种集体逻辑，这种逻辑将人们从个人角度认定的明智之举统统打消。［美］罗伯特·门斯切：《市场、群氓和暴乱——对群体狂热的现代观点》，郑佩芸、朱欣微、刘宝权译，上海财经大学出版社2007年版，第139页。

意见领袖或政治极端分子深谙群体的心理并最大化地诱使民众对其个人崇拜，比如，一位纳粹党在描述 1927 年国家社会党在纽伦堡举行的集会时称：

> 数千名列队经过元首的德国纳粹冲锋队士兵目光灼灼地、骄傲地凝视着他。他们带着"元首同样因他们而骄傲"的保证，回了家。元首看见最优秀的德国血统经过了身畔……国家社会党人的思想明确而果决。而它却没能像"褐衫军"闪动的眼眸和拥护者热情的表达那样，以优雅的形式体现出自身的价值。1932 年，当纳粹党在慕尼黑集会时，希特勒和他的追随者之间的情感已变得水乳交融。希特勒就是群氓，群氓就是希特勒。①

意见领袖或领头人往往深谙：在群体力量的驱使之下，男人、女人、工人、农民、街头小贩甚至普通的行人都会失去道德的指引。于是，他们往往会不断激怒群体的情感，将群体的悲情不断扩大，并以公正、仲裁人的身份不断引领群体走向特定的目标，并高呼："你们受到压迫；他们应当负责；我们需要行动。"②

历史的经验值得吸取，因此，在关于社会机制转换、政治改革的过程中，我们须时刻警惕那些阴谋和居心叵测或处于私利的政客或煽动分子。投机家、阴谋家、煽动家总会借各种各样的政治情势或机会来树立威信；历史中这样的案例数不胜数，群体冲突或示威的威力并不在于人数的多寡，而最危险的在于群体用一个声音、一种心理或一种认同，这种组合之后往往孕育着大规模的冲突、动乱甚至暴乱。

5. 认同效用：群体冲突的酝酿和爆发。主体与客体（政府、公司或组织与群体）出现认知差异，利益分配出现不均往往会淤积不满的情绪。而小范围的矛盾如得不到有效化解即会导致争吵、小型冲突，并最终引发悲情的转换或扩大。

如果谈判失败，冲突往往会不断升级，并使得意见领袖自然地脱颖而出。如果领头人与冲突群体在心智、心路历程、理念等方面发生共鸣，意

---

① ［美］罗伯特·门斯切：《市场、群氓和暴乱——对群体狂热的现代观点》，郑佩芸、朱欣微、刘宝权译，上海财经大学出版社 2007 年版，第 140、141、142 页。

② 同上书，第 140 页。

见领袖的号召力或影响力势必会更强、更大，因而"振臂一呼，万人效应"，当然，领头人也会受到群氓的牵制甚至绑架。①

这时，在意见领袖或领头人的操纵下，个体的力量犹如一粒粒沙子会聚成一股力量，将公众的情感汇集在一个目标上。这个目标可以是物质的，也可以是精神的，领头人会咆哮"不受理智约束的报复"，"达不到目的，誓不罢休"。②

冲突中，意见领袖往往会利用各种形式的象征符号——从横幅与旗帜到徽标、精心设计的标题和大规模集会。领头人还会仿效以往发生的类似示威或游行案例，比如散步、抗议，静坐、绝食甚至暴力等方式，如果达不到效果，冲突会持续发酵并最终演绎成大规模暴力并导致流血事件的发生。

需要强调的是，上述意见领袖的生成范式及其与群体之间的认同互动在模式、次序上并非千篇一律、固定不变的。在现实中，受环境、情势或特定因素的驱使，从冲突的酝酿到爆发往往会呈不同的表现形式或路径；国内的、国际的各种变量或许使得冲突的性质和目标发生变化，它们都或多或少地影响着当事者的认同心理，这是研究者需要关注的。

我们尚需关注意见领袖或领头人受制于群体心智或情绪，并成为群氓的走卒而被绑架。除了关注领头人与群体的互动，我们尚需深入到群体心智中对其心路历程做出分析或归类，尤其是关注心理失衡对于认同建构的影响，这将是下章需要论及的问题。

---

① ［美］罗伯特·门斯切：《市场、群氓和暴乱——对群体狂热的现代观点》，郑佩芸、朱欣微、刘宝权译，上海财经大学出版社2007年版，第146页。

② 同上书，第139—140页。

# 第四章 心理认同失范

如果将人类的历史界定为一部利益获取史未免过于武断，且不说这种观点有先验论之嫌。更进一步说，如果将人类的历史理解为"你死我活"（killed and to be killed）、不择手段地获取利益的历史，那么人类本身及其历史就失去了意义。然而，人类意识的进步、结构的变化以及政治和文化的建构、人类面临生存环境等合力因素将促成协作认同的发生，进而促进良性博弈的进步，反之，将导致认同失范。

## 一

导致心理失衡或认同失范有许多因素，比如人格形成因素、突发事件、情感刺激等，然而，无论是个体意义的社会人还是集体、国家以及世界意义的共同体，心理失衡从本源上离不开对利益的认知与界定，遑论唯物主义的利益还是唯心主义的利益。

人作为自然界中最高级的生物，只有在保证自身存在的前提下才能进行人类文明社会的其他建设，这个法则适于人类社会，从个体、组织到国家的一切使动者，而利益获取则是保证生命与制度延续的衍生物。

就冲突生成的本源而看，经典理论学家或先哲们从未否认利益因素对于小到部落、家庭，大到城邦、国家生成中的作用。所以，利益的获取成为人类社会组织形式不可逾越的一个话题。事实上，自人类的生命开始在这个地球上繁衍，人类的生命与生活质量便与利益连接在一起。换句话说，如果人类没有对于利益的认知，人类的社会生活就不可能延续至今，人类或许仍停留于早期茹毛饮血的时代，人类也不可能从智人（homo sapien）进化到现代的灵长人类。

正是在对利益认知的基础上，人类的生物生命才具有了社会意义，人类才开始拨云见日,从学会聚居而生,建立部落,学会劳动分工,并从母系社会过渡到父系社会,旧石器时代过渡到新石器时代,这种进化或进程催发人的类意识(sense of being)不断增加,使得人的组织社会性不断外溢,沿着原始社会、奴隶社会、封建社会、资本主义社会、科学社会主义的认识轨迹不断将人类社会的组织形式推向完善。用马克思主义的阶级话语讲,物质利益还包括生活条件、工作条件、艰苦程度、娱乐休闲、物质安全等,之所以将物质利益与阶级挂钩,是因为使动者所处的阶级位置影响和形塑了他们的物质收益,所以,社会变迁的历史被理解为阶级变迁的历史。①

诚然,在漫长的人类社会进化过程中,利益获取与生存本身在相当长的时段内形成了一种一元式关系,即利益与生存成为一体,生命的维系与利益获取无法进行切割。对利益本身的认知及其获取方式的认同,也是史学家界定野蛮社会与文明社会的标准。因此,在早期社会,"丛林法则""强盗逻辑"受到青睐。国际政治领域的"强权政治"便是基于这一理念。所以,在早期而言,强权即为真理。从帝国主义对殖民地的入侵——无情杀戮阿兹特克人,摧毁玛雅文明,到贩卖黑奴以致第一次世界大战、第二次世界大战中法西斯帝国企图对世界奴役的事实间接说明了利益与人类生命、生存、安全之间的关系。没有利益的概念,便没有人类的历史。故在早期,利益追求的恶性竞争有很长的历史,从围绕家仇、宅基、继承权争斗到黑帮、教派、宗派之争都带有浓厚的恶意博弈。

然而,如果将人类的历史界定为一部纯粹的利益获取史,也未免曲解乃至隔断了人类的社会或文明的意义。不妨说,作为大自然中最高级灵长动物的人类,从其诞生起,人类的生命、意识、社会性从未停止过进化、演化、建构与被建构。

人类的进化史表明,从三叶虫、海生无脊椎动物、两栖动物、陆上动物到直立人、智人与现代人的进化,人类的发展不仅体现于生物结构、体格体能与工具使用、发明的进程,而且体现于意识的不断进步与转换。从利己主义到利他主义的过渡是人类社会属性的一个鲜明特征。因此,人类的社会组织形式才从早期的部落制、城邦制、古典国家制到现代国家制的

---

① [美]埃里克·欧林·赖特主编:《阶级分析方法》,马磊、吴菲等译,复旦大学出版社2011年版,第21页。

生成。也正是由于此，人类才有了全球化的概念，使世界具有"世界国家"的意义。

在另一方面，这并非意味着人类的进步已经僭越了利益，利益获取已失去了意义。反而，人类自身的进步与完善，人类社会组织形式的进步与发展，人类世界的和平与发展都与我们人类对于利益内涵的认知、对于利益获取与分配方式的认同联系在一起的。认识不到这一点，就很容易使我们重犯理论上的空想主义和实践上的乌托邦主义错误。

在笔者看来，围绕利益引起的纷争一般来源于两个维度：

一是基于社会人的利益。如原始社会的婚姻、家庭、仇杀、宅基地、土地、院基争斗等，鉴于这种观点已多有论及，在此无须多费笔墨。

二是集合性利益或者称之为集体主义的利益。从早期社会的部落制到法国大革命的公社制到当代社会的村社或社区制，利益与集体捆绑在一起，也就是说，集体的利益代表了绝大多数人的利益。"一旦人际关系被定义为一种单一的群体间关系，而完全忽略同一个人与其他群体的联系，那么人就被'渺小化'了。换言之，一旦人被填塞到一个个'小盒子'之中，冲突与暴力就在所难免。"①在此意义上，城邦、民族、种族、国家、共同体不断扩展与生成。因而，集体之利益便成为特定的或专属的利益，比如阶级利益、国家利益成为影响社会互动的重大变量。当然，这并非说，利益是导致认同心理失范的唯一元素，权利/权威、阶级/阶层、文化/价值等因素同样不可小觑。

社会分层、职业结构、个人福利不是立足于个体的利益便是集团的利益并形成了冲突的根源。罗斯玛丽·克朗普顿（Rosemary Crompton）在《阶级与分层》一书中指出："所有复杂的社会都在不同程度上具有物质报偿和象征报偿的分配不平等的特征。"② 所以说，利益认同某种程度上是构成心理认同失衡或失范的最主要或者说最根本的因素，离开利益谈心理认同无异于舍本求末。

关于公共利益的话题向来是哲学等社会科学探讨的议题。自古以降，从柏拉图、奥古斯汀、阿奎纳、霍布斯、卢梭到马克思、韦伯、涂尔干、

① ［美］哈丁：《群体冲突的逻辑》，刘春荣、汤艳文译，上海人民出版社2013年版，第2页（译者前言：重新理解群体冲突）。

② ［英］罗斯玛丽·克朗普顿：《阶级与分层》，陈光金译，复旦大学出版社2011年版，第13页。

托克维尔、罗尔斯等众多先哲或巨匠从未停止过对于利益认知、获取方式与分配的深思与研究。通过《理想国》《利维坦》《乌托邦》《资本论》《正义论》可以知道，对于利益的认知、获取的方式及其分配是其中的一个共同内容，柏拉图试图通过寡头制解决社会财富的分配与秩序的维持，霍布斯试图用国家这个"巨兽"完成契约式的分配制度，而莫尔的乌托邦则充满了理想的想象或设计。

正是基于前人某些对人类理想分配形式的向往，才开启了人类对科学社会的追求。马克思正是在莫尔、亚当·斯密、黑格尔（目的论）的基础上，完成了他的科学社会主义论著。其后，从达伦多夫、李普塞特、劳尔·普雷维什（R. Prebische）到伊曼纽尔·沃勒斯坦（Immanuel Wallerstein），无不在孜孜不倦地探讨从国家到世界利益的分配。而在理念上，无论是新教主义、功能主义、价值主义还是"社会正义论"、社会的共同体等意识形态还是视角，其创制者对于利益范畴上的探讨的贡献是不可磨灭的。

总之，人类社会的进步和完善与人类对于利益内涵的认知、获取方式及其分配方式联系在一起，因此，在判定社会的进步，研判社会组织形式是否完备，国家社会是否和谐的议题上，利益获取、利益分享始终是不可逾越的话题。如果在利益内涵的认知、获取方式与分配方式上引起分歧，那么就必然成为冲突的导火索。

## 二

在对利益产生的机理有了一个了解后，我们有必要将其与现实中群体的心智相衔接，即利益的得失对心理认同的形成起了什么样的作用，心理失范形式有何特征做出说明。

个体人格与群体人格嫁接促成心理认同的过程，对于我们认识认同的正向发展有着重要的启示意义，正向认同在本书主要指施动者对于客观存在的制度、利益、准则或议程等默认或赞许的态度倾向。在实践中，认同的建构并非朝着一个方向或思路发展。外在因素或社会环境往往会引发社会人的心理机制，进而导致心理失衡或负向认同的产生。乔恩·埃尔斯特针对人格的形成及个体的心理机制与托克维尔的学说做了一个通俗的嫁接，即围绕"酸葡萄综合征""溢出效应""补偿效应""逐出效应""交互效应"进行纵论，这几种心理范式对于当下由利益得失（比如邻避效应）所引起的心理失衡或认同失范不无借鉴意义。

"酸葡萄综合征"（sour grapes syndrome）几乎存在于所有的人类感觉，它的意思是，我们想得到我们不能拥有的东西，只是我们不能够拥有它，因而不得不对实现愿望的手段进行调整。①

冲突心理的萌发往往与人们的愿望落空或遭受挫折有关，愿望得不到满足，就很可能引发人们的情绪升温。当情绪升温时，人们往往会丧失理智。强烈的情感会阻碍正常的思考进行，以至于"随着情绪的逐步升温并达到高潮，人们无法思考，一时晕头转向"②。冲突被诱发后，群体越是庞大，左右群体的力量就越大，个人的意愿自然被催化、妥协或扩大，最终发酵成大规模的冲突，从而促使情绪或事件不断溢出，③ 正如个体对于利益或感情得失的感觉一样，这种情绪或感受也会在群体中不断扩大，从而感染整个群体的心理。

溢出效应是指如果一个人在他的一个生活范围 X 中遵循一种行为模式 P，那么他也会在生活范围 Y 中遵循 P。④这是因为，心理事件——愿望、信仰、爱好、习惯可以根据使动者对于外部环境的反应得到解释。人的内部环境或内心活动同样可以导致不同心理机制的产生，或者说"是一种心理事实针对另一种心理事实的行动"。

托克维尔在《论美国的民主》的文字表述中涉及这种机制并通过不同的语言或话语转换对溢出效应进行了说明，比如他不厌其烦地使用动词"运输"（transporter）、"携带"（carry over）、"转移"（transfer）、"传递"（pass on）等进行说明。⑤ 不仅如此，托克维尔用了大量的例子对溢出效应进行佐证，比如他说道：

"……在合众国，每一位公民把小共和国在他身上所激起的关注

---

　　① ［美］乔恩·埃尔斯特：《政治心理学》，陈秀峰、胡勇译，吉林出版集团有限责任公司2010 年版，第 3 页。

　　② ［美］罗伯特·门斯切：《市场、群氓和暴乱——对群体狂热的现代观点》，郑佩芸、朱欣微、刘宝权译，上海财经大学出版社 2007 年版，第 47 页。

　　③ 同上书，第 7 页。

　　④ ［美］乔恩·埃尔斯特：《政治心理学》，陈秀峰、胡勇译，吉林出版集团有限责任公司2010 年版，第 171 页。

　　⑤ 同上。

转变为（transfer）他对共同的祖国的热爱""最深刻地搅动美国人的激情是商业的而非政治的激情，或者说这种激情把商人的习惯带入到（carry over）政治事务中""美国人从他的家中获得了那种秩序之爱，他又把它带入到（carry over）国家事务中"。①

托克维尔关于政治激情的溢出效应同样适用于对日益脆弱、敏感的全球化社会的分析，政治、经济、军事、环境任何一个噱头都可能引发冲突的外溢（spill - over），所以说，溢出效应某种程度上是我们这个时代群体冲突的一个普遍表征，尤其是借助新媒体、自媒体，一则普通的新闻或被扩大、扭曲，从而不断外溢并有可能引发大规模冲突。前几年爆发于中亚的"颜色革命""茉莉花革命"以及"维基解密效应"和"斯诺登事件"、乌克兰政治动荡在一定程度上证实了冲突的外溢或溢出效能，而近年来在我国发生的由 PX 项目引起的邻避效应也多多少少印证了这一心理冲突范式。

补偿效应是指在对事件的权衡中，人们对决策或决定的一种选择。这种机制所依赖的观念是"在某一领域内不能得到满足的愿望或许需要在其他领域中寻找出口"，如果在 X 中他不遵循 P，如果可以的话，他会在 Y 中遵循 P。补偿效应体现于个体生活与公共生活之间的关系尤其是非常时期（比如战争、动乱、冲突）人类情绪的转换或变化。②

托克维尔曾使用了补偿效应来解释分别位于贵族社会和民主社会中的宗教的出现。托克维尔以当时的贵族专制对宗教信仰的压制解释了宗教的兴起，他将第一种称为"人民的鸦片"型，第二种解释属于"对自由的恐惧"型。③

托克维尔引证道：

> 在贵族主宰的国家中……穷人被迫淹留在对来世的想象中；他被现实世界的悲惨所包围，却从此中逃脱并寻找来世的快乐。托克维尔

---

① 埃尔斯特称：从这些文段中可以清楚地发现，在托克维尔对民主的分析中，溢出效应是主要的概念工具，或许是最重要的一种概念分析工具。［美］乔恩·埃尔斯特：《政治心理学》，陈秀峰、胡勇译，吉林出版集团有限责任公司 2010 年版，第 171 页。

② ［美］乔恩·埃尔斯特：《政治心理学》，陈秀峰、胡勇译，吉林出版集团有限责任公司 2010 年版，第 169、173 页。

③ 同上书，第 173 页。

进一步说：对我来说，我怀疑，人类是否能够在同一时间拥有完全的信仰独立和完全的政治自由。我不得不认为，如果他没有信仰，他就必须服从，而如果他是自由的，他就必须信仰。①

在托克维尔看来，补偿效应伴随着逐出效应。前者产生于拥有某一重大激情的需要，后者来自一个人不能拥有一个以上激情的事实。尽管我们的时代已经不是法国大革命前后的时代，但是，这并非说逐出效应已不适于我们对群体心理的解释。事实是，在世界的许多国家和地区，专制与独裁仍牢牢统御着大众的思维，压制着人们的自由或者说盘剥着人们的利益，这种机制或体系往往会促使逐出效应的发生。

托克维尔指出："在民主时代，私人生活是如此的活跃和骚动，如此的充满了希望与辛苦，以至于每个人几乎没有为政治生活留下任何闲暇与活力。"② 这里，托克维尔既肯定了溢出效应，又肯定了逐出效应，并将其政府的行为、公民的结社愿望、政治活动等衔接起来以证明它们之间的联系与转换。他总结道：

> 当今的政府……对于市民结社具有天生的好感，因为他们很容易就发现，这种结社远不是把公众的注意力导向公共事务，而是把人们的思想从那里引开，让他们越来越忙于公共安宁所必需的事业，阻碍革命的思想。但是，它们没有接受这样的观点：政治结社的增加对于市民结社是一种巨大的帮助，在避免一种危险的疾病的同时，它们也剥夺了自己一种有效的疗方。那么一方面，市民结社通过逐出效应限制了政治活动，而另一方面，政治结社通过溢出效应促使公民在市民生活中联合起来，从而促成交互效应。③

补偿效应和逐出效应如果合起来，意味着一种零和效应（zero - sum effect），托克维尔将之比拟为心理的"水压模型"（the hydraulic model）的机制中，即当事者在事件中所表现的心理失衡与心理调整或再平衡的心

---

① ［美］乔恩·埃尔斯特：《政治心理学》，陈秀峰、胡勇译，吉林出版集团有限责任公司2010年版，第173—174页。
② 同上书，第175页。
③ 同上书，第175—176页。

态或行为。①

就我国而言，尽管党和政府致力于建设文明、富强、民主的社会主义社会，但是在许多领域，我们的法律、机制、规范以及理念还有待完善和提高。具体而言，逐出效应可适用于我们对政治、经济体制改革、公共政策调整、国家宏观调控以及反腐机制的实践与理念的分析。

交互效应。将交互效应与宏观因素联系在一起，是因为引起冲突的交互因素涉及社会或体系的层面，托克维尔将其当作一种系统且认为它们具有因果关系。为了说明补偿效应、溢出效应与逐出效应三者的关系，托克维尔用美国的政治制度与民主制度以及人们激情的产生做了一个很好的比喻：私生活的空虚驱使民众在政治中寻找出口，而民众之结社又不断发生溢出效应，最好又从政治参与中解脱出来，转向新的目标或愿望。②

而在《旧制度与大革命》中，托克维尔则同时使用了补偿效应和溢出效应来解释法国大革命的这种激进特色。由于在旧制度下缺乏政治自由，"政治自由被导入到文学中，结果是，我们的作家这时成为公共舆论的领袖，暂时扮演了在自由国家中通常落在职业政治家头上的角色"，这是补偿效应。随后，"当行动的时刻到来时，这些文学倾向就被引入到政治舞台"，这是溢出效应。③

事实上，托克维尔所论及的民主社会的"失范"现象存在于每一个社会。革命、野心、秩序财富使得人们的心绪不断发生变化，进而导致上述几种效应会不可避免地出现或发生。④这一如古斯塔夫·勒庞所言，在

---

①　"水压模型"（the hydraulic model）的假设来自弗洛伊德的一些早期作品的基本假设，这种观点认为，人的心理存在着一种持续的能量。［美］乔恩·埃尔斯特：《政治心理学》，陈秀峰、胡勇译，吉林出版集团有限责任公司2010年版，第171页。

②　托克维尔称：首先，由于私生活的空虚，美国人在政治中为自己的活力找到了一个出口，这是补偿效应。其次，建立政治结社的习惯促进了市民生活中结社的形成，这是溢出效应。最后，市民结社的繁盛把公民的注意力和活力从政治参与中转移开来，这是逐出效应。被托克维尔认出的这些微观模式怎样能够结合在一起，以至于产生了一种更大的社会动力。我相信，这样形成的一种模型，社会科学家将会出色地加以追求。［美］乔恩·埃尔斯特：《政治心理学》，陈秀峰、胡勇译，吉林出版集团有限责任公司2010年版，第176—178页。

③　［美］乔恩·埃尔斯特：《政治心理学》，陈秀峰、胡勇译，吉林出版集团有限责任公司2010年版，第176—177页。

④　托克维尔指出：失范是民主社会永远的和不可避免的特征。然而，在其他地方，托克维尔似乎告诉我们，失范纯是民主国家的一种过渡特征。"当民主革命正在持续的时候，野心具有极大的规模；只有在革命完成相当时间之后，这种现象才不再真实。"［美］乔恩·埃尔斯特：《政治心理学》，陈秀峰、胡勇译，吉林出版集团有限责任公司2010年版，第153页。

某些时刻，受某些强烈情感的左右（譬如在一次盛大的活动中），成千上万孤立的个体也能具备心理群体的特征。① 从现代到当代有很多这类例子，比如，20 世纪 30 年代德国纳粹主义复兴态势、20 世纪 60 年代美国的民权运动、中国的"文化大革命"以及近年来分别出现在中亚和中东的所谓"颜色革命"或"茉莉花革命"等都具有"失范"的表征。

社会场景的变化同群体的心智转换存在着必然的联系。诚然，托克维尔进行分析的基本结构材料是个人心理学机制，从表面上看，他似乎是一位方法论个人主义的践行者，但事实上，托克维尔的视野并未局限于此。他独到地将社会平衡、长期社会变迁和短期社会变化的因素纳入了心理分析，这一点同布尔迪厄关于"惯习"（habitus）的行动理论有异曲同工之处，惯习是一种社会建构的性情系统，它会影响思想、感知表达和行动。②

托克维尔对民主社会状态提供了一种分析，既把它与它之前的贵族制度加以比较，又把它同处在一种制度和另一种制度之间的变迁过程加以比较。他不是机械地论证心理机制的转换，而是将内生的与外源的因素结合起来，并试图反映不同时期社会制度或环境给人们心境或他称之为"反常的效果"（perverse effects）结合起来，③某种程度上而言，这正是比较政治心理学探讨的范畴。

总之，上述几种心理范式为我们理解社会人的心理转换与复杂的社会场景提供了一种独特的分析视角。心理失衡或失范并非空穴来风，邻避心理的产生有它的根源。因此，治理者须透视其发生的根源及其对所涉受众的心理影响，并善于采用心理诱导的方式进行化解。心理失衡不仅表现在社会人或基于国内的集体使动者层面，而且会表现在国际关系层面，国际关系层面上的心理失衡与对国家利益的判断与认知联系在一起，国家对利

---

① ［美］罗伯特·门斯切：《市场、群氓和暴乱——对群体狂热的现代观点》，郑佩芸、朱欣微、刘宝权译，上海财经大学出版社 2007 年版，第 134 页。

② 埃尔斯特指出：在 19 世纪伟大的思想家中，只有约翰·斯图尔特·密尔和托克维尔在分析制度和社会过程时，坚定地要求微观基础的必要性，从而设法避免了有机论和目的论立场的缺陷。毋庸多言，托克维尔并没有把自己限制在个体心理学研究中。［美］乔恩·埃尔斯特：《政治心理学》，陈秀峰、胡勇译，吉林出版集团有限责任公司 2010 年版，第 115 页；［美］埃里克·欧林·赖特主编：《阶级分析方法》，马磊、吴菲等译，复旦大学出版社 2011 年版，第 97 页。

③ ［美］乔恩·埃尔斯特：《政治心理学》，陈秀峰、胡勇译，吉林出版集团有限责任公司 2010 年版，第 116 页。

益的损失与获益是不对称的，并影响国家的偏好与行为。①

# 相关链接　邻避心理与地域认同效应

托克维尔论述的心理机制转换适宜于对群体冲突的心理做出分析，近几年在我国频繁发生的"邻避效应"事件在很大程度上或多或少地成为上述几种心理机制的一种注解。

"邻避"是指许多社会必需的公共设施与生产设施因其外部性而遭到选址社区居民排斥的现象，在英文中全称是"Not In My Back Yard"，直译为"别在我家后院"，简称为"NIMBY"，中文音译为"邻避"，有时也被表述为LULU，即地方上排斥的土地使用（Locally Unwanted Land Use）。邻避情结指社区居民或单位因担心建设项目对身体健康、环境质量和资产价值等带来不利后果，而采取的强烈和坚决的、有时高度情绪化的集体反对甚至抗争行为，并导致邻避型群体性事件。

近年来发生在大连、厦门、宁波、茂名等的群体性事件为我们研究邻避效应的路径提供了生动的案例，一旦冲突发生，其模式似乎沿着以下类似的路径进行：

一是这些事件多多少少与环境或人们的生活或福祉有关。容易引起邻避群体性事件的项目往往涉及令人厌恶的设施或设置，影响民众健康、危及或威胁民众健康的工程或企划，比如垃圾场及焚化厂、变电所、飞机场、核能发电厂、石油化工厂、精神病院、监狱建设项目。

二是彼此效法。从大连到厦门，从厦门到宁波，从宁波到彭州，从彭州到云南，抗议的方式，都是从消极的抵抗到隐形活动（比如散步）开始，然后抗议的人群不断扩大并最终引发规模性的示威甚至暴力场景。

三是追求效果。所有的活动或行动都指向一个目标——不达目的誓不罢休。鼓噪或发起抗议运动的参与者为了引起社会关注，往往会在事先、事中、事后鼓噪或借用媒体将事件放大以便引起社会的普遍同情与共鸣，进而"要挟"或驱使冲突的另一方（往往是政府或利益集团）让步，否

---

① 由于结构安排，关于美国心理失衡与其战略东移及其对中国崛起的心理失衡反应的阐述放置于下篇关于全球治理的论证中。

则抗议、抗争活动会持续延续下去。

以宁波 PX 项目为例，宁波 PX 冲突事件的起因开始并非由所有的涉事群体参与，开始时，只是没有得到拆迁好处的人起哄闹事。事实上，宁波 PX 工程项目筹建实际上早前已在执行，也进行了大规模的拆迁，一些该补偿的也该补了。但是，当 2012 年春季开始建厂的时候，那些没有被拆的农户或厂家（这其中包含了一些干部）有一种"酸葡萄心理"，因此提出"利益补偿"诉求，而筹建方却认为这是"无理诉求"。

于是，这些没有拆迁的村民联合起来进行抗诉，这种抗诉也得到了那些想得到更大蛋糕的人群（已得到补偿款，而还想争取更大利益人群）的响应；加上媒体无故地放大冲突，从众效应发生，抗议人群骤然增加，一些社会闲杂人员、学生很快加入进来。另外一个因素是，当时的地方政府为了保证社会秩序的安定，面对突如其来的抗争活动也多多少少地增加了警力或其他抑制措施，这也在一定程度上促成了媒体的介入与关注。

镇海蛟川中官路村的一位官员称，PX 项目在几年前就已经立项，拆迁户基本上达成了意向，也准备按期拆迁。但是由于建设方只顾算成本账而忽略了相邻村庄利益补偿，这引起了有些未被列入搬迁户的村户心理失衡。于是，有些村户开始进行串联，并说 PX 项目对身体有很大的危害，其他一些村户也从网上看到境外媒体关于 PX 项目危害性的报道。这种媒体宣传慢慢引起所有搬迁户及周围村落的恐慌，并最终引发大规模冲突。镇海的一位居民对笔者说，"平日我们很胆小，但人多了就一拥而上。大家都去了，你不去的话就好像你不合群、不关心大伙的利益"。总之，环保问题、利益补偿、谣言传播等因素催发了民众的从众效应，使得本来可以控制的小矛盾上升为全面冲突。

邻避效应仅仅为我们理解现实中的心理失衡提供了一个案例，由利益因素衍生的相互比较和对比意识引发了社会人的认知觉醒，这种觉醒似乎是中性的，无所谓积极与消极之分，然而，其引发的效应却不可小觑，它可以催发一个事件的产生，也可以阻隔一个让大多数人收益的战略或设想，甚至可以逼停一个损害民众利益的项目与工程。

邻避效应为我们理解托克维尔论述的几种心理机制提供了一个佐证，就心理机制产生的效用而言，由利益或地域驱使的认同效应往往更具有力量，浙江长兴"撤县设区"的案例应该是一个很好的案例。

2013 年 5 月，浙江省湖州市长兴县将要"撤县设区"的消息引发长兴县部分基层干部、工商业主和市民的持续抵制。5 月 8 日大量群众在长兴县政府外聚集。街头上的广告灯全部换成反对湖州市的决定。同日上午，一份具有 27 个签名的"致中共长兴县委的一封信"被上传到网络，可见的签名包括当地十余个乡镇的一把手和县级部门负责人。据信中所说，假如"撤县设区"，"长兴县所有党政机关、乡镇（街道、园区）的一把手也将集体辞职"。当天有上千人冒雨在长兴县行政中心外的市民广场聚集，表达抗议。

那么，湖州市希望将长兴县合并，又是出于何种考虑？是什么原因促使长兴县民众形成广泛认同，并形成群体意愿？

1997 年"县改市"被冻结之后，"县改区"在全国却方兴未艾。根据民政部数据，全国市辖区数量从 2000 年的 787 个增至 2011 年的 857 个，县级市则从 400 个下降到 369 个。其主要目的是促进中心城市规模，提高城市的竞争力，推动相邻城市间的协调发展。

湖州市委一位领导谈到将长兴县改区的初衷时就举例说，太湖对岸的苏州，2012 年将下辖的原吴江市"撤市改区"后，整个太湖纳入苏州管辖；而同处于太湖边的湖州尚有一段属于长兴县，撤县改区将有利于资源共享、统一规划、共同申报国家级度假区，"就像萧山、余杭、瀛洲区一样，既有县域经济的活力，又有城市化的辐射，发展更快"。

然而，根据作者调查、采访和网络舆情，就利益认同形成而言，以下原因或多或少地导致了长兴县民众的集体意愿或诉求。①

第一，财政原因。湖州市下辖三县两区，长兴县尽管只是县级单位，但在经济上却十分强势。2012 年长兴县财政收入 62.2 亿元，占整个湖州市 24.87%，远高于湖州中心城区吴兴区。

在长兴人看来，独立的财政权是其经济快速发展的关键。10 多年来，浙江省实施财政"省管县"，市只是"带"县，而 2010 年长兴县还入选了国家级经济技术开发区。

第二，强县优势。部分经济强县"撤县设市"带来的经济利益，一直是强县长兴的"梦想"，而一旦改区，这些都将成为泡影，这是长兴县上下的"共识"。

---

① 《湖州政府不顾民意，一意孤行将长兴撤县设区》，http：//bbs. tianya. cn/post － 828 －429828 － 1. shtml。

有市民发帖认为，撤县改区或导致长兴当地因权限的下降及管理方式的变化，引发当地投资企业外移，教育、医疗重要资源对外倾斜，致使当地居民群众日常生产生活受到影响的情况发生。

多数人认为，2003 年撤县并入湖州市的南浔区，作为曾经的三县两区老大，在湖州市统筹下，受半级财政的制约、土地指标问题束缚、资源的不合理调配等体制方面影响，经济发展缓慢，已被长兴县赶超。尽管湖州原本定下的调子是"五不变"：名字不变、区域范围不变、财政体制不变、县级管理权限不变、县级管理体制不变。

可长兴县方面又继续质疑，如果这些权限不变，"撤县设区"意义何在？长兴人还表示，吴江的"撤市改区"，依托的是苏州市强大的经济实力，湖州并不具有可比性。显然，双方各执一词的矛盾背后，是全国层面经济强县与其所属相对弱市之间的普遍状态。

第三，历史文化原因。文化（语言、习俗更倾向于江苏太湖那一边）、历史（历史远比湖州长），受众就地域文化认同达成了共识。上述现象虽然所反映的问题是一个体制内的行政区域合并问题，但是从中可以看出，它涉及利益分配、可持续发展，但更重要的是长兴县从干部到民众的集体认同效应起到了主导作用。

# 第五章　影响心理认同转换的社会因素

　　人类社会变迁的一个特征是人的创造性的不断扩张并引起生产力、生产关系，经济基础与上层建筑的变化，而这种变化往往会引起王朝、社会制度或经济体制发生变化，其结果是导致社会组织的主体与客体的结构、关系以及运作模式发生变化，进而促进人类社会组织、福祉以及权力日臻完善。

　　社会组织意义的变化与人类意识的转换存在着相辅相成的关系。一方面，先进的社会治理理念会促进体系意义的变革；另一方面，社会体系的变革往往会进一步解放人类的政治意识，进而推进社会体系进步、发展，反之则适得其反。社会场景不仅对个体的命运、工作、生活等方方面面产生影响，也对国家的命运、经济的发展、政治的走向产生重大影响。社会场景，比如国家利益、民众利益、地缘政治、文化场景、媒体议程、政治结构、经济制度等因素都有可能引发集体心智的转换，这些变量的发展或发酵往往是促成集体认同和社会拐点发生的重要因素。

## 一

　　尽管全球化相互依存已成为一种流行话语或现实，但是在主权层面，维护国家利益仍是国家运行的最大法理。政府作为维护国家利益的机器是民之所授，如果政府或国家的机器失去了维护国家利益的作用，那么政府就失去了其存在的合法性。

　　问题是，国际利益的维护并非可以一览无遗地展现在现实层面，这样就会造成国家与民众在利益认知或维护上的差异。国家利益的维护同国家战略、外交博弈、政府计划是一个整体，而民众对于国家利益维护的诉求表现为直接的、表象的形式。政府在维护国家利益的举措上往往带有策略性，这样就造成政府维护国家利益的隐形特征与民众对于政府维护国家利益的显性特征不一致的现象或事实。

国家在谋取国际利益上的战略性、长远性与策略性与国民在维护国家利益上的表层性、直接性、现实性之间的差异往往是诱发社会矛盾的一个重要变量。比如，在处置与国际关系特定的事件上，民众追逐维护国家利益的表层行为往往会引发极端爱国主义行为，其进程、结果、效应往往带有失控或不可驾驭的特点，如果极端的爱国主义发酵成为某种可以利用的政治工具，其最大的后果是可能造成既有的管理体系失序，进而给国家政治制度带来挑战，甚至直接诱发国家政权的崩塌，过去一两年发生在中东、中亚的事件足以说明这一点。如果政府与民众之间在维护国家利益的手段、方法、方式上不能有效沟通，那么很可能诱发群体冲突，甚至与其他冲突交织在一起就会导致社会秩序崩塌或社会大变革，这一点必须引起足够的重视。

政治启蒙的一个重要标志是维权意识的提高。民众的权利不再局限于物质意义的利益维护，这是当代政治不断彰显的一个特征。政治启蒙在西方已有很长的历史，在西方，民主、民治、民享权利扩大或许对政治意识形成起到了催化的作用。朝代变更、社会制度、意识形态的转换往往与人们的醒觉意识联系在一起，最终导致主体与客体的结构、关系以及运作模式发生变化，这一点已被西方历史发展的路径所证明。但是对于东方国家而言，政治启蒙的历史并不长，其历史、结构、意识以及特定的社会场景决定了我们不可能照搬或重复西方的发展路径。

中国共产党十八届三中全会旗帜鲜明地倡导全方位的改革，它必然要触动既有的政治、经济利益受益者，因此不排除在改革的推进中有这样或那样的风波，而另一方面，民众的福祉和维权意识或进一步被唤起，又会进一步催发人们既有的醒觉意识，所以，社会治理层面的决策、失误极有可能引发规模性群体冲突。而就当下而言，导致群体性冲突事件的主要原因表现于民众权益的得失。

民众的权益有两层意思，一是表现在物质层面即分配上的不均。利益上的分配不均并非一个空洞的概念，从机关、企事业单位的分配不均、城乡差别、农民工与城市居民之间的收入和居住条件差别到省际、市际、县际、乡际乃至村际的利益分配不均所导致的利益纷争，近些年已引起了不少冲突与集体性事件，这些差别是由于国民经济结构与体系内的分配有重大的关联。

以暴力拆迁为例，一些"拆迁大佐"只手遮天，为了政绩、形象工程或所谓的集约化生产，不顾城市的文化氛围、历史传统，无视群众的利益纠纷，"一刀切"式地推进所谓的政府工程，造成了严重后果或恶劣的政治影响。2009 年发生在云南孟连胶农群体性冲突事件，就是政府领导人工作浮夸，将群众利益纠纷错误定性为农村恶势力引发的社会治安问题，引发了规模性群体冲突，造成警民冲突和伤亡事件。①此外，一个突出的问题是利益集团经营所引发的民众利益受损。西方的利益集团所引发的矛盾往往通过党派之间政治上、经济上的妥协或幕后交易而完成，但是，威权政府治理下产生的利益集团却是一个特有的政治、经济现象，一些政治精英人士已十分警觉地指出这一问题。②

民众的权益二来也表现在精神或意识层面。社会的变革、旧制度或体系的废除同积存已久的社会潜意识有很大的关联，主导人类的不可感知的、欠透明或神秘的一面往往与一些非物化的东西如思想、理念、精神等有关。国家制度在道德层面的沦丧、迷茫、异化将会引发国民的醒觉意识，这不仅仅是一个政治问题，也是一个制度问题。社会拐点的出现同整个社会的心理或潜意识状态有着千丝万缕的联系。相对于个体心态而言，社会心态是指社会群体的心智状态，它具有群体性、整体性、客观性、实践性和历史性，社会心态的形成同一个社会的经济关系、政治制度、社会环境、文化倾向以及国际关系等有着密切的关联，社会心态是国家认同、文化软实力、民族凝聚力或民族精神形成的基础。③

---

①　《云南副省长沈培平被调查　民间称其"拆迁大佐"》，http：//hen. chinadaily. com. cn/n/2014 - 03 - 10/NEWS13443. html。

②　中国（海南）改革发展研究院院长迟福林称，改革过程中，高层的思路很清楚，基层政府有决心，关键是中间环节有障碍。由于触及部门利益和行业利益，中间形成了"肠梗阻"，需要中央下大力气推动。http：//news. sohu. com/20140224/n395520055. shtml。

③　关于民族精神的重构问题，可参考后续篇章中关于"政治体制改革"相关内容的论证。关于社会心态的概念内涵与类型等，可参看王家忠《人性·社会·心灵——社会潜意识研究》，山东人民出版社 2006 年版，第 87—99 页。

# 二

由国际关系因素所引发的群体冲突是一个不可忽视的因素，它主要体现在地缘政治、体系动荡与全球治理层面。

地缘政治是我们这个时代的一个特征，保证国家利益与国家安全始终是主权国家的法理性存在的理由。自冷战以来，国际关系民主化几乎成为发达国家与发展中国家、民主国家与威权国家共同倡导的一个国际关系准则。

然而，现实中，国际关系的发展尤其是地区问题向来是与历史、地缘政治、地区政治和大国政治交织在一起，不断发酵的所谓中东的民主化进程应该给我们很深刻的教训。从伊拉克、利比亚到埃及和叙利亚，事实证明，民主化进程同国内的政治环境、国民素质、宗教信仰芥蒂难分，所以，作为政治学者，我们有必要反思大国如何在处置国家关系民主化，国内政治民主化与地区政治和国际关系之间的关系上做出平衡，有意或过度纵容民主未必能达到真正预期的目的，反之会带来想象不到的冲突、战争、灾难，从而殃及世界和平与发展。

群体冲突的爆发也与国际体系的动荡有关。体系的冲突似乎是一个抽象的概念，事实上这种体系的冲突自法国大革命时的反法联盟、第一次世界大战期间的同盟国与协约国之间的斗争、第二次世界大战期间轴心国与反法西斯统一战线之间乃至冷战期间美苏两个超级大国的相互抗争表现得淋漓尽致。

自冷战结束以降，新的国际体系的建构仍未定论，体系动荡会给国内治理带来挑战，这已被历史所证明。冷战中美国和苏联两个超级大国主导下的两极态势给世界的政治、经济带来了许多战争与动荡。从欧洲、非洲再到中东，当时发生的国内战争或革命如匈牙利事变、原捷克斯洛伐克的"二月革命"到安哥拉内战、巴以冲突等，不一而足，上述事件给相应的主权国家带来的政治、经济动荡是十分明显的。

那么，当下是否也存在着这种体系的冲突？答案是肯定的。从学理上，无论是国际关系理论上的现实主义、自由主义抑或建构主义都承认体系对于政治和国际关系的作用。而在实践上，冷战后大国博弈、集团竞争充分体现了这一特征。美国对于上升中的新兴国家的防范，特别是对于中国和平发展的遏制或多或少地可以说明这一点。

国际关系的因素还体现于全球治理中所面临的困境。在全球治理层面，主要体现于全球利益诱发的冲突多指全人类利益与国家利益之间碰撞、合作、妥协所诱发的民生、环境、文化、经济以及政治危机。全球化场景下之"反全球化"造成的贫富差距往往会诱发国内的国际贸易保护主义和极端民族主义思潮，进而对执政党的政治、经济战略产生影响。因此，全球治理中一个不可逾越的问题是如何协调国家利益与人类社会、地球环境之间的可持续发展。①

影响国际关系发展的另一个因素是由价值认同引起的动荡。认同或理念同样会引起体系动荡，认同或理念的因素可以包括由意识形态、宗教信仰、制度偏好、文化倾向等因素。冷战结束后，美国历史学家福山的《历史终结论》、1992 年亨廷顿的《文明冲突论》所宣示的是一种体系或文明范式引起的冲突。极端的民族主义、爱国主义、国粹主义都可能引发大规模的群体冲突，由地缘政治引发的国内政治斗争也是导致群体冲突的一个重要因素，如泰国的"黄红衫党"运动、缅甸的"民主进程"等，不一而足，关于这一视角，本书的许多章节多有论及。

## 三

传媒和大众互相影响、互相左右，这已是人所共知的事实。"传媒和一个相互联系的世界能够加速这些大众错觉的形成，而大众错觉又左右着群体。"② 19 世纪以来，从电话、电报到传真、电传经历了不足 200 年，从报纸到多媒体也不足百年，我们发现，在互联网时代，媒体的效应变得不断扩大。人们的政治意识、秩序理念、生活理念也随之不断变化、融合并互相影响。媒体的向度与进化一方面是社会治理的有效监督者、宣传者或推动者，但另一方面，不可排除由媒体所引发的扭曲效应往往会扭曲事

---

① 关于国际与国内规范的建构问题可参考下篇有关全球治理问题的论述。

② ［美］罗伯特·门斯切：《市场、群氓和暴乱——对群体狂热的现代观点》，郑佩芸、朱欣微、刘宝权译，上海财经大学出版社 2007 年版，第 8 页。

实真相，从而引发或激起民众的非理性心理。①

当下的社会场景已很难将群体冲突与媒体效应分开。正如一位学人所总结的：网络时代赋予社会权力一定程度的转移并推动了突发公共事件向"焦点事件"转化，社会转型一方面不断促进善治或良治，同时又不可避免地带来结构性矛盾并伤及相关群体的利益。而媒体的迅捷特点又促使社会共性情绪与事件共振，进而很快发酵为公共事件。所以，一件舆情事件引发多件同类事件，此伏彼起，舆情弥漫与叠加效应明显并形成"舆情链"与"信息茧房"。近年来发生在我国的"毒胶囊"事件、广西镉污染事件、宁波镇海 PX 事件、四川什邡事件、江苏启东事件都明显带有上述表征。媒体对于群体冲突的诱发一般表现在两个层面：②

其一，谣言和暗示影响着群体的心智并将其引向恐惧和惊慌。威廉·莎士比亚在《亨利四世》中写道："谣言是一支凭着推测、猜疑和臆度的笛子。"③

谣言往往会催发人的恐慌心理，在整个动物王国里，恐惧和惊慌是强效的均衡器。对此，我国古代伟大的哲人对人们的盲从心理早有论断，孟子在《尽心上》中说，"行之而不著焉，习矣而不察焉，终身由之而不知其道者，众也"④ ——盲从心理是人们的天性。

谣言的传播会给治理、秩序带来大的挑战。约翰·罗斯金（John Ruskin）在《芝麻和百合》中写道：你可以使一群乌合之众相信任何事情。人们在传播谣言时，只会愈发地夸大其词，比如，2012 年的"世界末日说"给社会治理带来了许多麻烦。

---

① 关于媒体的功效及其管理将在以下章节中做一步展开论述。

② 谢耘耕称"事件链即一起舆情事件的发生往往会引发与之相联系或有某些共同特征的其他舆情事件的爆发，舆情事件之间呈链条分布，而非单一的散点分布状态"。美国学者桑斯坦提出的"信息茧房"概念——公众的信息需求往往是跟着兴趣走，久而久之会将自身桎梏于像蚕茧一般的"茧房"中。他认为网络虽能提供丰富的信息，制造的却未必是无限开放的社交平台，桑斯坦用"回音室"隐喻了网络时代传播的局限：因新技术带给了人无限过滤的能力，个人能依照癖好，定制消息；网络也以"协同过滤"的方式，提供消费者偏爱的信息，投其所好，自动隔离了别的意见，从而会增强网民心理的定式化与程式化。官建文等：《2012 年我国突发公共事件舆情与应对分析》，http：//yjy. people. com. cn/n/2013/0608/c245083 - 21791373. html。

③ ［美］罗伯特·门斯切：《市场、群氓和暴乱——对群体狂热的现代观点》，郑佩芸、朱欣微、刘宝权译，上海财经大学出版社 2007 年版，第 9 页。

④ 意思是"做了仁义的事，却不明白为什么要做，天天习以为常却不知道所以然，一天都按着道去做却不想什么是道，这种人占多数"。

如果新闻媒体有意夸大或渲染某一个事件，则更容易催发人们的恐慌心理。"电视节目将声音与图像相互融合，并配以残暴的竞争背景，争前恐后地刺激着观众日益脆弱的神经。原本普通的事件变成了恐惧的源头。"①

日益发达和开放的媒体为谣言传播开辟了新的路径与平台，一起普通的事件在媒体的渲染下往往会造成大众的错觉形成，引发恐慌，导致冲突的升级，甚而引发经济失序、政治动乱。2012年发生的突尼斯总统下台的直接导火线就是城管人员将一个卖水果的小贩殴打致死，加之维基网站对于突尼斯政要腐败丑闻推波助澜式的"泄密"，人们对贪腐的憎恨以及对当局的不信任很快导致了大规模抗议示威，造成总统出逃并最终导致合法政权垮台。显然，如果议程设置与谣言传播结合起来，它对社会治理的挑战是不可估量的。

其二，焦点事件往往起到催发"议程设置"的作用，往往会引发社会危机。托马斯·伯克兰在1997年提出了分析危机传播的新视角"焦点事件理论"，将由社会变革和冲突而产生的突发事件称为焦点事件，他认为焦点事件在设置公众议题方面具有扮演主要角色的能力，虽不能改变政策，但它可促使公众长时间关注某件事。② 而如果机构或媒体本身的议程设置有意将冲突引向一个方向或特定目标，那么冲突的规模和性质也往往随之发生变化。议程设置的目标往往是想方设法将群体的感情引向特定的目标。

比如，冷战的消亡从某种程度上也与美国的议程设置有着重大的关联。想想过去发生在中亚的"颜色革命"、中东的"阿拉伯之春"、东南亚泰国的"红黄衫党"运动以及2014年春天发酵的乌克兰"美女总理"效应，外在势力的这样或那样的"议程设置"引发了地区的动荡与国家的战乱。

2014年7月，《环球时报》发文称：近年来，暴恐事件在中国多地发生，在这些震惊中外的恐怖事件背后，除"东突"等民族分裂势力、宗教极端势力、恐怖势力背后指挥和操纵外，一些西方媒体为其散布各种谣

---

① ［美］罗伯特·门斯切：《市场、群氓和暴乱——对群体狂热的现代观点》，郑佩芸、朱欣微、刘宝权译，上海财经大学出版社2007年版，第9页。

② 官建文等：《2012年我国突发公共事件舆情与应对分析》，http://yjy.people.com.cn/n/2013/0608/c245083-21791373.html。

言，鼓励甚至鼓动中国境内的暴恐思想。许多确凿的证据表明，西方个别媒体与境外"东突"势力沆瀣一气，成为"东突"势力看重和依赖的"传声筒"与"扩音器"，它已引起社会治理者的高度关注。①

---

① 《环球时报》：《自由亚洲电台勾结东突煽动"仇汉"》，http：//news. sohu. com/20140705/n401802725. shtml。

# 第六章　社会体系中的认同生成与转换

从微观或中观的意义上讲，上文所提及的人类对利益追逐的机理只是为我们诠释了人类追求生命、生存、福祉、安全的原始机理。然而，正如人类社会的发展可大致概括为器物、制度和理念一样，社会结构、文化场景、制度、体系价值理念等也是导致认同失范的宏观诱因。阶级或阶层作为人类历史发展过程中的一个社会事实不会轻易消失，只不过其构成、内容及其认同也在发生着变化与重构，并一如既往对社会治理发挥作用。从政治治理的角度而言，它们也是有关上层建筑或顶层设计不得不关注的议题。①

一

无视社会结构对于个体命运的影响既不合理也不现实，这一点社会学家已经做出比较清晰的分析，SCA（Structure→Class Consciousness→Action）的经典理论就是一个比较典型的范式。② 社会结构影响社会人的意识，而意识需要对社会行动负责。赖特指出："当人们以各种方式做出选择并行动的时候，他们的行为在和其他同样做出选择并行动的人的关系中被系统性的结构化了。"③

社会结构对于个人的家庭背景、受教育程度、福利劳保、职业选择以

---

① 基于标题的精练度以及论证的需要，此处用结构、制度、价值三个词组加以概括。

② 与阶级相关的文化和生活方式，加上与阶级相关的各种经济位置，导致了特殊的阶级认同，这些阶级认同又形成了与阶级相关的政治组织形式和行动的基础。即阶级结构（structure）引发特定的阶级意识（consciousness），而阶级意识则进而导致阶级行动（actions）。［英］罗斯玛丽·克朗普顿：《阶级与分层》，陈光金译，复旦大学出版社 2011 年版，第 27、39—44 页。

③ 赖特认为，人们是在与他人的结构化关系中做出选择并行动的，选择不一定非得以理性最大化为基础，行动也不一定非得是人们有意识的选择。［美］埃里克·欧林·赖特主编：《阶级分析方法》，马磊、吴菲等译，复旦大学出版社 2011 年版，第 13 页。

及婚姻生活起着重大的架构作用。在社会的相当长的时段内，个人的背景与环境无法超越结构，从曹雪芹的《红楼梦》到卢梭的《爱弥尔》《论人类不平等的起源》再到毛泽东的《中国社会各阶级的分析》，正是这种基于对个人遭遇的同情与呐喊才引起了人们对不平等制度的憎恶。因此，所谓的底层人士、弱势群体、边缘人群等是社会造就的产物，所谓的"身份群体"是通过位于不同阶级结构位置建构起来的符号性边界权利实现的，① 不承认这一点，我们很有可能会犯宿命论或社会达尔文主义的错误。享誉斐然的分层社会学家克博指出：

> 社会分层是理解人类与人类社会生活最关键的主题。社会分层体系和职业地位等级体系决定了人们的生活方式、提高生活质量的机会、精神健康和平均寿命，以及更多其他的东西。从更为一般的层面来看，社会分层体系对诸如战争与和平、经济增长与停滞、失业、通货膨胀、政府政策等许多事情都具有重要的影响。②

这种假想也存在于世界体系范围内。国际政治学者一般根据发达程度将国家分为发达国家、中等发达国家、发展中国家、欠发达国家、最不发达国家，所以说，阶级不仅是普遍的，也是一个世界性的概念。比如，美国的不平等程度在所有的工业国家里是最高的，在美国可以更多地发现"第一世界"与"第三世界"的混合特征，③拉美结构主义学者普雷维什与世界体系论者沃勒斯坦对此曾作过比较信服的结论。④

就阶级、阶层认同与社会制度转换而言，其产生的机理、发展的路径及其社会意义表现在哪里呢？

阶级或阶层不仅具有物质性的含义，也具有精神或价值的属性。相同的命运、遭遇、地位、背景、生活方式甚至性别不仅会促成阶级认同形成，而且会制造一个"精神或意识共同体"，正像汤普森所言，"它嵌入

---

①　[美] 埃里克·欧林·赖特主编：《阶级分析方法》，马磊、吴菲等译，复旦大学出版社2011年版，第101页。

②　[美] 哈罗德·R. 克博：《社会分层与不平等：历史、比较、全球视角下的阶级冲突》，蒋超等译，上海人民出版社2012年版，第4页。

③　同上书，第22—23页。

④　出于结构安排原因，关于普雷维什与沃勒斯坦的观点的简介将在本书关于体系与制度认同的部分进行展开。

在传统、价值体系、观念以及各种制度形式之中"①。布尔迪厄在《区隔：趣味判断的社会批判》一书中关于法国社会结构的分析方法很值得借鉴，将社会阶级与身份群体（status groups）的关系作为其研究对象，并通过"场域、资本和惯习"三位一体的概念，对社会结构的差别进行甄别——资本不仅仅是经济性的、文化性的而且是社会性和符号性的，这几种资本综合在一起构成具有本能性的惯习，他的这一视角同韦伯式把阶级理解为"享有共同生活方式的一个群体"的判断有异曲同工之理。② 这一点或许为我们理解从工业社会、后工业社会到现代社会的社会结构或制度给个人造成的境遇提供了一种可资借鉴的分析视角，也从某种程度上指明了从认同建构到认同失范的社会机理。

然而，笔者并非完全认同布尔迪厄的分析路径，正像有人批评的那样，布尔迪厄的分析视角带有机械的或复制主义（reproductionism）的还原模式，③ 仅仅停留于结构主义的分析显然不是本书希冀达到的目的。从社会机制或结构上而言，笔者的疑问是，哪些社会结构或机理促成了这种"区隔"的形成并如何在机理上促进认同？

著名的阶层分析学家简·帕库尔斯基（Jan Pakulski）写道：

> 共同体的形成则需要通过强烈的社会文化联接：即集体认同和团结的产生。这种强有力的形式很明显是通过有力的领导和组织得以实现的。当不同的社会类属达到了这种认同和团结时——虽然这种局面鲜少出现——它们则转化成为共同体，并且可能产生有组织的集体，典型的例子是政党活动和社会运动。④

在简看来，共同体、群体的形成是社会分层视角研究的中心议题，其

---

① ［英］罗斯玛丽·克朗普顿：《阶级与分层》，陈光金译，复旦大学出版社2011年版，第66页。

② ［英］罗斯玛丽·克朗普顿：《阶级与分层》，陈光金译，复旦大学出版社2011年版，第171—175、224页。［美］埃里克·欧林·赖特主编：《阶级分析方法》，马磊、吴菲等译，复旦大学出版社2011年版，第97—98页。

③ ［英］罗斯玛丽·克朗普顿：《阶级与分层》，陈光金译，复旦大学出版社2011年版，第175—178页。

④ ［美］埃里克·欧林·赖特主编：《阶级分析方法》，马磊、吴菲等译，复旦大学出版社2011年版，第200—201页。

形成的机理在于社会的集聚与闭合促成的相对清晰和稳定的垂直等级结构，"社会集聚通常指的是不平等的不同侧面相互重合以便产生社会识别；社会闭合指的是持续的社会距离和社会亲和的形成"，即集体认同的生成。①

新韦伯主义者在谈到这种基于阶级的共同体时称：之所以称为共同体，是因为相同的生活方式、相似的沟通渠道、共同的敌人，具备凝聚力的有效领导，并促成了共享的身份认同—— 一种获得普遍认可的社会标签并形成了团结行动的基础，这正是任何阶级和阶层形成的社会机理，在这一点上，马克思主义也不例外。②

众所周知，马克思对阶级认同的生成曾做过高屋建瓴的判断，并认为，正是严酷的封建等级制度造就了贫农、雇农以及包括宗性制度中的"贱民"，因而招来一个农民阶级的生成——"穷人拥有的政治影响力一般是通过非正常渠道取得的，即通过社会运动和骚乱取得，而非传统的政党政治"，"当他们威胁到社会秩序时，形势就会发生变化"。③ 在资本主义社会即工业社会大机器的生成方式下造就了一批产业阶级，在面临资本家剩余价值的盘剥下，工人阶级最终形成并发现产业结构的异化是他们受剥削的渊薮。于是，共同的境遇与目标促使他们团结或结盟形成一个"自为"的无产阶级，并在理想的社会制度上形成认同。

布尔迪厄称，"阶级是能够产生主观性显著经历的社会类型，反过来，显著性的经历又塑造了人们的身份，在一个经济分层的体系中，人们使用这种身份来定位他们的社会类型"。④ 无产阶级在走投无路的情况下会投身革命，并将其理想形象绑定于宏大的目标之中，而当经济失望、理想破灭到极点，革命的临界点就出现了。1848 年法国大革命、1871 年巴

---

① ［美］埃里克·欧林·赖特主编：《阶级分析方法》，马磊、吴菲等译，复旦大学出版社 2011 年版，第 199—200 页。

② 同上书，第 201—202 页。

③ ［美］哈罗德·R. 克博：《社会分层与不平等：历史、比较、全球视角下的阶级冲突》，蒋超等译，上海人民出版社 2012 年版，第 307、317 页。

④ 布尔迪厄非常关注位于阶级和身份之间的文化因素，主观身份只是对于阶级界定的一个方面，阶级转换还需要一个经历的过程，经历转化成身份还需要通过文化实践完成。这一点同社会建构主义关于身份的形成有异曲同工之处。［美］埃里克·欧林·赖特主编：《阶级分析方法》，马磊、吴菲等译，复旦大学出版社 2011 年版，第 220—221 页。

黎公社成立、1917 年俄国十月革命的历史事实比较信服地说明了这一点。①

之后，韦伯、涂尔干、布尔迪厄、李普塞特的阶层论借鉴了马克思主义的阶级论中认同给社会关系带来变化的启示，只不过他们更加看重的是把社会冲突更加复杂化，或者说他们认为阶级或许是一个比较大的概念。在他们看来，阶级不仅是结构化的社会一个不平等的根源，与基于生产资料的物质占有有关，是权力的产物，同时也是社会和政治认同、意识以及行动的来源。②这种阶级认同为经济生产领域以外的意识、认同和行动奠定了基础，并成为"历史创造者"。③

当然马克思主义与韦伯主义、涂尔干主义等理论并非没有区别。韦伯保留了马克思所强调阶级在社会分层中的位置（经济地位），发展了地位对于分层的影响，并把阶级结构变为职业结构。④ 韦伯把地位定义为对个体或职位所得到的荣誉与声名的肯定或否定评价，韦伯认为由于地位是公开的，因而这类意识更可能与地位分化而不是与阶级相联系。地位是家族血统、态度、教育程度等诸如此类因素的反映，它们同财富相比，更不容易获得或失去，地位体系一旦形成就不会依赖阶级制度，这是韦伯与马克思观点的区别。⑤

比如，权利在马克思主义的分析中来自阶级地位，而韦伯则把权利定义为个人或集团即便在有人反对的情况下也有其实现意愿的机会。马克思在阐述权利或官僚的异化时归之于阶级的剥削，韦伯则提高了权利或官僚在社会中的地位，他认为官僚涉及服从、拥有专业技术、遵守规则的特征，官僚制重视的是角色的作用而非个人的作用。一个人一旦进入官僚体制，他便在一定程度上失去了改变其生活选择的机会——满足"机器"

---

① ［美］拉塞尔·哈丁：《群体冲突的逻辑》，刘春荣、汤艳文译，上海人民出版社2013 年版，第44—47 页。

② ［英］罗斯玛丽·克朗普顿：《阶级与分层》，陈光金译，复旦大学出版社2011 年版，第30 页；［美］埃里克·欧林·赖特主编：《阶级分析方法》，马磊、吴菲等译，复旦大学出版社2011 年版，第27、59 页。

③ ［英］罗斯玛丽·克朗普顿：《阶级与分层》，陈光金译，复旦大学出版社2011 年版，第144 页。

④ 韦伯、涂尔干在认同马克思阶级论的基础上，强调社会功能、职业复杂化给社会分层带来的影响。

⑤ ［美］西摩·马丁·李普塞特：《共识与冲突》，张华青等译，竺乾威校，上海世纪出版集团2011 年版，第60—61 页。

的需要，意味着非人性化、人性选择的异化。① 韦伯的继任者帕库尔斯基和沃特斯申辩称：在后阶级、后现代、地位约定型的社会，职业成了一种地位标志，而地位的其他维度则成为灌输了价值的、符号化的和反思性的认同，并促使"地位共同体的多重马赛克"现象出现。②

涂尔干及其后来的功能主义者事实上也承继了韦伯的结构异化理论，并将社会当作一个复杂的、高度分化的，而且必须履行的角色体系。个体的人不得不服从这个建构起来的体系——职业分布的不平等也可能反过来加剧社会性别、种族等的不平等。③ 涂尔干将角色体系更换为文化体系，并认为文化体系固化了个人的地位、威望。但人们对地位的诉求更多地来自其他人对自己所获得的感知或认同。④

不难看出，在马克思其后的社会学家看来，一个稳定的分层体系应当为社会上的成员实现自己的目标确定一个路线图。然而，由于后工业社会用金钱和官僚的语言制定了普遍的目标，使人们产生一种单向度的思维，于是导致了职业或阶层的变化——"随着社会制度变得越来越官僚化，个体学习的是如何在官僚制内部行事，而不是在官僚制外行事"。⑤

上述关于阶级或阶层认同产生的机理对于我们理解当代的社会治理是极具启发意义的。这是因为，官僚效用一方面促成了社会治理制度的有序，一方面又有可能导致僵化的职业或等级体系并造成职守或价值异化：在集体层面，促使"利益集团"的认同政治出现，不断造成收益的剪刀差，给政府、国家和民众造成压力；⑥ 比如，政治僵化、官僚低效、无力处理内外危机是中国明王朝覆灭的原因，印度文明的崩溃是由于权力集中在少数人手中，复杂社会的特别利益集团将个人利益凌驾于国家利益之

---

① ［美］西摩·马丁·李普塞特：《共识与冲突》，张华青等译，竺乾威校，上海世纪出版集团 2011 年版，第 64 页。

② ［英］罗斯玛丽·克朗普顿：《阶级与分层》，陈光金译，复旦大学出版社 2011 年版，第144—145 页。

③ 同上书，第118 页。

④ 功能主义认为，地位—威望是最一般和持续的分层形式，因为作为社会动物的人最需要用来满足自我欲望的是来自其他人的认同。［美］西摩·马丁·李普塞特：《共识与冲突》，张华青等译，竺乾威校，上海世纪出版集团 2011 年版，第 67 页。

⑤ ［美］西摩·马丁·李普塞特：《共识与冲突》，张华青等译，竺乾威校，上海世纪出版集团 2011 年版，第 65 页。

⑥ ［英］罗斯玛丽·克朗普顿：《阶级与分层》，陈光金译，复旦大学出版社 2011 年版，第144 页。

上……，这些构成了社会变迁的主要原因。①

李普塞特指出：

> 一旦规范结构崩溃，一旦个体失去了一种处于有意义的手段——目的关系之中的感觉，那么许多人就会变得委靡不振，沉湎于醉生梦死之中，失去了实现可以达到的目标的能力，有些人则自杀了。②

这种由结构引发的意识变化或许可以为我们理解当代中国的官场抑郁症有所帮助，至少，职业"自杀"对于我们今天的社会重功利轻价值的社会是有借鉴的。值得关注的是，这种异化或许还体现在其他方面，后现代社会的某些综合征或许是技术异化、政治异化、目的异化、价值异化、权力异化的综合作用。这种社会潜意识或反社会人格会引发人们对于社会或制度的反叛——"阶级认同（意识）不是从某种集体归属感中生发出来的，相反，是从与他人相区别的过程中浮现出来的"③，并极有可能促成社会拐点的发生。

二

让我们回到现实的分析中，穷人并非天生就是穷人，④ 农民工并非生来就是农民工，白领与蓝领是可以互相转换的。个人命运只是造成社会差异的一个方面，而职业的选择或者说社会流动对于社会人的影响也不可小觑。不妨说，结构对于职业的影响是经久存在的，从农业社会到工业革命促成了职业的转换，一大批地主、劳动力雇佣者、手工业者先后变成了资

---

① ［美］约瑟夫·泰恩特：《复杂社会的崩溃》，邵旭东译，海南出版社 2010 年版，第 85、98 页。

② ［美］西摩·马丁·李普塞特：《共识与冲突》，张华青等译，竺乾威校，上海世纪出版集团 2011 年版，第 69 页。

③ ［英］罗斯玛丽·克朗普顿：《阶级与分层》，陈光金译，复旦大学出版社 2011 年版，第 157—158 页。

④ 许多社会学家对穷人这一群体持负面的看法，比如，著名的社会学家齐美尔（Georg Simmel）在其 1908 年的《穷人》一文中首先对此做出了比较清晰的论述，笔者并不认同这一视角。［美］哈罗德·R. 克博：《社会分层与不平等：历史、比较、全球视角下的阶级冲突》，蒋超等译，上海人民出版社 2012 年版，第 293 页。

本家或店主，而农民、雇工则成了工厂的工人、店里的学徒，从而引发阶级或阶层认同的实现。历史已经发生变化，但在某种程度上，其路径和作用还在运行或发酵。

工业结构的转换引发了公共管理学科理念的革命或转换，从凯恩斯主义到福特主义再到新韦伯主义，社会职能上呼唤大批的管理人士，一些吃政府饭的职员不得不抛弃或放弃原本的职业，从官僚型转为技术型，而信息革命与技术以及全球化又促使一批人从技术性官僚转为服务型官僚。社会的结构促使社会职业发生变化，这里面，社会制度、职称法则、个人愿望等为职业结构提供了一种架构，因此，在一定阶段（战争、经济危机除外）它为社会的有序发展提供了一种运行的机制，保证公民的职场变迁向上、向下，横向、纵向自由流动，从而使得人们将职场的规则形成共识或认同。

然而，这是否说新的公共管理模式成了灵丹妙药，无往而不胜呢？

社会的制度与社会的结构向来是在矛盾或互构中促进社会进步的。如果职场的法则受到干预、干涉，并使得社会职业的选择与技术、机制脱钩，而与金钱、关系、地位、家庭联系起来，那么，其趋势的发展很可能造成社会人的分化，形成一批弱势群体，使得农民工永远是农民工，权贵子弟永远是权贵子弟，它势必加快社会分层的出现，从而引发某类群体对社会结构或制度的质疑。马克思对于阶级生成的"自为"与韦伯的"类意识"意在说明阶级认同（财产、地位）。[1] 类意识的生成迟早将导致结构或体系发生变化。布尔迪厄指出：只有当一个散漫的（discursive）身份在一个阶级（或群体）内被知晓和认同的时候，他们才会被动员起来。[2] 比如，曾有人对第二代农民工的认同力量发表议论称，他们其中有些人有文化，但没有法治观念，也不懂节制与妥协，但如果受到激进思想的鼓噪，或许他们远比当年法国大革命中的农民与城市贫民更具破坏力。[3]

导致负向认同的有比较微观的诱因，比如个人职场、事业受挫、土地

---

① ［美］西摩·马丁·李普塞特：《共识与冲突》，张华青等译，竺乾威校，上海世纪出版集团2011年版，第57—58页。

② ［美］埃里克·欧林·赖特主编：《阶级分析方法》，马磊、吴菲等译，复旦大学出版社2011年版，第121页。

③ 这是笔者在网络中读到的相关内容，它并不代表笔者的观点。

拆迁、建设中环保因素（如 PX 项目中引起的邻避效应）；也有一些中观的诱因，比如社会制度异化、执政党政策失误、意识形态式微或者经济体系崩塌；也有地缘政治、大国关系以及媒体议程等宏观层面的原因。此外，还有外敌入侵、国际制度变迁、突发的自然或国际事件等比较复杂的因素。罗马帝国后期官僚统治和高额税收、军队士气下降、基督教的作用、剥削阶级普遍的道德败坏以及罗马未建立一个效忠帝国的政治经济机制、过度扩张、蛮族反叛、农业衰退最终又断送了这个大一统帝国，因此罗马的崩溃并不像学者描述的那样是神秘的。①总之，微观、中观、宏观以及其他的各种复杂因素的综合作用往往会引发社会潜意识或反社会人格的出现，进而导致阶级或阶层的产生。

诚然，有人或许像《风险社会》一书的作者贝克那样质疑阶级的存在或其效用——社会阶级是一个"僵尸范畴"，②或像罗斯玛丽·克朗普顿说的，全球化的消费文化促使认同发生了异化，使得阶级失去了动力——"赢了文化战役，却输了阶级战争"③。究竟现代的社会是否像传统马克思主义论证的那样仍旧有一个阶级？在世界范围内，那种"英特纳雄耐尔般"的认同是否再会生成？对于前者的问题，笔者的观点是阶级或阶层论仍旧有其参考意义，尤其是在封建制度比较浓厚的社会结构内，作为描述结构→阶级→行动（Structure→Class Consciousness→Action）的经典理论，它不仅有利于我们理解国家或制度层面的阶层生成，而且对于我们理解当下的全球层面的负向认同也具有借鉴意义。普雷维什以及后来的沃勒斯坦等提出的外围—中心或边缘—中心说某种程度上阐释了发展中国家在构成、行动与目标上的变化，而在笔者看来，它或许更多地表现为一种对体系或制度的认同或反叛。

社会变革的发生同群体的心智存在着关联，正如导致个体心理的失范是由于同其相关的人生背景、社会场景以及个人境遇有着关联，群体心理的变化同其集体的境遇或认同有着直接的联系。在实践层面，如果集体利

---

① 一些历史学家把罗马的崩溃归结于自然循环、天体运行中地球轨道和太阳的离心率的偏离、数字命理学、生命周期说等神秘因素。[美] 约瑟夫·泰恩特：《复杂社会的崩溃》，邵旭东译，海南出版社 2010 年版，第 108—128 页。

② [英] 罗斯玛丽·克朗普顿：《阶级与分层》，陈光金译，复旦大学出版社 2011 年版，第 36 页。

③ 同上书，第 38、43 页。

益受到伤害或威胁，那么就有可能孕育冲突。导致心理发生变化与社会潜意识的发生，于是，阶级或阶层的利益便成为影响体系和环境的重大变量。

如上所述，马克思主义的阶级论曾经在 19、20 两个世纪发挥了史无前例的影响，它引发了从上层建筑到经济基础摧古拉朽般的革命，1871 年的巴黎革命、1917 年的俄国十月革命、第二次世界大战后东欧国家的社会制度转型、20 世纪 40 年代末中华人民共和国成立都是在阶级认同的号召下发生的。

马克思的阶级论从资本所创制的剩余价值说出发对处于大工业社会化的资本剥削现象进行了无情的揭露，尤其是对于社会关系的改造而言，阶级认同对国内的政治、经济关系、利益分配、社会组织、人与人之间关系进行了重构，从认同建构的角度而言，它至少科学地预测和指导了阶级认同对于推动社会的进步作用，尤其是，它使广大的工人、农民、小生产者在共同的利益认同面前，重新界定了自己的身份，而成为一个大写的身份，其意义是不言而喻的。

这种阶级认同的生成及其失范在当代仍具有意义，在笔者看来，它主要表现在两个层面：

一是制度本身的异化，它涉及公平正义、公共机制、国家与国民、执政党与国民等关系，制度的异化将会引发负向认同或反社会人格的形成。"9·11"事件已过去近 15 年，但恐怖主义势力远没有消除，其人数、实力及其影响反而渐成规模，学者与政治学者须深深地反思其后的贫困、不平等与受压迫的状况对其心理认同产生的影响，越反越恐不是没有原因，阶级或阶层的认同失范或许能带来一些反思。

二是对于支撑体系或制度的理念或价值的认同，同理，对体系或制度理念的认同度越高，那么体系或制度的运行就越稳定。世界体系论隐含着提出了全球性工人阶级的概念，基于美国的霸权、跨国公司的操控、世界银行、国际货币基金组织维护全球统治阶级。然而，这并非说世界体系论者没有瑕疵，认同不仅仅具有物质含义，更多是一种理念或价值认同。克博等人本身也意识到了这一点，他指出这种假设忽略了全球公司阶级中的文化与价值冲突、国家认同对于全球公司阶级的影响，[①] 这正是下文要涉

① ［美］哈罗德·R. 克博：《社会分层与不平等：历史、比较、全球视角下的阶级冲突》，蒋超等译，上海人民出版社 2012 年版，第 514—519 页。

及的内容。

三

　　体系/制度认同。现代世界体系理论认为，从公元 1500 年现代国际体系开始以来，各国之间就相互竞争支配权，处于核心或顶层的国家总是试图统领或支配较低层次的半边缘和边缘国家，世界分层体系是一种基于国家与世界生产力之间的关系的阶级体系，如同一个国家内部的阶级构成一样，其阶级差异是利益或资产分配不均产生的结果，上层阶级或中心国获得最大或最优势的利润分成，而边缘国家则所获甚少。回顾历史，在国际层面，我们经历过希腊式的城邦体系、帝国式的罗马、秦汉以及教皇统治的一元体系、19 世纪的多级体系、20 世纪的两极体系以及当下多元角色主导下的全球化体系。

　　贸易关系、军事干涉、外交与缔约等作为世界体系位置的指标界定变量，中心国家一般通过支配边缘国家的原材料、廉价劳动力、直接投资、出口市场、技术劳动力转移等几种途径进行。沃勒斯坦认为，当一个国家同时拥有生产主导权、贸易主导权、金融主导权取得绝对的优势时就具备了中心国家的特征。① 从 15 世纪开始，葡萄牙、西班牙、荷兰、法国、英国在争夺世界的控制权，期间只有荷兰与英国真正取得过霸主地位，而20 世纪的两次世界大战以及其后的冷战基本彰显了中心国家之间对于世界主导权的争夺。

　　构成结构的另一重要因素是对体系或者制度的认同。体系认同某种程度并非空洞无物，其表现为国际体系、国内体系甚至全球体系。政治学家西德尼·维巴（Sidney Verba）曾在论及德国的政治文化时甄别了输出喜好（output affect）与体系喜好（system affect）的概念，前者是基于体系提供的丰裕物质而忠诚于一个体系，而后者则指因为体系自身的缘故而忠诚于一个体系。② 历史证明，国际体系的演变更重要地表现为一种理念或

---

　　① ［美］哈罗德·R. 克博：《社会分层与不平等：历史、比较、全球视角下的阶级冲突》，蒋超等译，上海人民出版社 2012 年版，第 496—497 页。

　　② ［美］迈克尔·罗斯金：《国家的常识：政权·地理·文化》（插图第 10 版），夏维勇、杨勇译，世界图书出版社 2013 年版，第 65 页。

认同的递进，从维也纳体系、国际联盟到联合国倡导的集体安全准则的生成证明了国际体系与单元体之间是一个相互建构的过程。① 这种认同意味着主权国家须遵从《联合国宪章》，尊重国家之间的领土与主权完整、互不侵犯、摒弃武力等公认的原则；国家在安全、利益以及冲突化解方面逐步趋于进步。

诚然，长久以来，强权、战争曾是导致体系转换的重要变量，以暴制暴（killed and to be killed）一度曾是单元生存和体现运行的法则。强权政治在理论范式上被视作现实主义的核心假定之一：国家生存和权力追求是根本，而社会规范是次生变量，国际规范和伦理只不过是霸权利益的体现。② 从爱德华·卡尔、汉斯·摩根索到肯尼斯·沃尔茨、保罗·肯尼迪、约翰·米尔斯海默，形形色色的现实主义者似乎从未放弃实力对于利益获取的主变量作用。

但是随着国家认同模式的确立，一些具有时代的话语主权、国家的主体性、国家利益、战争受益者和雇佣兵、争议、安全困境、军事干预、军事领域的革命、国际法、不干涉规范、霸权等逐渐诞生，而这些概念至今仍在影响着当代政治。当一种规范在形成或内化之后，它会成为一种共有知识或集体认同，促使行为体之间利益共享。卡赞斯坦、温特、杰普森一致认为：国际规范具有建构性效应（constitutive effect）和管制性效应（regulatory effect），国家安全利益、国家认同之间呈现为递回循环性（recursivity）互构过程——从而成为一种特别的认同，在此意义上，认同的生成促进了利益的共享，反过来促进秩序的健康运行。③

在国内层面，体系的构成往往由制度或机制构成，它对国家制度、政党特色、社会治理、政府运行、经济发展、外交关系等起着统领的作用。对于社会制度或机制的认同则意味着国民认同一国宪法赋予国家管理、治理的权力措施。很显然，对特定体系或制度的认同将有助于行为体之间的互动和发展关系，否则对于体系或制度的反叛则意味着动荡、暴乱或战

---

① 张全义：《世界国家生成机理初探——全球集体认同的生成与模式转换研究》，光明日报出版社 2010 年版，第 269—282 页。

② 卡尔曾在其代表作《二十年危机》一书中称：社会规范并不具有独立性，规范、道德和伦理只不过是权力的外在表现形式而已。［美］爱德华·卡尔：《二十年危机》，世界知识出版社 2003 年版，第五章。

③ ［美］彼得·卡赞斯坦主编：《国家安全的文化：世界政治中的规范与认同》，宋伟、刘铁娃译，北京大学出版社 2009 年版，第 55—57 页。

争，这已成为人们对于当下世界治理的一种普遍共识或认同。

然而，这并非说，全球化的世界使得每个行为体皆大欢喜，理论上，世界是平的，在现实中却又热又挤，且凹凸不平，它促使我们理解人类社会发展的渐进性与不平衡性。

以经济差距为例，据2004年世界银行的相关数据表明，以1美元在美国的购买力为基准，全世界大约有11亿—13亿人每天生活的水平处于1美元以下，占世界人口的20%，如果以2美元为基准，贫困人口差不多有30%，食物短缺与安全、营养水平、疾病防治、教育、福利以及预期生命在发达国家与欠发达国家还是有相当大的差距的，而随着全球化程度的加深，这种差距还在拉大，在撒哈拉以南、东亚、南亚、拉美以及中东极度贫困现象仍然存在。① 现代世界体系理论指出了发达国家与边缘国家之间的依赖关系，也符合早期的历史逻辑。

由于本书议题的限制，我们不可能深究产生这种差距的具体原因及其改进措施，就正题而论，我们亟须关注的是：这种体系或制度的认同对于我们有何借鉴作用呢？是什么因素导致对国内体系或制度的反叛呢？

克博称，国家内部阶级构成与世界体系经济结构有关，国家发生变迁的时间及其制度（比如封建制度）的衰亡的后果是与世界体系内的国际竞争和国家内部旧有阶级结盟联系在一起的。② 一方面精英集团面临着维护国家利益、抵御侵略、维护国内政权稳定、资源保证等义务，③ 另一方面世界体系造就的精英势力、财阀集团、金融寡头、与东道国食利者之间的经济勾结已不再是秘密，美国格兰素史克与其中国买办之间的勾结丑闻不仅是一个关于国际投资中政治风险（Political Risk Analysis）的经典案例，也为我们国内的社会治理敲响了警钟。如果利益集团国际化了，同国外的跨国公司勾结在一起，其政治、经济效应往往是连带的，即它不仅可能破坏既存的秩序或制度，更重要的是会诱发民众的不信任，进而加速对

---

① ［美］哈罗德·R. 克博：《社会分层与不平等：历史、比较、全球视角下的阶级冲突》，蒋超等译，上海人民出版社2012年版，第604—605、610—615页。

② 同上书，第79页。

③ 巴林顿·摩尔在其名著《非正义：服从与反抗的社会基础》中指出：当精英的义务和责任受到侵犯时，各种革命便会发生。他列举了精英群体的三种最重要的责任与义务：（1）抵制外来侵略；（2）国内和平稳定有序；（3）物质上的保证。［美］哈罗德·R. 克博：《社会分层与不平等：历史、比较、全球视角下的阶级冲突》，蒋超等译，上海人民出版社2012年版，第634页。

于社会制度的负向认同和反叛。

四

　　上文围绕影响社会心理认同的结构诱因进行了阐述，然而，这并非说笔者认同结构主义决定论观点，事实上，体系、制度与理念或价值体系之间并非仅用主变量与次变量进行界定或表述，某种程度上，它们之间是互构的。否认价值认同的作用就等于否认人类的历史。人类的历史在一定程度上表现为一部价值认同的历史，这是由人的社会属性、意识属性及其组织属性所决定的，从柏拉图的《理想国》、陶渊明的《桃花源记》、莫尔的《乌托邦》到马克思的"科学社会主义"，人类一直在孜孜不倦地借追求价值认同促进社会进步。

　　价值认同促使社会发生变革，从大历史而言，从人类文明开始、原始社会到科学社会主义，人类社会在向着混沌认同、原始认同、古典国家认同、主权认同、后主权国家认同、世界国家认同路径发展，[①] 而从负向认同看，殖民主义、法西斯文化、冷战中的意识形态对抗给人类造成了难以形容的苦难与灾难。价值、文化等在某种程度上成了除物质变量之外的另一重大变量。

　　从体系认同的角度讲，从维也纳体系到国际联盟、联合国也体现了一种认同的进步，冷战后国家之间讲求影响力、文化软实力至少可以说明这一点。或者说，几次大规模的战争从威斯特伐利亚战争、19世纪的欧陆战争、20世纪的两次世界大战、冷战都是由于对体系的认同差异引起的。在此假设上，对我们反思"反全球化效应"，尤其是恐怖主义产生温床的原因不无借鉴意义。世界范围内的恐怖主义同由贫困引发的精神或价值认同有关。

　　价值认同为何显得如此重要？这是因为它同社会意识、社会结构、国家体系乃至世界体系连接在一起。就社会意识而言，团体、阶级、民族、种族的文化是一把双刃剑。它既可以促成和谐、发展与人类社会进步，也

---

　　① 张全义：《世界国家生成机理初探——全球集体认同的生成与模式转换研究》，光明日报出版社 2010 年版。

可以引发冲突、杀戮并导致文明的倒退。历史上这类悲剧从未消失，从中世纪的宗教战争、十字军东征后的宗教迫害、20 世纪 30 年代的斯大林式肃反、第二次世界大战期间纳粹德国对犹太人的种族清洗到卢旺达惨案、"9·11"事件，这些事件之后无不渗透着价值认同的影子。可以说，价值认同对于国内冲突、全球治理的挑战始终存在，对此我们绝不能掉以轻心。如果引发冲突，将对国家社会、世界体系带来创伤。塞缪尔·亨廷顿的"文明冲突论"、弗朗西斯·福山的"历史终结论"从反证的角度说明了这一点，尽管笔者不完全认同他们的视角。

然而，这并非说笔者意在倡导一种唯意志论，事实上，如果超越历史，妄视人类社会组织形式的发展规律，将意识形态认同生搬硬套，甚至扩大化，那么阶级认同很可能会给政治制度、社会治理、人类之天然的社会关系带来毁灭般的影响。

在国际上，如果违逆国际体系下的国家认同法则，那么唯意识形态认同本身就是一个历史的错误。具有讽刺意味的是意识形态认同在冷战期间取代了国家认同。阶级认同还驱使国家成立了林林总总的经济、军事集团，从西方七国俱乐部、北大西洋公约组织到经济互助委员会、华沙条约组织，几乎整个世界在美国与苏联的遥控下以阶级画线。人类的一切社会活动、安全、文化、思想、武器甚至地理空间（比如东方与西方；南方与北方）被阶级化，这种意识形态化最终将两个超级大国的对峙推及极点，从柏林危机、匈牙利事变、古巴导弹危机到核军备竞赛，世界差一点被毁于一旦。显然，鼓励阶级认同超越国家认同至少在当下的世界讲是不现实的，如果不是违逆世界潮流的话。

上文从认同的视角对阶级/阶层、体系/制度、文化价值在社会变迁与治理中的机理、作用及其发展趋势做了一个浅显的梳理。笔者认为，作为马克思主义的一个预测与判断，我们不能否认其科学性，也不排除在现实中的可能性。但是，在另一方面，我们又不能否认，政治、经济、军事、技术、通信以及人类意识进步给我们这个世界带来的变化，阶级身份如同国家身份一样正如构成体系的单元体身份变化一样，单元体认同转换是一个"重新归类"（recategorization）、重新比较（recomparision）和重新界定身份（认同）（*reidentification*）的过程。①所以，如果我们一味形而上学地无视客观现实的变化，那么这本身就是反科学的，遑论更不符合马克思主义关于理论与实践相辅相成的道理。

诚然，作为一个历史现象，国际无产阶级现象是否会重生或转换是值得关注的一个议题。作为政治学者，我们的视角更多地围绕当下的社会场景与治理进行，比如思考一些体系变量与价值形成之间的关联：经济体系一体化是否会对国家制度与职业选择造成认同？如果是，那么日益上升的全球化效应给国家政治结构以及权力分布、文化认同造成了哪些正负效应？近年来泰国的农民政党化的趋势及其影响力应该带给我们很多警示，城乡一体化建设进程将会给中国的农民工醒觉意识带来一个什么样的变化？它将如何影响这些群体对于社会制度的认同？而在国际政治经济（IPE）的范式下，我们如何理解全球政治、经济发展的不平衡问题，尤其是我们如何阐释一些既有的观念或话语，像"发达与不发达、欠发达""中心与外围""核心与边缘"？如何应对全球治理中的国际规范与国内规范嫁接问题？这些问题不仅仅是关于全球弱势阶层或群体本身的形成问题，也是当下产生全球恐怖主义的一个重要渊薮，更重要的是关系人类社会制度与文明的延续问题。

---

① Social identity theory holds that a transformation of identities can occur when actors develop conceptual attachments to selective others through the process of recategorization, recomparison, and reidentification. When a group of states recognize that they share a common set of social characteristics and experiences that define them as a unique group, they have created a transnational identity. 见 Bruce Cronin, Community Under Anarchy, *Transnational Identity and the Evolution of Cooperation*, Columbia University Press, 1999, p. 31.

# 本篇结论

　　理想与现实、冲突与一致、战争与和平历来就是社会科学研究中显要的议题，它们也是社会精英、社会治理者、政治领导人力图要解决的问题。社会治理的实质问题向来与秩序、结构以及理念相关联，正是社会问题的多样性、复杂性与多变性才使我们的社会从理念、形态、结构不断趋于进步，于是，有序或无序构成了我们观测政治有效性的标准和尺码。

　　在对秩序与认同关系的理解上，笔者认为，不论是规范主义还是理性主义，抑或功能主义、结构主义，认同都占据了重要的角色作用。认同何以重要？拉塞尔·哈丁在谈到其作用时称，首先，体现于个体层面，认同直接影响了个体间的行动取向——是敌是友，它取决于对方是否属于自己的群体；其次，认同与结构的因素连在一起，结构会使优势的群体受益也可以使其受到伤害。① 群体认同的重要性就在于它能够引导人们为了更大的权利而进行协作，它既可以成为一种正向的力量完善和促进社会治理，亦可以成为一种负向的力量招致对制度或体系的反叛，从而延缓或破坏社会治理的可持续发展。任何冲突的发生无论是个人矛盾（婚姻、就业、升职）、集体仇恨（团体冲突、种族矛盾、地界划分）、体系冲突（阶级/阶层关系、国际关系、政治或经济体系）都同心理认同的生成与转换/失范存在着关联，认同的产生存在着一个产生→认同→合法性→作用放大→式微/失效→反叛、革命→认同重构/新认同建立的过程。心理认同是一个发展的、动态的、可以被建构的概念或范式。

---

① ［美］拉塞尔·哈丁：《群体冲突的逻辑》，刘春荣、汤艳文译，上海人民出版社2013年版，第5—6页（译者前言：重新理解群体冲突）。

# 中　篇
## 认同建构与拐点干预

通常，生活在充满活力的文化中的民族都会珍惜自己的文化，抵抗外来威胁。那么一个种族到底是如何，又是为何，会完全抛弃一度生命充沛的文化，任其彻底泯灭？

———［美］简·雅各布斯

一个不能通过变革以面对新挑战的体系注定要死亡。明智的统治者进行渐进的增量改革，以避免突然的激进变化。等到革命就要发生时才改革的统治者，实际上会因为妥协而火上浇油。

———［美］迈克尔·罗斯金

# 本篇导读

社会拐点的缓冲期往往也是社会学家、政治家或社会治理者刻意利用或驾驭的时机，自古到今，他们要么是反思危机、对以往的制度进行革新提出"新政"，要么是针对社会制度、意识形态、经济制度进行"手术性"革命，从而达到扭转社会心态、化解危机、促进社会进步或繁荣的目的。

阶级认同、结构认同、价值认同、体系认同可以促成正向认同，即积极的认同，它同样可以引发负向认同，并最终导致心理认同失范，在一定程度上引发冲突升级并导致社会拐点的发生。

引起社会崩塌的因素有内战、外来入侵、自然灾害，但是任何事件都有它的一个导火索，群体冲突事件发生或升级往往成为和平年代社会发生变化的导火索。群体冲突的升级指的是大规模集体抗议、示威，直至大规模集体暴力的出现，直至引发革命式或制度性的变革。① 在这一点上，马克思的科学社会主义对社会冲突的阶级分析视角至今仍具有借鉴意义，社会冲突也存在着一个从量变到质变的过程。从群体冲突升级到社会拐点的出现并非是一个瞬间发生的过程，从量变到质变的发生存在着一个"时滞"或时间差，即便是社会拐点出现，在拐点的缓冲阶段，仍然存在一个干预的机会。

涂尔干说，社会类似于生物有机体，社会系统的各种不同机构或部分都发挥着不同的功能，其目的是维持整个社会的健康发展，并使类似于人

---

① 群体冲突升级与集体暴力存在着联系，但在内涵上还是有区别的。查尔斯·蒂利对集体暴力的界定：对个人立即造成肉体伤害（"伤害"包括对个人的反抗与抵制所施加的强制）。至少有两个作恶者。集体暴力至少是部分地来源于施暴者的相互协作。集体暴力的上述定义排除了纯粹的个人行动、非物质伤害、偶然事件和长期的或间接的伤害影响，例如倾倒有毒废品导致的中毒伤害；但是，它包括大量的社会互动。[美] 查尔斯·蒂利：《集体暴力的政治》，谢岳译，上海世纪出版集团 2006 年版，第 4 页。

体内器官那样发挥作用。① 尽管我们不提倡或赞同疾风暴雨式的革命，但是，未雨绸缪，就冲突化解而言，我们有必要把握引发群体冲突升级的拐点。拐点或风险是一个中性词，它既表现为一种危机的爆发，同时又潜藏着一种新的或有利的机遇。② 埃尔·罗森塔称"一个系统的基本结构或基本价值和规范所受到的严重威胁"，"由于受到时间压力和处于高度不确定状态，这种威胁要求人们做出关键性决策"。③显然，危机成为一种影响稳定的场景或情景并对系统本身形成挑战，因此，如何把握或处置拐点意义重大。

群体冲突泛化、暴力升级之间存在着变量性的关联。大规模群体冲突的一个特点是其不可驾驭性，尤其是在矛盾激化，冲突演变为赤裸裸的暴力时，其产生的效应往往会无限制地放大或扩大。

群体冲突或规模性冲突与政治革新、社会制度变革总是连在一起。从罗马帝国后期的斯巴达克起义、秦朝末年农民军起义到近代的法国大革命、美国资产阶级革命以及冷战结束前后在东欧的波兰、匈牙利发生的政治剧变，冷战后法国、英国以及美国的港口工人罢工，群体冲突的威力不可小觑，尽管这种群体的冲突不同于历史上革命式的冲突，但是就治理而言，群体冲突的爆发及其发酵绝不可小觑，具有远见的政治家、变革家都有效地利用了危机、化解了危机，并促成社会大繁荣，政治认同的建构在于心理认同建构，如果忽略心源性的认同失范，就不可能重构认同，达到政治治理的目的。

---

① ［美］哈罗德·R. 克博：《社会分层与不平等：历史、比较、全球视角下的阶级冲突》（第七版），蒋超等译，上海人民出版社 2012 年版，第 116—117 页。

② 就系统的运行而言，拐点与危机、风险的含义接近；此外，危机、危急、风险在英文的含义都可概括性地被理解为"风险"（risk）。

③ 王宏伟：《重大突发事件应急机制研究》，中国人民大学出版社 2010 年版，第 4 页。

# 第一章 社会心理机制与社会潜意识的形成①

社会的心理机制同社会心态、潜意识是通约的。通过《美国的民主》和《旧制度与大革命》，托克维尔对当时的社会心态做了高屋建瓴的分析。然而，托克维尔的分析大大超出这三个效应本身的意义，它告诉我们由于社会环境导致的冲突效应心理随时都可能被激活，从而引发社会变革或拐点的发生。② 制度与意识形态的合法性问题、社会机制的正常运行问题、公平正义、经济收益等问题都是衡量社会机制转换的晴雨表，而这一切都会影响政治认同的建构。

## 一

不同于国际社会的无政府治理，主权国家国内的秩序基本上遵循了垂直式的治理结构，尽管在方式、实现路径及其内容上有民主、寡头、威权或者独裁之分，但是只有等级式的社会治理才能保证国体、政体的战略目标实现，或者说，完成其近远期计划或战略实施，这是当代国家治理与国际政治现实的一个鲜明特征。

---

① 以下内容曾部分发表，这里略有增扩。张全义：《社会大拐点与干预分析》，《经济要参》2014 年第 26 期。

② 埃尔斯特指出：托克维尔提出了一种社会心理学，然而，它大大超出今天这个名字所提到的东西。它更类似我称作的哲学人类学（philosophical anthropology）之类的东西。它是一种对于心理学普遍原则的研究，提出了在各种历史形势中的精确的阐释机制。那么，对于托克维尔而言，心理学普遍原则大概不是出现在所有时代和地点的不可改变的愿望和信仰。相反，我们将会看到，它们由永远的可能性构成，由机制构成。这种机制可以在任何时间和任何地点由触发装置所激活，这种机制比这些机制自身更不容易理解。［美］乔恩·埃尔斯特：《政治心理学》，陈秀峰、胡勇译，吉林出版集团有限责任公司 2010 年版，第 119—120 页。

那么对于我国而言，它会带给我们哪些启示呢？

从历史的角度而论，中国一切过去的和现在的政治治理都带有深重的历史烙印，这种历史的烙印同中国的国土构成、地理位置、民族特点息息相关，而更值得一提的是这种政治烙印表现在治理上是长达几千年封建制度对其政治结构及国体的影响，威权式社会治理是这种政治特性的一个鲜明的特点。①

从秦始皇执政到现今的国家治理，垂直式、命令式的治理是我们这个社会的一个鲜明特征，尽管我们这个社会经历了不同的变法、革新或改革、创新，使得臣民在历史的变迁中的身份由奴隶、农民、小生产者、村民、乡民、市民乃至公民的一个转换，但是承认与否，垂直式的等级结构从古到今一直是成为中国政治及其社会运转的一大特色。

这种政治结构的一大特点是赋予权力或地位在政治中享有的至高无上的位置，反映在治理上等同于威权治理，因此，政府与社会、官员与社会往往是主体与客体、主导与依附的关系。

就民主政治而言，中国的历史变迁和社会革命使得民众的身份发生了许多变化，公民的民主觉醒意识在不断加强。但是，从主体与客体的关系而言，笔者认为，民众从属于威权政治的基本架构仍没有发生变化，这是中国特色政治的一大特点，中国的官僚阶层习惯将自己当作"父母官"，将民众当作"子民"，也就是说，等级式结构仍是中国官僚政治的特点，它统配或制约着中国的政治改革，从理念上讲，这也是建设社会主义法治国家最大的痼疾。

我国特有的历史、制度以及公民的普遍意识都在遵从着这种威权式治理的传统。不难理解，自中华人民共和国成立相当长的时段内，群体冲突从内容、方式及受众都基本保持在低水平，民众对于制度的不满、体系的不公以及自身权益的诉求都保持着一种沉默或服从的心态。

中国群众自发式的运动基本没有形成一种独立的力量并影响到精英阶层的理念或政治格局。20 世纪 50 年代中期的大炼钢铁、反"右"运动、1966—1976 年的"文化大革命"，与其说民众的力量一度成为一种影响力，群体运动的参与者，倒不如说它是"民主失范"的表现。缺少一种醒觉意识，改革开放中期，尽管民众有了一定的醒觉意识，但那种醒觉意

---

① 参看本书下篇关于中国国家心理形成的分析。

识仍缺少独立性。中国的知识分子与社会精英在理念和意识上存在着不足或软肋，或者坦诚地讲，中国的知识分子距离柏拉图所称的"哲学王"尚有一段距离，而在大众意识和政治结构层面，民众的醒觉意识与中国的政治结构和命运的走向仍然存在着距离。

自20世纪80年代末期，中国的社会出现了这样或那样的群体冲突，尤其是近年来，各种群体冲突不断，就目前而言，群体冲突还处在一种可控的范围内。然而，我们又不可否认，由于全球化的作用、中国自身社会制度的变革、中国经济机制引发的矛盾效应不断催发人们的醒觉意识，且这种意识的独立性、自觉性以及自发性越来越强，它极有可能催发社会拐点的发生。

## 二

导致社会拐点或临界点的因素。那么，又是什么原因改变或催发了人们的醒觉意识，或者说导致社会拐点发生的因素有哪些呢？以下是笔者所做的一个浅显归类：

一是社会正义准则受到破坏。社会正义或公平是任何社会或政府力求要实现的目的，同时，也是导致任何社会或政府崩塌的重要因素。

其一，社会正义缺失最大的表现是收入的差异。在国际上，基尼系数是用来反映收入分配差异程度的一个综合指标，在0和1之间。根据国家统计局2014年1月份公布的数据，2013年全国居民收入基尼系数为0.473。按国际标准，基尼系数小于0.2时，被认为收入过于平均，0.2—0.3之间时较为平均，0.3—0.4之间时比较合理，0.4—0.5时差距过大，大于0.5时差距悬殊。0.4一般被国际公认为收入差距的警戒线。"不患寡而患不均，不患贫而患不安"，当收入差距达到一定限度时，民众的不满情绪自然会爆发。

不可回避的是，权势集团、利益集团的收入呈滚雪球式不断增大，普通百姓的权益不断遭到侵占或蚕食，造成多数群体的利益不断缩水，进而加剧了他们的生存危机感。

2014年，前瑞银首席经济学家乔治·马格纳斯（George Magnus）发表评论文章称中国的房地产市场是全世界最重要的行业，中国最富有的

1% 的人口，拥有全国大约 1/3 的房产。① 国家统计局局长马建堂曾表示，我国 0.473 的基尼系数与部分专家和世界银行的计算结果比较一致，总体上符合我国国情。他同时并不讳言，按照国际标准，基尼系数 0.4 以上就表明我国的收入分配还存在很大改进余地。收入分配不公是导致我国收入差距过大的一个根本原因。党的十八大报告中明确提出："实现发展成果由人民共享，必须深化收入分配制度改革，努力实现居民收入增长和经济发展同步、劳动报酬增长和劳动生产率提高同步，提高居民收入在国民收入分配中的比重，提高劳动报酬在初次分配中的比重。"②

其二，公平、正义的伦理遭到践踏的另一个体现是由政治或经济发展异化所引发的腐败问题。权力异化意味着潜越，权力寻租，索贿，权力异化的另一个表现是其人格与社会结构的脱离，进而造成阴郁，不可自拔，这是另一个话题。

体制的弊端表现于机制不透明、法规不完善、监督难成行，使得"为人民服务"成为一句空话。"官本文化"造成人民的公仆变成无所不逐的食利者，政府机关、海关、证券监管机构、公务员选拔考试甚至慈善组织都成了谋取利益的平台。上述现象反映在行政管理、土地征用、房产拆迁、城管暴力等多个层面，贪腐也波及军队、教育、公检法等国家的重要政权部门，"服兵役或升职可以用钱铺道""学历造假、党票可以贩卖""刑期、死刑可以用金钱换购"等，使得人们对于这些政权重要或核心机关的"守夜人"的角色也产生怀疑。

国家职能部门的决策失误造成了溢出效应，并殃及国家宏观经济和微观经济的发展。对内它造就了一大批"面子工程""政绩工程""豆腐渣工程"，对外造成国债贬值、出口萎缩，特别是一些国家公务人员置国家利益于不顾，与跨国公司、国际采购猎头相互勾结，除了危及国家利益，最直接的是造成国内的中、小企业、私营业主债台高筑、停工停产、破产，并引发业主对政府的"无作为"的抗议或不满。

显然，上述因素将殃及国民对于政府与社会的认同，这是一个必须认真对待的问题。

二是榜样认同的缺失。榜样的认同连同以下提到的意识形态式微实质

---

① 《经济学家：中国最富的 1% 人口拥有全国 1/3 房产》，http：//business. sohu. com/20140514/n399539644. shtml。

② http：//business. sohu. com/20140513/n399474923. shtml。

上是指"政党认同"（party identification）丧失的一种担忧。政党认同原本是西方政治治理中的一个概念，其含义为民众或选民对于某个政党在心理上的忠诚。①事实上，中国传统的治理观，"修身齐家治国平天下"曾是中华民族的精粹，也曾是世界治理的一个模板，古往今来，这种对榜样的认同于政治治理起到了提纲挈领之作用。

《大学》言："古之欲明明德于天下者，先治其国；欲治其国者，先齐其家；欲齐其家者，先修其身；欲修其身者，先正其心；欲正其心者，先诚其意；欲诚其意者，先致其知，致知在格物。物格而后知至，知至而后意诚，意诚而后心正，心正而后身修，身修而后家齐，家齐而后国治，国治而后天下平。"上述一段话译成现代话为：为通过对万事万物的认识研究后获得知识；获得知识后，意念才能真诚；意念真诚后，心思才能端正；心思端正后，才能修养品性；品性修养后，才能管理好家庭家族；家庭家族管理好了，才能治理好国家；治理好国家后天下才能太平。

"榜样的垂范作用"几千年来一直对我国及东亚等级式的政治认同发挥着高屋建瓴的作用。时代之精英或样板式人物事实上在社会中起着一种典范或模板的作用并为政治认同服务。自中华人民共和国成立以来，执政党树立了许多耳熟能详的榜样人物，如时传祥、王进喜、焦裕禄、雷锋、陈永贵、张海迪、孔繁森、郭明义等，不一而足，这些"典型人物"不是被冠以时代英雄或楷模就是被贴上政治认同的标签，其引导力、号召力、影响力被扩大或夸大，在一段时间内，政治治理上起到了对既有的社会制度或意识形态认同固化的作用。

但是，榜样的示范作用在当代社会越来越式微，这其中的原因很多，有外在的因素也有内在的因素。比如，由于社会自身组织的演化及其他外源性因素（尤其是全球化场景下信息、市场及意识觉醒），一些曾受到百姓顶礼膜拜的"英模""劳模"与"标兵"不时被媒体曝光涉嫌贪腐、道德沦丧、卷入黑社会，人们不再像过去推崇浮在榜样式人物头上的光环。相反，在日益混沌的全球化社会中，人们更加习惯从人性的角度，用理性的心态对待所谓的模范和英雄，甚而，进行效仿。而如果执政党所树立的典范出现了异化现象，那么榜样的作用则反其道而行之。

---

① ［美］迈克尔·罗斯金：《国家的常识：政权·地理·文化》（插图第10版），夏维勇、杨勇译，世界图书出版社2013年版，第65页。

　　一位文职军人在文章中指出，谷俊山贪腐案是新中国成立以来军队出现的问题最大、性质最恶劣的案件之一，"数额特别巨大，腐败性质特别恶劣，社会影响特别坏"。谷俊山贪腐惊人，包括金钱、黄金、房产、茅台酒、名表、象牙、虎皮、字画等巨量财物。其中，总后纪检部门到谷俊山家乡查封其违法所得时，在一处地下室起获550箱茅台酒、黄金物件等财物装满了四大卡车。谷俊山还染指北京二环黄金地段周边军队地产达数十块，拥有数十套房，每套面积都在170平方米左右；在上海，一块军产地卖了20多亿元的高价，其中大约有6%属于谷俊山的回扣；在河南老家濮阳，谷氏家族攫取的土地和开发的楼盘远近闻名。[①]　然而，谷俊山的贪腐与网上曝光的前军委副主席徐才厚的贪腐所得，则是小巫见大巫，媒体所披露的贪腐所得更是触目惊心，令人发指。显然，一些曾在政界、军界显赫的政治精英完全失去了其榜样或示范的价值，而成为一种失范的典范。

　　所以，就执政党而言，如何重构中国共产党的榜样力量并使其为政治治理服务是必须反思的一个问题。党的十八大以来，以习近平为总书记的中央领导集体采取了一系列针对腐败的战略举措，开展反四风和走群众路线教育，借大规模反腐和清除利益集团等举措试图赢回公众对中国共产党的信任和信心，并重构榜样的尝试无疑是值得肯定的。

　　要保证政治治理、经济发展的有效与可持续发展，不仅要普及公民的正义、公平意识，在社会治理上保证政策的连续性和透明度，更重要的是要用一套机制使核心价值观机制化、常规化和法律化，而非仅仅依靠推出典型人物而奏效。一位评论者在提到美国开国总统乔治·华盛顿、托马斯·杰斐逊时曾说过：中国政坛很少出现标杆性的人物，他们的人格光辉照耀了后世，以至于后来的政治家自惭形秽，只能固守自己的品质，在光明中缩小差距，这是很大的一个遗憾。

　　其实，不是中国不会出现标杆性人物，而是中国人将精英当作了"圣人"，并要求在德、才、学等方面无可挑剔，而西方往往将其理念、执政风格与其人格、人性道德因素等相分离，金无足赤，人无完人，在哪都一样。所以，在树立典型或榜样式人物的时候，切记不能将其神圣化、

---

　　① 《军科院公方彬大校披露谷俊山案部分详情》，http://news.sohu.com/20140406/n397816839.shtml。

完美化，人是社会动物，从普通民众到精英阶层，人性决定了我们并非圣人、贤达，所以，唯有制度、法律和机制才能使得治理在法理框架下有序进行。

三是意识形态或党性的式微。[①] 在科技飞速发展、信息爆炸的今天，人们的价值观趋于多元化，宗教信仰也成为价值观多元化的表现之一，近年来出现的"宗教升温"现象便是明证，并对科学社会主义价值观形成了挑战。

2004 年国务院发布《2004 年中国人权事业的进展》白皮书，据不完全统计，我国现有各种宗教信徒 1 亿多人，其中青年信徒的比例约占1/3，即 3000 万—4000 万人。

需要引起警戒的是，科学技术日新月异的发展并没有式微人们的盲从心理，近年来，各种神秘主义会由此诞生，地球大爆炸、玛雅世界的末日、各种邪教油然而生。历史的教训需要吸取，在社会大变革时期，往往有许多非科学的思想或理念挑战主流的意识形态。所以，关注形形色色的宗教信仰团体对执政党意识形态的影响及其对于政治秩序形成的挑战是不可回避的话题，以下我们用宗教传播对于大学生信仰的影响进行说明。

大学生是我国现代化建设的接班人，宗教问题也是个敏感的政治问题，然而对宗教以及带有宗教性质的文化形态的关注和介入，在大学生中已呈蔓延和长期存在之势，并成为不争的事实。

大学生作为青年中最有条件和机会接触各种社会意识形态的群体，更容易受到社会上"宗教热"的影响。目前，对于我国高校中宗教信徒的数量尚没有一个确切和权威的答案，上海青年研究中心成立"大学生宗教信仰研究"课题组，运用问卷调查、访谈和参与观察等研究方法，对上海市大学生宗教信仰问题进行了初步的研究并得出结论，个别高校中有宗教信仰的比例最高可达 20% 左右，最低也在 3%—4% 之间，即使有些非信徒，也认为"人类需要宗教"，对宗教持有宽容和肯定的态度。

一些大学生对宗教的态度趋于宽容和认同，他们主要通过人际传播和书籍等读物接触宗教，其信教动机具有情感性、理想性、积极性特征，且多数大学生对宗教信仰自由政策的认识较为模糊。

---

① 张全义、常笑：《大学生宗教信仰态势分析》，《经济要参》2012 年第 29 期（这里有删节、调整）。

当前我国正处于社会转型和中西文化交流与碰撞的背景下，大学生思想呈多元化和个性化发展的态势，其思维的内容之广和方式之多样优于之前的大学生。在对待宗教的态度上，多数学生并不反感，而是宽容和理解，并有一定程度的肯定倾向，已不是纯粹的否定。调查显示，56.9%的学生认为"宗教是一个团体，有自己的组织、教义教规"，28.4%的学生认为"宗教是一种历史文化现象"，而认为"宗教是迷信，是一种很荒诞的学说"的仅占0.5%。

大学生对身边宗教信仰者的态度，持"非常理解"和"是别人个人的事"的态度的占76.4%，而选择"有距离"和"鄙视"的仅占4.9%。在被问及"您认为宗教对个人成长是否有好处"时，认为"有好处"的占17.2%，认为"有好有坏"的占50.2%，回答"没有"的人数仅占5.3%。在"您认为宗教信仰与构建社会主义道德体系有无抵触"的调查中，28%的学生认为"两者相互补充"，60.1%的学生认为"大部分可以并存，局部对立"，而认为"两者尖锐对立"的仅占0.9%。这都表明大多数大学生对宗教在我国社会主义时期的作用基本上是肯定的，对宗教持有客观、宽容甚至认同的态度。

以上数据除了表明大学生思想多元化和个性化发展的倾向外，也意味着，有些大学生虽没有明确的宗教信仰，但有潜在的宗教认同或需求倾向。在一定条件下，他们有可能选择某种宗教作为自己的信仰。在"您以后是否会尝试接受宗教信仰"的调查中，有14.1%的学生回答"会"，比例虽不算高，但是回答"随缘"的占60.2%。课题组曾对没有宗教信仰的学生进行访谈，多数人承认之所以没有宗教信仰，只是因为目前还有好多事情要做，没有机会去思考这些问题，以后如遇重大挫折或感觉空虚，可能会去尝试。

调查显示，人际传播与阅读相关书籍是宗教影响大学生的主要形式。

从人际传播的影响角度看，如其亲戚、邻居信教，则会在日常生活中向其灌输宗教思想，这种宗教氛围会对人产生潜移默化的影响；同伴群体对大学生的信仰也有相当程度的影响，同龄人在心理特征、业余爱好、社会地位等方面都较为相近，这使得他们的价值观和行为方式容易相互影响，因此朋友、同学、玩伴如果信教，也可能导致其自身受到影响。

从阅读相关书籍的影响角度看，大学生有强烈的求知欲，促使他们主动去了解宗教相关的内容，尤其是对于文科生（在样本中所占比例较高），其自身的专业（如伦理学、社会学、人类学、文学、哲学、政治学等）都多多少少与宗教相关，所以更容易接触到宗教思想，进而更主动地通过阅读相关书籍去了解宗教。由此可以理解，为何在"您对宗教的文化、历史、内容等知识了解到何种程度"的调查中，回答"不了解"的人数仅占总人数的24.3%，而回答"了解一点"的占64.5%。

信教动机是了解大学生宗教观的重要内容，"寻求心灵寄托""实现内心理想世界"以及"其他"所占的比例最高，而"感情受挫""生存压力"所占比例很低，这与过去相比有很大出入。传统观点认为，大学生是因为受到挫折（如学习成绩下降、失恋、找不到工作等）、生存压力大才寻求宗教的慰藉，或者因为想"消灾避难、祈求神助"而信教，大多具有功利性和非理想性特点。而在实际的调查中，这类学生的比例比以往有很大的下降。

对于我国宗教信仰自由政策的看法，有61.4%的学生认为"是对的，有利于团结少数民族和宗教信仰者"，只有3.6%的学生认为"是不对的，应该坚持马克思主义理论和无神论"，这表明大多数大学生对党的宗教政策是支持的，但有相当一部分学生对宗教信仰自由政策的理解还很模糊。

在关于"共产党员是否可以信教"的调查中，有42.3%的大学生认为可以，有36.9%的学生认为无所谓，只有20.3%的学生认为共产党员不可以信教。另外，在关于"您今后是否打算信教"的问题，有12名党员回答"会"，39名党员回答"随缘"。一些大学生只知道我们党和政府有"宗教信仰自由"的政策，却不知道这一政策不适用于共产党员。调查显示出了部分大学生在入党与宗教信仰的问题上存在模糊认识。

另外，在"您认为在大学校园内能否公开传教"的调查中，15.9%的学生认为"可以"，44.1%的学生认为"无所谓"，认为"不可以"的学生虽占40%，却低于半数。我国宗教信仰自由政策规定不能在大学校园内公开传教，这也表明了大学生对宗教信仰自由政策的认识一知半解，高校需要加强对大学生宗教法制方面的宣传和教育。

从治理的角度而言，党性或意识形态式微则必然会影响整个社会组织和国家政治架构或体系的转换存在着联系。正如托克维尔所论及的宗教对于美国的社会作用时说，宗教是民主的一种内生性产品。"就我来说，我怀疑，人类是否能够在同一时间承受完全的宗教独立和完全的政治自由，我不得不认为，如果他没有信仰，他就必须服从，而如果他是自由的，他就必须信仰。"①宗教信仰是人类社会生活中的一个客观现实，遑论资本主义还是社会主义，宗教对于社会稳定、经济建设以及国际政治都担当着重要的力量，所以，我们不能忽略宗教对于当代政治和经济的影响，执政党在坚持其党性的原则下，利用"宗教情怀"为国家政治和经济建设服务是不可逾越的一个话题。

意识形态的重要性取决于它是否被动员并用于支持或强化，其他行为动机——尤其是用以支撑特定的规范，战时的民族主义动员充分说明了这一点。②"动机或许能解释一部分结果，然而由于它们与其结果的好坏没有必然关系，动机无法用以证明行动结果的合理性"③，这就是说，在心理认同的意义上，动机即可以带来正向认同或负向认同，这就将认同上升为一种政治意义。无论是东方还是西方，价值认同对于政治治理的意义是不言而喻的。固然通过威权或个人的权利可以在一定层面形塑认同，然而，"作为一个个体，暴君的个体力量终究是有限的，他所拥有的一切更为远大的力量，必须建基于人们的意愿，或者是某种他人所推定的意见"。④权利只有在共享一定的目标或利益的条件下才发挥作用，其背后的机理在于对精神作用或思想的认同。⑤

此外，导致意识形态或党性式微的因素还有党内权力斗争、利益集团之间的博弈以及党的卸任领导人等因素。诚然，无论是议会制还是威权式或一党制，党派分歧与意见纷争是任何党派都难以避免的，换句话说党派内部之争某种程度上也是保持党派创新力和生命力的一个自我完善的途径。然而，这并非说党派内部之争可以超越其对核心价值观的认同（一般情况下在党章或准则中有严格说明）。所以说，执政党要特别注意区分党派内理念分歧与其核心价值观的差异，尤其是不能借用利益或功利性因素进行党内斗争。

四是经济崩塌。美国著名的经济学家彼得·D. 希夫（Peter D. Schiff）在《国家为什么会崩溃》一书中的视角就是经济崩溃极有可能带来国家

---

① ［美］乔恩·埃尔斯特：《政治心理学》，陈秀峰、胡勇译，吉林出版集团有限责任公司2010年版，第153—154页。

② ［美］拉塞尔·哈丁：《群体冲突的逻辑》，刘春荣、汤艳文译，上海人民出版社2013年版，第14页（译者前言：重新理解群体冲突）。

③ 同上书，第15页。

④ 同上书，第32页。

⑤ 同上书，第38—41页。

的破产。在书中，他发出警告称美国正在形成由一个政府吹起来的大泡、一个在残酷的现实面前行将破裂的泡沫，美国经济乃至我们每个人都将面对灾难性的后果。[①]

经济崩溃会引发民众对政府诚信的怀疑，进而引发恐慌并最终引发群体冲突，这一点不难理解。股票的崩塌、银行的破产、房地产崩盘、信贷市场脱链都会给国家经济带来致命的损害，一旦上述事实发生，将势必影响民众对于国家经济杠杆的信任，并引发恐慌与绝望，最终导致冲突。那时，美德、秩序与尊严都极有可能荡然无存。这正如门斯切所言，"对于经济崩溃的恐慌，对于社会退步的惧怕，对于政府失职的担忧所有这些都会使我们的行为变得冷漠甚至残忍，这就像大火所引起的恐慌一样，它会让我们忙着找寻最近的出口，而舍弃了平常的礼节"[②]。

紊乱的经济还会引发一系列政治危机，这便为一些阴谋家和煽动家制造了机会，他们往往会利用各种危机唤起人们情感中的非理性恐惧并刻意火上浇油、鼓噪群体闹事，并借机制造种族仇恨、宗教仇恨或阶级、阶层仇恨，使得正义、平等和进步的原则被湮没。所以，在当代，各国执政党都把保持经济的可持续发展当作一个国家战略来抓。[③]

五是利益集团异化。利益集团或院外集团（lobby group）是西方政治中的一个特有现象，在我国也是改革开放后出现的。尽管学界仍对我国是否存在着一个利益集团或者对其定义存有争议，但是，由利益分歧衍生的各种激化的矛盾已是无可争议的事实，中国共产党十八届三中全会决定建立国家安全委员会，笔者认为，其中的一个立论或许在于防止利益集团干涉外交，影响国家的总体发展大战略。

为什么我国的利益集团成为冲突的一个重要变量？其根本的原因是利益集团异化了"公益"或"公意"，使得私人或部分的利益侵蚀或取代了

---

① ［美］彼得·D. 希夫：《国家为什么会崩溃》，刘寅龙译，中信出版社2013年版。

② ［美］罗伯特：《市场、群氓和暴乱——对群体狂热的现代观点》，郑佩芸、朱欣微、刘宝权译，上海财经大学出版社2007年版，第99页。

③ 门斯切告诫说：战争环境、严重的经济危机、由战争或是经济危机带来的危机不安全感是滋养此类活动的沃土。在这样的氛围中，煽动家或是其他没有原则的个人能够轻易地唤起人们情感中非理性的恐惧。……种族仇恨、宗教仇恨、阶级仇恨或称为火上浇油的原料。自由原则和进步原则最坚贞的捍卫者受到诽谤。［美］罗伯特·门斯切：《市场、群氓和暴乱——对群体狂热的现代观点》，郑佩芸、朱欣微、刘宝权译，上海财经大学出版社2007年版，第100页。

绝大多数或国家的利益，进而使得利益"派别化"。①如此，个体的或派别的利益取代了国家的利益，进而引起民众对制度的不满、怀疑并导致对执政党的不信任。有网民评论，中国已进入一个利益的迷宫，每一件事都面临不同的利益选择，其中公共利益与个别利益、长远利益与短期利益的纠葛而"共识断裂"是引发冲突的最主要的原因。② 加之利益集体内部争斗或内讧，甚而利用制度或权力谋取超级利益，民众的利益很可能抛弃在一边，如此引发民众对于体制或社会制度的不满或怨恨。

近年来，媒体曝光的一系列冲突事件都与公共治理失序有关。从孟连事件、乌坎事件、厦门散步、宁波的 PX 项目到厦门同安区潘涂因卖地引起的大规模冲突，出卖土地、突击工程、暴力强拆之后不能不排除权贵或利益集体的作用，一位社会学专家对权贵政治或利益集体做了一个概况，他甚至称之为"权贵恶政"并说：

权贵集团不仅大肆掠夺社会和民众财富，而且形成了一种系统的恶政。这种恶政的三大表现就是：维稳、强拆、纵容贪腐。由此造成四大灾难：两极分化、法治倒退、社会溃败、生态灾难。而从体制要素看，表现为三要素：无所不在的总体性权力，权力与市场相结合的双重机制，暴力与阴损招数并用的治理手段。只有在系统清理权贵恶政的基础上，才能谈得上新体制的建立。③

利益集团或权贵集团给我们这个社会的分配制度、民众的利益造成的损坏已是不争的事实，尤其是给民众的心理带来的撞击或伤害在短期内不会愈合。作为执政者和社会治理者需要思考的是如何破解利益集团，如何培养一种机制使社会竞争公平公开化、透明化，从而恢复民众对执政党的信任，进而保证我们当下的社会制度可持续发展是不可逾越的一个课题，本书中对此已多有论及，此处不予展开。

六是社会机制、正常失灵。机制是社会组织学或政治学中的一个概念，它自身有一个相互牵制、相互制约、相互作用的组织系统，有一套适

---

① 在卢梭看来，"公益"与"公意"在集合意义上是无区别的，国家的机能是保证"公益"或"公意"实现的最佳安排。［美］撒穆尔·伊诺克·斯通普夫、詹姆斯·菲泽：《西方哲学史——从苏格拉底到萨特及其后》（影印第 8 版），世界图书出版公司、后浪出版公司 2013 年版，第 264—265 页。

② http：//cd.qq.com/a/20130508/000285.htm.

③ 孙立平：《在搜狐博客新年联欢会上的演讲》，http：//sun‑liping.blog.sohu.com/300327867.html.

宜于自身组织系统的规范、法则或决策程序，机制是保证运转于系统中形形色色单元体的载体和结构。① 国家的机制包含于众多的单元或亚机制中，这些机制包括官僚机制、法律机制、贸易机制、军事机制等。

社会治理机制的目的就是要保证整个社会公益不受到威胁，个体利益与整体利益一致。如卢梭所言，这种安排是一种"强迫的自由"（forced freedom）。② 法律、法令或规范体现于机制中，任何一个机制或法制失灵就会导致社会组织系统的无序或紊乱。导致机制失灵有很多方面的原因，就大类而言，有外源性因素，比如国际体系、地缘政治、金融危机以及侵略战争等给国内治理带来的冲击；也有内源性因素，比如由国内政治斗争（意识形态、派系斗争）、利益集团以及经济战略失败引起的社会动荡给公共秩序带来的破坏。

所以，如果一个机制如不能体现全体人民的利益，而满足于少数的或集团的利益，那么不仅使食利者受损，而且危及整个的国家或国民的利益，使得国家的自由竞争成为一种虚假的自由或强迫的自由。

公共机制、国家发展战略或政策失灵必然会引起经济下滑、大规模失业发生，进而威胁百姓生活乃至生存，而经济崩溃势必引起民众的恐慌。恐慌的从众性、散发性特点往往会使人们更加不信任乃至蔑视支撑我们社会法则的公共管理机制。民众的恐慌与积怨来自对政府承诺的失望，这势必并导致反社会人格或群体潜意识的形成，这种心理或潜意识在一定程度上会催发认同危机或负认同，进而进一步导致社会治理机制、社会政策失灵。

---

① 本概念融合了政治学与系统论的概念，政治学中的机制强调决策程序，而系统论中的机制强调单元运行的组织系统。

② 社会契约的实质是个体的人及其所拥有的权力都须服从公意，个体的人是作为社会整体的一部分存在的。［美］撒穆尔·伊诺克·斯通普夫、詹姆斯·菲泽：《西方哲学史：从苏格拉底到萨特及其后》（影印第 8 版），世界图书出版公司、后浪出版公司 2013 年版，第 264—265 页。

# 第二章 认同缺失与社会大拐点的发生[①]

社会认同或协同性或集体自我的扩大往往会促成群体思维模式或文化的形成，它可以是积极的、和平的或者进步的，也可以是消极的、暴力的、倒退的。集体认同或身份的形成既可以成为积极的或建设性的力量，也可以成为消极的或破坏的力量，社会认同是保证社会有效或有序运行的一个精神阀，一个社会认同的式微就意味着社会凝聚力的减弱，它势必影响社会的稳定与治理的有效进行。这种由于身份危机引发的冲突往往会引发群体对于政府既定管理机制或政策的消极抵抗或公然抗争，法国大革命的发生机理与教训正在于此。

一

集体身份来自社会学的一个概念，后来学者们将其同民族认同、政治治理相衔接。比如，本尼迪克特·安德森（Benedict Anderson）就把民族国家当作一个"想象的共同体"（imagined community）。认为集体身份适宜于对民族、族群或任何意义的人类认知共同体，集体身份的构成包括利益、历史文化、语言等因素，正如沃尔特·白芝浩（Walter Bagehot）所形容的成为"所向无敌的吸引力"。[②]

集体身份或认同形成所昭示的意义在于，集约性身份的形成在于个我自发地融入于某一种群体中并成为"集体自我"（collective self）。比如，著名的文化社会心理学巨擘哈里·特安迪斯（Harry Triandis）将自我分为

---

① 张全义：《社会大拐点与干预分析》，《经济要参》2014 年第 26 期。

② Benedict Anderson, *Imagined Community: Reflections on the Origin and Spread of Nationalism*, London: Verso, 1983, p. 16. ［英］沃尔特·白芝浩：《物理与政治》，金自宁译，上海三联书店 2008 年版，第 25 页。

"私密自我""公共自我""集体自我"，他分析说：个我或独立我（independent self）处于社会关系网络中，并依据个体在网络中的位置进行定义，并表现为一个"有边界的、独特的、自主和自足的实体……当内群——外群边界更为明显时，人们选择集体自我的可能性更大"。①

这就是说，从个我到集体自我的转换是身份认同趋向同一的一种表现。集体协同性概率的增加将会导致群体凝聚力不断加强。这个时候自我身份与集体身份融为一体并造就"个体社会"，进而对群体行动产生影响。

群体冲突升级的一个显著特征是其盲从心理的无限扩大。"群氓就是一只怪兽；拥有足够的脑袋，却没有足够的智慧。""如果刺激因素足够强烈，群氓的行为有时候就会看似正当，至少在早期是这样的。但是如果暴乱除却一切理由的伪饰，便只剩下赤裸裸的暴力了。没有了借口的掩饰，参与者的兽性以及群众心理那摧毁一切道德感的能力，在空洞的教条下表露无余。"② 暴力产生往往与身份激活有关，如果身份的边界被激化，往往使得暴力的协同范围扩容或增大。③

宗教冲突往往与身份的激活有重大的关联，群体而非孤立的个体，在感召下为了取得宗教或者思想的胜利甘愿舍身赴死，他们为了神所赋予的光环与荣誉会义无反顾、舍生忘死，在情绪被激发或诱导之下产生巨大的力量，就像"十字军东征"时一样，教徒们几乎没有任何的粮草与武器却将"异教徒"的救世主送进坟墓，卢旺达现象就是最典型的说明。④

---

① 私密自我（the private self）指与一个人的特质、状态或行为有关的知识，公共自我（the public self）是指与概念化他人对自我的看法有关的知识，而集体自我（the collective self）是指与集体对自我的看法相关的知识。［美］赵志裕、康萤仪：《文化社会心理学》，刘爽译，中国人民大学出版社 2011 年版，第 143—145 页。

② ［美］罗伯特·门斯切：《市场、群氓和暴乱——对群体狂热的现代观点》，郑佩芸、朱欣微、刘宝权译，上海财经大学出版社 2007 年版，第 113、115 页。

③ 蒂利分析道：边界激活挑选其中一个共同的身份和其他身份不同的相反身份。正如卢旺达大屠杀昭示的那样，我们—他们边界的激活经常伤害到互动，在此之前，社会关系一般是以和平的方式进行互动。此外，正如胡图族人对自己的异己进行的大屠杀所表明的那样，暴力有时候发生在权力斗争过程中的某种类型的内部，为控制那些类型的公共代表权而进行暴力活动。一般情况下，越是强调单个的我们—他们边界，所有互动中的伤害显著性就越大，所有暴力行动者的协同范围就越广。［美］查尔斯·蒂利：《集体暴力的政治》，谢岳译，上海世纪出版集团 2006 年版，第 70 页。

④ ［美］罗伯特·门斯切：《市场、群氓和暴乱——对群体狂热的现代观点》，郑佩芸、朱欣微、刘宝权译，上海财经大学出版社 2007 年版，第 160—161 页。

弗里德里希·威廉·尼采称，当极端行为被归咎为空虚，普通行为被归咎为习惯，自私行为被归咎为恐惧时，个人几乎很少犯错了。[1] 群体的本质并不稳定，容易被人牵引着冲破底线并引发突然的混乱，比如足球骚乱、暴力袭击以及恐怖袭击中的群体。[2]托克维尔的立论在于愿望和机会的变化并诱发社会心理的变化。这是托克维尔当年写作《旧制度与大革命》时的初衷，或许也是我们研读"法国大革命启示录"的切入点。

托克维尔关于引发法国大革命高潮的一个假设也来自他对制度腐败、朝纲紊乱、公信力下降引起的群体心理对于改变现状的一个强烈诉求。

社会冲突根源避不开人的社会属性，社会大拐点的发生同人的整体意识变化有着深厚的关联，在此基础上，心理认同或理念共享将会反作用于社会结构。就个体而言，人的特性、人之追求进步的本性决定了个体追求幸福、和谐与舒适环境的本能，个体生活的理想状态往往是其所设定的环境与追求的目标不受干扰，个体生活状态、情趣与追求与其本身设定的目的在于寻求一个比较良好的环境，从而保证其生命、婚姻、工作环境、事业有序进行。然而，如果其安排、设计或秩序受到干扰或被打破，它势必对个体发生影响，所以，追求一种有序或合理的生存环境成为每个个体的理想或愿望。正是在此基础上，柏拉图在他那享有盛名的《理想国》著作中高屋建瓴地对人、社会、国家进行了有机的嫁接，社会的或国家的冲突与之属性（劣性、美德）是一致的。

对于社会组织形式看，从单位、家庭、社团或者任何具有组织机能的机构，有序的机制运行或目标设定向来是其所追求的目标。机制在这个意义上，正如一台机器螺丝与螺帽、齿轮与轴承之间要相符、相切或者协调，如此，机制的内容如机构、法令、法规、决策程序等才能得到有效贯彻。反过来说，如果机制的程序从命令系统到功能机构出现问题或不配合，那么其后果必然要影响到构成组织单元的一切行为体。所以说，对机制的认同或反叛构成了社会治理的一个悖论，这正是法国大革命给治理带来的启示。

---

① ［美］罗伯特·门斯切：《市场、群氓和暴乱——对群体狂热的现代观点》，郑佩芸、朱欣微、刘宝权译，上海财经大学出版社 2007 年版，第 95 页。

② ［美］查尔斯·蒂利：《集体暴力的政治》，谢岳译，上海世纪出版集团 2006 年版，第 97—98 页。

# 二

法国的大革命告诉我们，一旦暴力或伤害发生，民众运动的显著性与协同性往往会进一步引起民众潜意识或反社会人格认同的形成，这正是社会拐点发生的机理，托克维尔在《旧制度与大革命》中对此做了入木三分的分析，从波旁王朝复辟到雅各宾派的恐怖政治，其中的机理无不在于此。①

托克维尔在研究法国大革命的时代背景时发现了一个"悖论"：大革命是在人民对苛政"感受最轻的地方爆发的""大革命的特殊目的是要到处消灭中世纪残余的制度，但是革命并不是在那些中世纪制度保留得最多、人民受其苛政折磨最深的地方爆发，恰恰相反，革命是在那些人民对此感受最轻的地方爆发的。"托克维尔称，革命的发生并非总因为人们的处境越来越坏，"封建制度在盛期并不比行将灭亡时更激起法国人心中的仇恨"。"路易十六最轻微的专横举动似乎都比路易十四的整个专制制度更难以忍受。"在考察法国大革命爆发的历史背景时，托克维尔还观察到了另一个"悖论"：大革命前20年，社会财富正以前所未有的速度蓬勃增加，"人口在增加，财富增长得更快。……国家因战争负债累累；但是个人继续发财致富，他们变得更勤奋，更富于事业心，更有创造性"，"公共繁荣在大革命后任何一个时期都没有大革命以前20年中那样发展迅速"。

问题是为何在社会财富蓬勃增长的过程中，却爆发了惊世骇俗的大革命？托克维尔分析称：革命前夕的法国政府虽然依旧足够强大，但却不再单纯地实行专制，而是在"到处维持秩序"；法国民众则"每个人都能随心所欲地发财致富，可保住已取得的财富"。这样的情势下，为什么还会爆发摧毁一切的大革命？

托克维尔之后解释称："在这种（专制）社会中，人们相互之间再没有种姓、阶级、行会、家庭的任何联系，他们一心关注的只是自己的个人

---

① 网上一篇关于法国大革命的分析生动形象、入木三分，对我们分析社会拐点与冲突化解是十分值得借鉴的，笔者借此从认同失范的角度进行说明。http：//view. news. qq. com/zt2012/tk-wer/index. htm？pgv_ ref = aio2012&ptlang = 2052。

利益，他们只考虑自己，蜷缩于狭隘的个人主义之中，公益品德完全被窒息。……"在这类社会中，没有什么东西是固定不变的，每个人都苦心焦虑，生怕地位下降，并拼命向上爬；金钱已成为区分贵贱尊卑的主要标志，还具有一种独特的流动性，它不断地易手，改变着个人的处境，使家庭地位升高或降低，因此几乎无人不拼命地攒钱或赚钱。

不惜一切代价发财致富的欲望、对商业的嗜好、对物质利益和享受的追求，便成为最普遍的感情。这种感情轻而易举地散布在所有阶级之中，甚至深入到一向与此无缘的阶级中，如果不加以阻止，它很快便会使整个民族委靡堕落。

追求自由与平等是法国大革命的两大终极目标。革命者"不仅想建立民主的制度，而且要建立自由的制度；不仅要摧毁各种特权，而且要确认各种权利，使之神圣化"。尽管《人权宣言》里也将"自由"与"平等"并列，但托克维尔还是相当失望。托克维尔还谈到了政治自由的意义。他议论道："我敢说，在（没有自由的民主社会）中是绝对见不到伟大的公民，尤其是伟大的人民的，而且我敢肯定，只要平等与专制结合在一起，心灵与精神的普遍水准便将永远不断地下降"——寻求"平等"的时候，千万不能忘记"自由"。①

## 三

李普塞特在谈到社会变革发生的原因时指出：

社会的变革是这样发生的，当社会的体系、结构无法满足集体成员的意愿、目标，如果当下的权利结构不能保证社会的平衡，导致秩序紊乱，当人们对当下的体系发生失望就会催促变革或反叛的发

① 他分析说，没有理由认为，作为推理，所有逻辑上具有可能性的愿望与机会的组合实际上都可以被实现。相反，社会学证明，愿望和机会共同变化，所以某些组合不可能发生，或至少是不稳定的。由于行动是愿望和机会的一种结果，愿望和机会的共同变化意味着，我们也可以期望得到对行动进行观察的某些限制条件。在托克维尔的作品中，愿望和机会共同变化，因为它们具有共同的原因。[美] 乔恩·埃尔斯特：《政治心理学》，陈秀峰、胡勇译，吉林出版集团有限责任公司 2010 年版，第 145—146 页。

生——反叛也可能以政治形式出现，以推翻现存的社会，并用强调其他价值观的另一种社会取而代之。①

政治认同、权利认同、体制认同的失却最终导致了法国旧王朝的灭亡，在此意义上，法国人民呼唤新的或更具进步意义的认同诞生，这正是上述评论带给我们的一个启示。从托克维尔的分析中我们不难得出结论，法国大革命爆发的深层次的原因及其启示在于：

一是贫富过于悬殊。当一个阶层或阶级形成时，一个潜在的反社会或反政府认同群体会逐渐诞生。托克维尔称，当某一社会阶层被推入孤立、失语的困境，很可能就等于把他们推向了革命。既如此，按常理推断，18世纪的法国农民，显然要比13世纪处于完全封建专制时代的法国农民生活得更好才对。但托克维尔所见到的事实却不是这样的："所有其他阶级的人都离弃他们，他们处境之孤单也许为世界上任何地方所仅见。这是一种新奇的压迫。"农民被其他阶层抛弃了，最后，农民自己也抛弃了自己。在大革命爆发的前夜，旧贵族竭力维护自己的既有特权，新资产阶级则竭力为自己谋取新特权，没有人关心丧失了与上层社会的沟通能力的农民，没有人在意农村的失语，而是任由他们生活在孤苦无助的深渊里。所以，利益或过分的差距会促成负向认同的产生，社会潜意识或负向认同的产生有一个孕育的过程，而一旦产生，其破坏力是巨大的。法国陈腐的政治结构以及严格的等级制度或分层体系导致了法国政权的沉落，加之外来入侵（英荷联盟），法国失去了其帝国的位置。

二是物质财富与价值认同不能化等号。就治理而言，价值认同建构是一个工程，其力量远比纯粹的物质馈赠或补偿有效；在制度建构中或许比先进的器物或经济发展并不见得能使民众与政府保持一致的认同，单纯地求富、求贵的物质欲望只会将国家推向深渊，且可持续的经济增长不能一直持续，尤其是快速增长。迈克尔·罗斯金指出："不要认为经济增长可以解决政治问题；它常常使政治问题变得更糟。"② 所以，公共精神缺失、政治文化异化往往是导致革命的重大诱因。托克维尔针对法国大革命所

① ［美］西摩·马丁·李普塞特：《共识与冲突》，张华青等译，竺乾威校，上海世纪出版集团2011年版，第70、74页。

② ［美］迈克尔·罗斯金：《国家的常识：政治·地理·文化》（第10版），夏维勇、杨勇译，世界图书出版公司2013年版，第515页。

言，民众无法参与公共事务，彼此孤立，最终只会变得越来越自私自利，造成自私、狭隘的文化，进而形成社会的肿瘤。显然，民族精神是国家建构的灵魂，如果一个民族的精神死了，那么这个国家也就完了；如果一个民族的思想僵化、保守、退化甚至败坏，就无异于心血管堵塞，其灵魂或生命的消失是迟早的事。

针对民族文化精粹流失，简·雅各布斯在《集体失忆的黑暗年代》一书中指出："家庭与社区价值""高等教育精神""批判性科学观""政府效能""自律与自审"等现象是造成集体失忆的渊薮。① 雅各布斯发人深省地自问自答道：生活在充满活力的文化中的民族都会珍惜自己的文化，抵抗外来威胁。那么，一个种族到底是如何，又是为何，会完全抛弃一度生命充沛的文化，任其彻底没灭？垂危或被征服的文化可能彻底消失或万劫不复，史上大多数光辉如昙花一现的帝国都无一例外地遭遇过这种"黑暗时代"，外来威胁固然可畏，但"内在的腐烂，才是致命的文化转折"，集体失忆听起来吓人，但是并不神秘。②

三是政治的进步在于不断变革，而变革不能一直停留于精英政治，需要民众逐步参与。革命的发展需要有一个视野，需要一个开放的环境。在托克维尔看来，只有给予公民自由的、发自内心的爱国精神，才能使国家的发展不被利益集团、金融寡头、权贵阶层或垄断势力所垄断或驾驭，民主、自由、和谐的机制需要民众参与。因此，高层设计一定要着眼于民主的制度，个人的力量毕竟是有限的，政治的独裁只能带来民主的失范；政治专制迟早要导致独裁并对经济体制产生负面影响。

民主制度的建构须考虑到历史的场景或政治文化的氛围。罗斯金在谈到国家的进步时总结称："民主制不是在每一个地方都能成长，也不是每个人的愿望。"然而，一个不能通过变革以面对新挑战的制度注定要死亡。所以"明智的统治者渐进的增量改革，以避免突然的激进变化，等到革命就要发生时才改革的统治者，实际上可能会因为妥协而火上浇油"③。民主是相对的，中国的国情与法国当时的国情不同且有相似。中

---

① ［美］简·雅各布斯：《集体失忆的黑暗年代》，姚大均译，中信出版社 2014 年版，第 4、13 页。

② 同上。

③ ［美］迈克尔·罗斯金：《国家的常识：政治·地理·文化》（第 10 版），夏维勇、杨勇译，世界图书出版公司 2013 年版，第 516 页。

国历史的一大特色是，民不患寡而患不均，集体文化的区域性、历时性需要我们反思中国政治场景的特色。必须认识到，封建的思想或理念始终是阻碍中国社会进步的一大痼疾。早在 20 世纪 80 年代，李维汉曾对邓小平建言肃清封建思想对中国政治的影响，笔者十分赞同这一点，所以，忽略政治场景中的"制度假晶""文化假晶"现象对于中国的政治体制改革是无益的。①

四是社会潜意识的凝聚或加剧最终促使负向认同的产生，这是尤其需要关注的。社会潜意识是引发负向认同的动因之一，尤其是当一个阶层遭遇到共同的压迫与经济上的盘剥时，阶级或阶层认同就会产生，法国大革命不例外，中国历史上的农民革命也说明了这一点。农民是法国大革命的主力，也是法国最大的底层社会群体。据托克维尔的调查，在革命爆发前夕，法国农民已"不再受那些封建小恶霸的欺凌；来自政府的强暴行为也很少涉及他们，他们享受着公民自由，拥有部分土地"。克博称：反抗与革命之所以演变为大规模事件并最终获得成功主要原因在于反抗者与当权者之间的权利平衡发生了变化。②关于这一点，本书已多有论述，此不赘述。

---

① 关于政治文化与政治体制改革，笔者将在下文有关顶层设计与政治体制改革的内容中进一步阐述。

② ［美］哈罗德·R. 克博：《社会分层与不平等：历史、比较、全球视角下的阶级冲突》（第七版），蒋超等译，上海人民出版社 2012 年版，第 504 页。

# 第三章  心理抚慰机制的建立

心理学原理告诉我们：认知机制贯穿于个人和集体感知变化的全过程，相关机制改变社会单位的联系，对冲突参与者或使动者的观念的塑造并非是一朝一夕可以完成的事，意识的改变或心智的塑造好比一个工程，需要精心的设计并付之于积极的、扎实的实践。


## 一


如果将冲突化解视作一个工程，那么，某种程度上，冲突本身既可以成为自变量也可以成为因变量，即并非所有的冲突都是有害的。如果善于利用冲突中所彰显的风险因素，或许冲突能为一个机制或一个体系的正常和有效运行提供机会或平台。

冲突的后果往往取决于如何应对冲突——积极的还是消极的方式，即风险由危转安的过程，研究表明，冲突的化解远非用理性的博弈或物质的馈赠/惩罚可以完成，有效的交往和心理互动往往会有效地化解冲突。[①]在学术范式上，沟通理论（communication theory）、建构主义和社会系统论功不可没，它们为化解冲突提供了独特的视角。

心理学原理告诉我们：冲突人格或畸形人格的形成同其经历有关，当事人的生活经历、家庭背景、教育程度、宗教信仰以及个人的价值的维度对其个人的处世风格有着重大的影响。心理学家多拉德（Dollard）、奥尔波特（Allport）于 20 世纪 50 年代就提出了挫折—攻击（frustration - aggression）

---

① "Introduction"，见 Linda L. Putnam，"Defenitions and Approaches to Conflict and Communication"，John G. Oetzel and Stella Ting - Toomey，*The SAGE Handbook of Conflict Communication：Integrating Theory，Research，and Practice*，SAGE Publications，2006，pp. xi，3 - 4.

理论。挫折使主体产生攻击性行为，并通过攻击性行为来减少挫折的压力，如果攻击达不到目的，受挫的个体就会将他们的攻击行为指向社会其他的群体。①解铃还须系铃人，就冲突化解而言，如何从影响个体人格形成的变量出发，并找出化解冲突的方式就成了解决问题的关键，尤其是对于个体或领头人而言，所以，关注个体层面的疾苦，建立可行的心理抚慰机制是非常必要的。

首先，从成长的过程讲，自尊或尊严的维护离不开早期健康人格的塑造。家庭环境、学校教育、生活（社区）环境对于健康人格的形塑发挥着初始和最重要的作用。我国历史上妇孺皆知的孟母三迁、择邻而居的故事讲的就是这么一个道理，所以，健康人格的教育几乎在任何一个国家被当作一个战略或工程，此不赘述。

其次，对于社会人的健康人格教育也忽视不得。人类心智发展的历程、个体的境况以及其他复杂变量的影响不可能使得人格塑造或健康人格教育一蹴而就地完成。所以，在面对具体的场景或事件时，如何应对已经"成熟"或"固化"的人格，如何针对变化的或不确定的人格进行心理干预就成了解决问题的关键。

文化心理学告诉我们，作为人的一个普遍的特征是其自尊或尊严的体现，这也从马斯洛心理层次分析上得到了佐证。冲突人格或心智的爆发或降温与自尊或尊严的获得与缺失不无紧密地联系，这样，如何从给予或恢复自尊或尊严入手成了解决问题的关键，而对于爱面子的中国人而言尤其如此。

从近年来发生的一些恶性事件而言，比如北京机场爆炸事件、广西瓜农事件、湖南户口爆炸案、上海派出所连环杀人案、浙江伤害医务人员案，这些案例的一个共同点就是这些涉事或涉案人员大多来自社会底层。固然，我们不能用"社会底层""弱势群体"为他们的行为做辩护，尤其是不能纵容他们某些人的犯罪行为，然而，如果深究这些事件或案件的诱因，就不难发现：这些由利益纠纷引发的事件多与个人的尊严失却有关。

---

① ［美］哈罗德·R. 克博：《社会分层与不平等：历史、比较、全球视角下的阶级冲突》（第七版），蒋超等译，上海人民出版社 2012 年版，第 395 页。

# 二

在对社会拐点的分析中，笔者走访了为数不少的学者、政府官员以及基层社会治理者，也参考了不少网民和媒体的观点，他们反映出的问题与建议警示我们，关心草根群体的个人疾苦对于重构认同是非常必要的。[①]

一位曾参加了东部沿海地区 PX 项目游行示威的农民工对作者说，自己在这个沿海城市打工了十几年，但是收入还是捉襟见肘，那年，母亲不幸遇到了车祸，而医院却因为没有及时缴纳抵押金拒绝救治，饱经风霜的母亲因延误救治而撒手人寰，金钱的缺失让她失去了"孝"的尊严，这让她无言面对家乡父老。社会的不公让她失去了自尊，因此她要将这种"仇"记在社会上；而偶发的集会性游行让她感受到了群体力量的动力，并给了她宣泄的机会。

一位来自内陆的农民工说：

> 我在城市打工十几年，到头来还是"农民工"，房子买不起，孩子的升学没着落，丈夫因摆地摊还挨了打，自己感到无能、无奈。看看周围那些走邪门歪道的同乡反而腰缠万贯，衣锦还乡，这让我这样的老实人感觉失去了尊严，因此，在看到游行示威时，我就"不由自主"地加入到队伍中，至少我可以高声地呐喊。

在调研中，笔者发现官员的抑郁症问题已成为导致社会冲突的一个潜在因素。抑郁症自杀率不断上升，已催化社会关注。我国公安部专家、浙江心理学专家赵国秋从 2007 年开始一直关注关于抑郁症的问题，他主导的最新一项抽样调查显示，"公务员心理健康水平不够高，幸福指数不够高，压力比较大，职业倦怠程度比较高"，而这种情况一年比一年严重。[②]我们不禁要问，造成官员抑郁症的原因何在？如何消除或治愈官员的抑郁

---

① 采访对象众多，包括从公务员到草根群体的各个级别的民众，考虑到被访者的隐私及众所周知的原因，在此不一一具名，但对于他（她）们的观点贡献，笔者在此表示由衷的感谢。

② 《官员升迁前后成抑郁症病发高点：宁肯死 不住院（图）》，http：//www.cpd.com.cn/n10216060/n10216158/c23407295/content.html，访问日期：2014 年 7 月 10 日。

症问题？

官员的抑郁症问题不再单纯是一个心理疾病问题，它也是一个社会甚至政治问题。同社会稳定治理有关，抑郁症问题同社会结构、个人意识、哲学理念联系在一起。需要反思的是：政治结构与个人人格和命运存在着什么样的关系？从促进心理健康的角度而言，我们须建立一种什么样的机制以防止官员中组合式的抑郁症现象？

如果撇开官员患抑郁症的法律责任，我们会发现，这些自绝其命的人几乎都是社会精英，在我们这样一个威权式的治理机制中，社会精英往往统领着民众的心智，因此，它关系到社会潜意识的重塑问题。

调研中，我们采访的一些官员，他们有的身居高位，有的是基层领导，有的在基层担任一般的公务员，在他们的表述中都共同反映了社会流动或职场变迁给他们心理造成的压力和尊严的失却。这些受访者大多是在社会底层的工作人员或自称为"弱势群体"的公务员。① 就我国而言，权力的异化与职业结构导致的社会流动的社会性成为官员自杀性的一个重要原因，涂尔干曾对此做出过十分鲜明的强调，② 而结构的问题引发了官员的心理问题。领导的专横跋扈、职场受挫、权力博弈以及由自己或上级贪腐是官员患抑郁症的重要原因。

比如，作为某县领导秘书的杨柳，三年前就睡眠很少，经常在梦里遭受领导的呵斥，在恐惧中惊醒，然后他额头冒汗，身心俱疲，睁着眼呆坐到天亮。在体制内摸爬滚打了 11 年的他，为人老实忠厚，很受身边人的尊敬。由于上司工作方式盲动或任意，使得下属官员的工作没有计划性和规律性，并且一旦干不好，领导劈头盖脸就是一顿骂"你干的这叫什么事？谁让你这么做的？我让你怎么做账你就怎么做！"更有甚者，领导经常要求杨柳违规操作一些账目。强势的领导还要挟他，要是让别人知道了，"我会让你死得很难堪！""这种情况持续了大半年，到后来我连自杀的念头都有了；先后住了两次医院，最终被确诊为抑郁症。"③

---

① 调研中，课题组进行了大量的匿名或实名式采访，由于篇幅原因，笔者在此只选择了一些比较有代表性的案例。

② ［美］埃里克·欧林·赖特主编：《阶级分析方法》，马磊、吴菲等译，复旦大学出版社2011年版，第92页。

③ 《官员升迁前后成抑郁症病发高点：宁肯死 不住院（图）》，http://www.cpd.com.cn/n10216060/n10216158/c23407295/content.html，访问日期：2014年7月10日。

在谈到非正常的干部任命程序现象时，一位来自基层的公务员深有感触地对作者说：

> 我默默工作几十年，在单位勤勤恳恳，任劳任怨，在领导面前也表现得毕恭毕敬，但是，一次次升迁的机会不是被空降官员所挤掉就是被关系或派系边缘化。如果空降官员的资历和年龄都不及我的话，我的心理就会发生失衡，因为，在妻子、子女、同事和朋友面前，我感到尊严被人为地剥夺了，因此，对于这种官僚机制，我感到深恶痛绝，我需要找到抗议或发泄的机会，尊严的失却让我感受到头顶着一层厚厚的积云取之不去，唯有避世才能解脱我自己。

一位北京的厅局级官员称：

> 我一直在一个部级单位工作，打拼几十年混了个司局级，但是仅仅由于自己的观点与顶头上司发生了冲突就被上级挖空心思地将我降职。我的奖金被停发，往上写的投诉信也莫名其妙地被上级知道了。……之后，而且在没有征求本人意见的情况下，我的办公桌也被移到了以前下属的办公室，平常说说笑笑的同事也有意疏远我，我感到十分的郁闷和不可自拔。

许多患抑郁症的官员都有一个共同的特征，他们往往自身深陷腐败门，而一旦上、下线出事，他们就面临着重重的精神压力，这种压力不仅仅有可能断送他们的个人官场生涯，更重要的是对其亲属、子女及其同僚产生影响，因此，在此情况下，不可自拔只好以结束自己的生命为解脱。

## 三

从冲突化解的目的看，如何从恢复尊严或避免进行人格羞辱入手成为化解冲突的一个必不可少的路径，某种程度上而言，这也是社会治理工作者面临的第一层面的责任。对于基层或公共服务人员而言，不仅须关注他们的生活福祉和工作待遇，而且要学会从心理抚慰入手与他们进行联系和沟通。沟通与冲突本身也是一对辩证的关系。从心理干预上，沟通的目的在于发现自尊或尊严失却的原因以及如何恢复或补救尊严。实践证明，学习或利用好有效的沟通对于化解当事人的心理郁结意义重大。

其一，在具体做法上，政府可考虑在社区、单位建立必要的心理抚慰机构以完善政务的沟通体系。基层不仅须重视冲突化解教育（Conflict Resolution Education），而且须对调节和沟通者进行培训，比如在话语运用与沟通技巧上进行培训。① 在沟通和抚慰机制上，西方在这方面做了许多很好的尝试。2006 年和 2011 年，笔者在美国访问期间，有幸与美国的民间组织进行了深度的交流，一些民间组织从孤儿收养、外籍人语言教育、幼儿托管到照顾孤寡老人、精神病患者和对从监狱返回社会的人员进行再就业教育发挥着不可缺少的作用，他们不仅关注具体问题，而且也十分关注心理抚慰，实践证明，它对于缓解社会矛盾的发生是十分重要的。总之，如果家庭、社区或工作单位能及时关注"尊严"这一影响引发冲突的变量，社区或类似草根层面的机构能及时反馈对立或冲突的情绪，冲突很可能得到有效的干预，而更重要的是，它可以消除那些淤积在群体心里的负向认同因素。

其二，如何降低或消除官员的抑郁症问题呢？笔者认为，治愈官员的抑郁症问题是一项工程，需要个体、社会和制度综合疗理，在结构、心理与价值观三个层面进行。

首先，从法律与机制上进行整治，建立完善、科学的公务员管理体制。建立良好的考核与监督机制，完善干部选拔任用制度，才可以让某些官员的"抑郁症"得到有效的防治。一位媒体人称：人们总要去猜测一个官员的自杀原因是因为个人问题，还是在畏罪逃避，或是充当了替罪羊。其实这是法治的悲哀，是信息公开的悲哀，它意味着真相没有被揭开，责任没有被真正落实，正义没有被真正传递。②

其次，解铃还须系铃人，官员自身要摈弃狭隘的世界观。涂尔干认

---

① John G. Oetzel and Stella Ting－Toomey, *The SAGE Handbook of Conflict Communication*：*Integrating Theory*, *Research*, *and Practice*, SAGE Publications, 2006, pp. 239－265.

② 《官场素描：究竟是什么样的压力导致官员频频自杀》，http://forum. home. news. cn/ post/viewPost. do？ ver＝1&id＝133020908，访问日期：2014 年 7 月 10 日。

为，现代社会造就的个人主义造成了社会等级的形态，① 官员自身要善于学习，学会沟通，加深对社会发展历史与个人命运关系影响的认识，促进社会矛盾与社会多元化的认识；从人性的弱点看自己的弱点，敢于揭耻、敢于放弃、敢于面对。加强社会的责任感意识，从"哲学王"的精神树立自己作为治理者的责任。

再次，用信念与信仰支撑自己的人生轨道，正确处理个人与社会，权力与金钱的关系，践行科学社会主义的人生观、世界观和价值观，将个体的社会人性上升到组织、国家甚至世界的层面，开阔视野，胸怀祖国，放眼世界。

最后，也是最重要的，社会要建立抚慰机制，加大对官员心理失衡的研究，尤其是通过机制防治官员社会流动中尊严失却问题，社会结构要对职场考评机制化的同时，通过职场设置的多元化，促进职业官员的个人发展。

总之，社会治理学者要从理论和实践上加大对职场、官场以及社会结构中特定的场域研究。涂尔干、韦伯、布尔迪厄在职业结构对个人命运的认识上是一致的，其中的"声望""场域""文化资本"以及"惯习"既造就了不同的群体，同时也人为地固化了职业选择，所有的群体都是"历史的产物"，社会学只有重构产生社会分化的历史力量，除此之外别无选择。②

其三，虑及意见领袖的角色作用。英雄造时势，时势造英雄，意见领袖并非天生或注定就要成为意见领袖，尤其是在群体事件中，社会场景、价值观、个人心智、事件在场等因素造就了意见领袖。统治阶级的分化往往是社会分裂的重要原因，泰国红黄衫两党的对峙实质是精英阶层的分裂而致。所以，对于冲突化解或拐点干预而言，不可不虑及精英或意见领袖的心路历程，意见领袖也是普通的个体，但也同样有着尊严需求的心理。因此，关注意见领袖的心智十分重要并要进行及时干预，要学会用法律、制度、机制和心理的方法同潜在的意见领袖打交道。要追踪他们的个人动机、在群体冲突中所担任的角色以及他们所代表的利益诉求等各种变量因素。在谈判中，不能盲目或匆忙下结论，尤其是不要扣帽子、打棍子的方

---

① ［美］埃里克·欧林·赖特主编：《阶级分析方法》，马磊、吴菲等译，复旦大学出版社2011年版，第190页。

· ② 同上书，第98—124页。

式进行威吓或恫吓。

当然，如果领头人借机鼓噪或煽动群体冲突事件并造成暴力或恐怖事件时就要及时果断处置，要从组织层面，利用法律、法规制度上进行教育甚至惩罚，但切忌避免利用个人权力进行威胁或恫吓，更不能借用司法暴力进行人身伤害，这样会进一步造成领头人的逆反心理并促使反社会人格的形成。

更重要的是，社会治理者须学会提前干预，从事件本身出发，关注意见领袖的反社会人格对群体冲突的变量性影响。不仅要对领头人与群体成员互动中所形成的宗旨、手段及其选择目标、行动计划及其可能产生的后果进行全面的了解，而且须关注他们互动过程中的每一个环节及其循环的流程，并针对具体事件在情景（事前）、选择目标（事中）及其选项后果（事后）形成不同的干预措施。

当然，还要学会从心理上对意见领袖的作用进行干预，在调研中，我们发现许多公务员也参与到抗议的人群中，并不自觉地担当了"领头人"的作用。

一位参与 PX 项目的公务员称：

> 我小时候生活在某市的中心区，工作成家以后住在那里；自己的童年、中学、大学、工作都没有离开传统的"中心区"。但是在工作上和升职上所遇到的不公让我从 PX 项目的冲突中找到了一个发泄的机会。看到市民们对 PX 的反感和抵制，我受到了一种鼓舞和感召，我认为，PX 项目并不完全因为化学知识上的"危险"，更多是一种心理上的"邻避效应"。所以，"我要响应、冲在前面"。

显然，对于意见领袖或领头人的心理抚慰也不可缺少。研究表明，对于潜在的意见领袖要进行综合的心理抚慰，既照顾到他们的尊严，利用其家庭成员、当事者的老师、朋友、邻人等社会关系进行说服工作，还要动之以情、晓之以理，通过法制、法令约束，对于其在工作上或事业上所遇到的不公，须学会让"第三者"介入或斡旋。

最后，也要将抚慰机制运用于群体心智的疗理。比如，在调节对立的群体冲突中，不可过于偏袒一方，比如可采用融合性和平衡式的谈判（integrative and distributive negotiation）、各打五十板（Duel Concern Model）、有效斡旋式（Mediation Competency Models）等谈判或调解方式，这样的效果是十分明显的。实践证明，心理抚慰的方式不仅仅适于人际的（interpersoanl）、心理的、情感的、家庭的，也适宜于组织的、群体的和其他功能性的制度或体系层面。①它将有利于弱势群体的负向认同的形成。

四

如果说个体的冲突心理立足于尊严或自尊，那么，群体冲突的心智某种程度上表现于社会潜意识或反社会人格，什么导致了社会反人格的形成，正如前述，它的形成有个体的原因，也同社会结构、政治特点、价值体系、国际关系等因素相关。这里结合草根层面反社会人格的形成再做说明。

社会潜意识或反社会人格的形成与导致冲突的变量有着必然的联系。冲突的性质可以是主观的/客观的（subjective/objective），自然的/正常的（normal/natural），调节性/非调节性（functional/dysfunctional）。② 所以说，就群体冲突形成的诱因而言，它还有着更复杂和更实质的原因。

社会潜意识的形成有着多种原因，就当下草根层面的冲突而言，反社会人格的形成多与其生活福祉或利益相关，并通过个体人的心结或情绪表达出来。

笔者对反社会人格在草根群体的层面进行了摸底，调研结果表明，反社会人格的形成多同利益的受损、社会公平环境及公共管理的失误有直接的关联。③

一位安徽籍的王姓美容师说道：

---

① 约翰·奥茨勒与斯蒂那廷·杜姆两位冲突学研究大师在其编著的关于冲突化解的书中，从沟通理论出发，整合了众多学者关于冲突起源与冲突化解的观点，他们的研究视角对于本书所提出的梯级干预机制具有十分重要的借鉴意义。John G. Oetzel and Stella Ting – Toomey, *The SAGE Handbook of Conflict Communication: Integrating Theory, Research, and Practice*, SAGE Publications, 2006.

② Linda L. Putnam, "Definitions and Approaches to Conflict and Communication", John G. Oetzel and Stella Ting – Toomey, *The SAGE Handbook of Conflict Communication: Integrating Theory, Research, and Practice*, SAGE Publications, 2006, pp. 8 – 9.

③ 新华社宁波分社的郑黎先生共同筹办和参与了本次调研并提出了许多有益的建议。

这么多年来政府给农民的补助不少，医保、救灾款、取暖费，但是，下边的执行人左扣右扣，到农民手里就没有几个钱了。福利需要一个制度。此外，教育的高消费、高支出使得农民和农民工子弟受教育的平等机会被剥夺，好的学校集中了好的师资，也豢养了一个贵族群，这势必会造成农民工和城市弱势群体的失落。

一位经营化工的私企廖姓老板称：

我挨过饿，知道挨饿的滋味。刚开始走出社会的阶段，我的梦想就是解决自身的温饱问题。现在我能养活自己，不给家里增加负担，工作稳定。然而，就我所理解的目前市场大环境而言，很多行业都处在饱和状态，市场份额微乎其微。最关键的是一些市场被国营或利益集团垄断，怎么样把自己的品牌打出去，让顾客相信我的产品，也是一大难题。怎么让自己新成立的公司在很小的市场份额下生存是目前最重要的亟待解决问题；工商、税务、治安等部门的证件申请手续繁多，让很多有能力有想法的创业者止步于门槛之外，这样无形中就树立了一种反社会情绪。

一位经营纺织品的应姓老板称：

三个自信很重要，但是实现"中国梦"最关键的是要取得人们的信任。如果国家公务员在社会治理、福利、劳保政策上忽悠百姓，那么人们就很难信任政府。比如，国家在征地上搞一刀切，我蒙受损失，如果还不能发出声音，相关的政府人员会在税收等方面为难我，这让我产生一种对社会的抵触感。

某省的一位尤姓公务员称：

利益补偿的公平始终是个问题。工资一年只有4.5万，买不起大房子，台州房价最低也要1.1万一平方米，首付要30%，就算是买60平方米左右的房子，也感觉压力很大。经济适用房很难轮到，而且分配适用房也要托关系，有些官员嘴里喊着法律、制度面前人人平等，但实际上你不给他们送礼，连资格也申请不到，所以，老百姓自然质疑这种制度的有效性，并有一种被欺骗的感觉。

一位从事编辑工作的公务员称：

不良的社会现象也给知识的提升或科学的发展带来了负面效应，知识圈形成了各种各样的垄断圈，从发文到职称评定不是凭真才实学，而是在拼关系、拼圈子、拼金钱。一些青年教师不愿去做科研、写文章、评职称。这种异化了的知识圈子或垄断让一些知识分子对社会权力结构有一种自发的抵触，不是消极应付就是成了对现状的不满者，而且很有可能成为"异见者"。

上述议论或许以点代面，但是，它多多少少反映了民间不满心理形成的原因。

当然，反社会人格的形成涉及方方面面，从公共管理、利益集团扩张、国际环境到国家战略等。社会潜意识或反社会人格如果不能得到有效的化解，必然会引起社会动荡甚至引发社会拐点的出现。集体情感的变化是在潜移默化中形成的，一旦群体情感爆发，则可能出现法不责众的场景。所以，及时针对这些反社会人格的现象进行干预将有助于化解社会危机并延缓社会拐点的发生。

正如前述，邻避效应的发生并非空穴来风，它是基于利益获取最大化、安全心理泛化的一种溢出效应，某种程度上而言，是在信息的屏蔽或误导下的担忧或恐惧心理的一种反射，因此邻避心理现象本身可称得上是心理失范的一种表现，如果不及时或科学地进行化解，那么它势必会催化反社会潜意识或人格的产生。

散步、游行、静坐甚至暴力绝非解决问题的最佳途径，一有矛盾就上街，一方面显示出民众的心理浮躁和无奈，更重要的是提醒我们：是社会治理机制、社会冲突化解模式出了问题。需要反思的是，PX 作为列入政府发展计划的项目，为什么在厦门、大连、宁波、彭州、昆明连连引起抵触，公众担心环境污染，在发展与环保的问题上，为什么一次次陷入囚徒困境般的游戏？

在未来的建设中，不仅需要建设重化工项目，而且还不得不建设类似垃圾焚烧站、移动通信基站、高压变电站等项目。在现代化的建设过程中，类似于 PX 项目的工程或许很多，如果出现一宣布新项目就上街，一上街就下马的恶性循环模式，试问，我们如何进行国家建设？所以，作为社会治理者，首先，我们必须对过去的政府行为进行反思。反思我们的做法是否出了问题，反思我们的项目是以民为本还是以利为本，反思我们是否以高度的责任心对项目进行科学的评估。如果决策时信息不透明，偷鸡摸狗式地悄悄上马；东窗事发后就以"维稳"名义动用警力或武力，这不是执政为民而是执政为官。比如，一些媒体人和专家分析道：在完全对 PX 项目不知情的情况下，就让群体签订"承诺书"，这无形中压迫群众走向反抗。事件中的受访者称，那些项目的宣传者给人一种"项目上马在即"的感觉；政府的行为给人一种"先下手为强"的感觉。

诚然，和以往不同的是，茂名政府事先已认识到 PX 项目极具争议，并曾做工作试图消解争议，比如展开密集的媒体宣传，举办科普座谈，召集专题学习会，政府官员还组织当地网友介绍、推广 PX 项目。但是，涉事人称，政府还是没有耐心，缺少人文情怀，一些单位甚至在要求签署承诺书时带有"隐性的强制"，比如，强调如果不签，会对"高考不利"，"对升迁不利"，这些都给人一种"威胁""恐吓"的感觉，结果激发了人们的冲突心理并发展为街头事件。

其次，在宣传和解释上需要有足够的耐心，让广大的民众有知情权，比如，可以请专家或学者就 PX 与苯、芳烃、烯烃等概念做出区别并对其成分与生成流程做出说明，其实，搞化工的人都知道：PX 是英文 para - xylene 的简称，中文名称对二甲苯，是苯的衍生物。PX 是芳烃类化合物，无色，透明，呈液态，有芳香气味。以 PX 为代表的芳烃产业和以乙烯为代表的烯烃产业，是石油化工的"两大家族"。PX 来源于石油，主要用途是生产 PTA（对苯二甲酸）。而绝大多数 PTA，又都用来生产聚酯，包括聚酯纤维、薄膜和瓶片。在生产过程中，PX 与石油是密不可分的。PX 的生产步骤一环扣一环，都发生在一个名叫"芳烃联合装置"的整套设备里。芳烃类家族包括苯、甲苯、混合二甲苯、邻二甲苯、对二甲苯和重芳烃等。有人把 PX 和苯混为一谈，其实，二者有很大的区别。苯是一种毒性很强的物质，客观上讲 PX 有一定毒性，但毒性要比苯小很多。

当然，做到这一点，在一些项目未上马前就要做出深入的调研，调研中要用科学的数据与理由服人，对于容易引发邻避效应的工程与项目更要反复论证，请各方面专家进行分析并写出以理服人的分析报告，从而保证民众的充分知情权，而不能"操之过急"。PX 项目对于茂名完善产业链非常重要。而只要政府监管到位，做好事故时相关预案，上马 PX 项目并没那么可怕。政府应该多和市民沟通互动，针对各种疑问请专家学者耐心解释，而不是把他们认为正确的信息一股脑"塞"给市民。茂名市政府一位科级干部告诉《新京报》记者，他觉得这种做法"此地无银三百两"，"我不了解 PX，被强迫签字后，就更不相信宣传材料了"①。

再次，如何在民众知情的情况下做到利益平衡是应对类似事件不可逾越的一个议题。PX 项目一系列冲突事件告诫我们，社会治理部门应当建立环境问题的公众参与机制和环境公益诉讼制度；政府需要面对这些难题，对官民沟通的渠道做出改革举措并在利益认知上达成共识，允许媒体宣传上要客观、公正地进行报道，事实上，这样做不仅让事件公开化、透明化而且也可以起到说服的效用，从而有利于在利益平衡上达成共识，仅通过发通告、通知的简单形式是难以奏效的。一位媒体人写道：

> 昆明市民的一个要求是吁请公开 PX 项目信息，四川石化的三次声明如果能在立项阶段发布，彭州项目的传言可能也会少一些。不管投资多大、工艺多先进，如果牵涉民众利益的公共性问题，仅以"通告""告知"的形式"单向度传输"，怎能在信息时代、权利时代赢得民众支持？公众激烈的表达背后，实际上是未被尊重的权利、未被满足的诉求，是没有被听见、被看见的情绪和声音。②

所以，在决策程序上不能搞一言堂，防止与利益或关系衍生的项目损害民众的利益。同时，要学会运用心理抚慰机制对当事人包括意见领袖进行事前事后心理干预。

---

① 《茂名 PX 事件前的 31 天：专家曾建议邀请群众参观》，http://news.sohu.com/20140405/n397795293.shtml。
② 《党报评民众抵制 PX 项目："散步"非最佳途径》，http://cd.qq.com/a/20130508/000285.htm。

# 第四章　科学示威机制的建立

实现有效的治理离不开机制或规范的指导，在具体机制建立上也需要建立必要的认同机制。社会机制的建构林林总总，从国内机制到国际机制，鉴于结构安排，本章仅结合示威机制加以说明。就群体冲突化解而言，除了早期的心理干预，作为使动者尚需关注群体冲突处置的机制，比如示威机制问题。尽管示威机制的处置更多体现于具体的运作程序或社会治理议程，但在机制的设立上同样需要不能忽视心理认同问题。对于我们这样以"上访""请愿""造反"特色的社会，西方对于示威机制进行冲突化解是有借鉴意义的。

## 一

蒂利称，就西方的示威历史看，没有一个示威是发生在 18 世纪 60 年代之前的。他根据《牛津英语词典》（*Oxford English Dictionary*）中对于"示威"的阐释，称"demonstration"这个词直到辉格党人于 19 世纪 30 年代开始使用。之后，示威迅速在西欧和北美被广为使用并慢慢具有统一的用法。[1]

根据 1768 年的《年度记录》（*Annual Register*）所记载，伦敦威尔克斯（John Wikes）式示威第一次成为街头示威的案例，到了 18 世纪 70 年代，"威尔克斯与自由"已经成为大西洋两岸反对君主专制的战斗口号。[2]

19 世纪 50 年代，在多数相对民主的国家里，示威已经具有公共生活的特性了；即使是在许多非民主国家，民众动员的领袖也在试图组织示

---

① ［美］查尔斯·蒂利：《集体暴力的政治》，谢岳译，上海世纪出版集团 2006 年版，第 187。

② 同上书，第 187—189 页。

威。18 世纪六七十年代的英国和北美活动家开示威之先河。

示威的形式从古到今也经历了一个历史的进程，18 世纪的示威就要体现在"行进"与"诉求"两个层面。行进（procession），即来自各种不同社会单位的团体（有组织的行业、民兵组织、教区、宗教联谊会等）穿过街道行进到一个共同汇合的场所。诉求表现为向政府表达集体请求，比如上述提及的威尔克斯（John Wikes）第一次大规模动员的伦敦街头的行动。

蒂利总结称：示威代表的诉求表现在两个层面：存在诉求（existence claims）表示某个政治行动者存在并且有权存在；计划诉求（program claims）表示一个政治行动者或一组政治行动者支持某个计划。

存在诉求力求表明政治身份，它们往往宣布一群相互联系的人进入政治场景，具有共同行动的能力，并作为行动者值得当局的关注。计划诉求则表明，对于示威的诉求群体持不同的态度，要么支持，要么反对。[①]

19 世纪和 20 世纪后，西方一些国家都试图为示威提供合法的地位，尽管在现实中，这种所谓的合法地位从未在深度和准确性方面为罢工、选举和公开集会争得什么益处。但是，有一点是可以得到认可的，即政府尽可能避免使用"骚乱""起义"和"恐怖"的话语或字眼。

一些国家还赋予示威不同的合法性地位，尽管有时其合法性受到社会制度或政体结构制度的差异而受到影响。但是，无可讳言，这种地位保证了部分公民或示威群体的自我组织的权力：集会、占有公共空间并学会采用集体诉求表达个体的利益。

第二次世界大战后，国际体系的重组与动乱对于示威发挥了变量性的影响，从美苏两个超级大国相互利用示威进行反对对方的战略和威胁到之后的反对核威慑和导弹布防到欧洲、第三世界反对两个霸权国对世界安全造成的威胁。当然，还有发生在非洲和中东的反种族、反歧视以及以色列军事威胁的示威，间或也有反全球化、保护生态环境的游行示威。但是，总体而言，这段时间的示威游行主要与国际体系所引发的冲突有关。

冷战结束前后，世界范围内的示威游行一度围绕政治改革、民主、人权等与社会制度变迁的事件进行，其中一段时间也包括一些反对北约东

---

① ［美］查尔斯·蒂利：《集体暴力的政治》，谢岳译，上海世纪出版集团 2006 年版，第186—187 页。

扩、贸易保护主义、环保主义以及拆迁军事基地等示威；而2000年以来，世界范围内的示威游行除了上述所提及的游行示威，还有主要围绕民生、环保与民主、社会转型、贸易区等内容进行的示威游行。其中包括反对反恐扩大化游行，如反对美国为首的西方在阿富汗、伊拉克、利比亚的战略及其军事侵略等，由金融危机或国内医保改革引发的示威游行、反对军国主义的游行示威等，不一而足。

示威从内容到形式都彻底发生了变化，不再可能与几百年前同日而语，然而，示威的诉求和对社会治理者提出的挑战没有发生变化，就此意义上，建立科学的示威机制的意义对于任何社会都是不言而喻的。西方在示威管理机制方面形成了很多值得借鉴的东西。从20世纪60年代起，美国在示威机制方面做了一个很好的研究并被成功促使示威管理从"警力升级"模式到"协商管理"的机制转型，这得益于当时的民权运动和后来的反冷战运动。①近年来，由于"反全球化"效应造成的发展不均衡与大国中的贸易保护主义、金融危机，尤其是反恐扩大化以及一些国家自身所进行的大范围医疗改革所引起的效应，在全球范围内掀起了一次又一次的群体示威抗议活动，并引发冲突、暴力甚至恐怖事件，这提醒我们，建立与时俱进的示威管理机制势在必行。

## 二

导致群体示威的原因多种多样，群体示威的深层原因不排除由政治博弈、权力斗争或经济利益争执而引起，但是，就这并非说示威的化解仅通过谈判或利益补偿就可以轻而易举地得到化解，示威的诱因有着多方面的原因（直接的和间接的）。一如暴力的形成与化解需要虑及环境的（environmental）认知的（cognitive）和相关的（relational）因素。②所以，从心

---

① 戴维·施威格（David Schweigruber）曾在一篇文章中在结合"乌合之众"（madding crowd）、"暴民社会学"（mob sociology）、"暴民心理学"（mob psycholog）与暴力、警力升级之间的关系做了一个很好的回顾，其中涉及西方及美国同时代社会心理学家的相关论述。David Schweingruber，"Mob Sociology and Escalated Force: Sociology's Contribution to Repressive Police Tactics"，*The Sociological Quarterly*，Volume 41，Number 3.

② ［美］查尔斯·蒂利：《集体暴力的政治》，谢岳译，上海世纪出版集团2006年版，第19—20页。

源或心理入手也是建立科学示威管理机制的关键。

示威的发生同群体中的狂热情绪存在着千丝万缕的联系。美国社会学家爱德华·奥渥斯·罗斯总结出以下"狂热法则"：狂热的升温需要时间；狂热肆虐的范围越广，它被虏获的智力形态也就越高；人们越是狂热，反应越是强烈；狂热总是一浪接着一浪，激起不同个体的情感；与循规蹈矩的社会相比，富有活力的社会更容易受到狂热的摆布；道德同质性和心理同质性为狂热的发展推波助澜。①所以，社会治理者在建立示威管理机制时要充分考虑到这一点。

狂热的心理很容易引发群体暴力，但这并非说示威活动无规律或轨迹可循。在两种环境下，示威中最容易出现集体暴力：一是当警察对具有象征性的人或目标进行禁止，而示威者却要尝试突破时；二是当在示威的边缘或结束的时候，参与者攻击具有象征意义的人、目标或财产时。②

示威中的暴力的产生往往与谈判失败、突发事件、示威群体内部分裂等有关。所以，在与示威群体的领头人沟通时须保持高度的耐心，一旦谈判失败，也要给重新谈判留下余地，实践证明，如果因势利导，在这种情况下，往往会促使示威中的暴力朝合作的方向发展。③

示威是可以进行有效操控和管理的。如果得到当局或管理单位的有效或合理的安排，暴力往往会被控制在最低限度内。示威中发生的暴力往往与示威本身的诉求或宗旨没有直接的联系。这一假设早在 19 世纪中期发生的法国大革命中得到了印证。④

在心理干预上，不妨学会对潜在的冲突群体进行降温，可通过事前与事后机制进行。

事前机制重视导致示威或暴力的真实诱因或原因，挖掘其后的群体及领头人的冲突心理渊源；社会治理者学会利用家庭成员、亲戚朋友、老

---

① ［美］罗伯特·门斯切：《市场、群氓和暴乱——对群体狂热的现代观点》，郑佩芸、朱欣微、刘宝权译，上海财经大学出版社 2007 年版，第 68、74 页。

② ［美］查尔斯·蒂利：《集体暴力的政治》，谢岳译，上海世纪出版集团 2006 年版，第191—192 页。

③ 同上书，第 192—193 页。

④ 蒂利还根据 1848 年前后发生在法国里昂的示威冲突事件总结了三条重要原则：（1）示威出现在相对民主的制度中；（2）一旦示威在公共政治中得到安排，它们很少以暴力形式出现；（3）示威中发生的暴力通常都是非暴力互动的副产品。［美］查尔斯·蒂利：《集体暴力的政治》，谢岳译，上海世纪出版集团 2006 年版，第 193—194 页。

师、同学、社区做说服工作，并与示威领头人保持有效的沟通。过去一两年内发生的 PX 项目之所以频频引发大规模性"散步"、示威抗议活动，一个重要的原因就是政府、经营者与受众缺少必要的沟通，一个关系民生、一个令世世代代居住在那里的企业项目，仅靠一纸"告示""文件""批文"就可以完成，显然没有考虑到建设的项目对他们心理的影响，遑论还涉及环境安全。

针对孕育中的或潜在的示威群体，社会治理者须学会利用心理外溢或发泄的方式疏导他们的情绪，比如，有条件的地方可以创制一个集体发泄的场所或机会，当然规模上注意分散化经营，比如，小型会议场所，与音乐、舞台效果结合起来。潜在的示威者往往通过情绪"宣泄"可以减缓或削弱他们的冲突心理，这时，如跟上后续的心理沟通往往可以起到化解冲突的目的。

在行政管理上逐步建立科学的示威（特别是事前）诉求机制。示威主管单位须宣示示威群体必须遵从的程序、线路与禁忌等，对于游行的路线、聚集场所以及标志物上进行分化与管理并做出严格的规定。

而示威一旦发生，就要在事后机制上进行科学管理或引导。

首先，要寻找导致示威或暴力的根源，要像剥洋葱一样，层层深入，微观与宏观、感性与理性、物质与精神并行。尤其是须学会从心理上入手，尽可能减缓冲突引发的效应，以避免引起更大的冲突或暴力。

事前创造一个集体发泄的场合固然是重要的，但是，家庭、亲朋好友、老师、同学、社区的心理抚慰仍有必要。同理，在情绪疏导上，也可以安排一个类似于"宣泄"不满的场所，并因人而异地安排意见领头人或分散的小型群体在某个场所，比如演讲会、音乐会或无伤害的场所进行攀爬、足球、拳击等运用到体力和强运动的活动，这样做往往可以使当事者张弛的情绪或心理达到某种程度的缓解。

其次，也要同时了解当事者（包括领头人）心路历程并有针对性地进行心理抚慰工作。心理抚慰最主要的是尽可能减少潜在冲突群体的恐慌，给予他们安全感，同时避免他们的情绪感染潜在的冲突群体。一些歇斯底里的精英或领头人受到意识形态或偏激理念的影响，在行为上往往会不计后果地对群众进行鼓噪，发生在 20 世纪 50 年代的"麦卡锡主义"就是一个典型的案例。1959 年，美国威斯康星州参议员约瑟夫·麦卡锡（Joseph McCarthy）为了达到团体和个人的利益，不惜在美国民众中制造政治恐慌。在麦卡锡偏执的思想影响下，美国的一部分政治阶层和民众似乎陷入举国上下的歇斯底里情绪。

恶劣的政治环境比如冷战对峙、经济萧条往往会引发歇斯底里的偏执狂心理，而种族仇恨、宗教仇恨、意识形态对抗往往会火上浇油，这时候，自由原则和进步的原则以及真理的最坚贞的捍卫者也会受到诽谤或迫害。① 显然，对于一些政治性的人物仅仅使用心理抚慰或情绪宣泄的方式不一定能达到效果，因此也不能排除使用心理抚慰之外的方法，如依照法律、法规对其进行心理震慑等，这是另一个话题，在此不展开。

## 相关链接　机制认同的效用——韩国示威的启示②

2007—2008 年，笔者应韩国文化交流财团的邀请在延世大学做访问学者。当时下榻地被安排在光华门附近的外交公寓，光华门可称得上韩国的"长安街"，在它的附近有首尔著名的人工河流清溪川和市政厅。这条大街也是韩国民众举行抗议、示威的主要场所。由于便捷的地理位置，笔者几乎每个周末都会在那里体验大大小小的群体冲突场面：有抗议美国驻韩军队迁址的、有表达对政府与美国签订自由贸易协定（FTA）的、有抗议日本对韩国"独岛"占领的、有抗议政府对"慰安妇"不作为的，甚至还有雇员抗议被"无理解雇"或拖欠劳保、工资之类的，所以，笔者三天两头都可以看到群体游行或集会的场面，而四周也随处可见穿着黑色警服的警察在持枪巡逻，那种逮捕人的警察特种车也随处可见。韩国老百姓似乎对这些场景司空见惯，也不影响其他白领人员的工作与学习。

2007 年 11 月下旬的一个星期六，笔者像往常一样在街上走马观花。忽然，在远处传来震耳欲聋的口号声。笔者沿着主街道往前走，很快就看见了黑压压的人群，从光华门到市政广场的主干道周围涌满了抗议的人群，有学生、农民还有市民，游行示威的四周布满了防暴警察。

笔者继续往前走，警察似乎也没有采取任何交通管制措施禁止人们观

① ［美］罗伯特·门斯切：《市场、群氓和暴乱——对群体狂热的现代观点》，郑佩芸、朱欣微、刘宝权译，上海财经大学出版社 2007 年版，第 100 页。

② 本部分内容曾在内部刊物上发表，这里有增扩。张全义：《从韩国做法看如何处置游行示威》，《公安内参》2014 年第 45 期。

看。到了市政厅附近，看见游行的人群举着各种各样的旗子，旗子上面写着"No FTA"（对自贸区说不）、"No Surrender to US"（不向美国让步）之类的标语，一个韩国人还站在桌子上声嘶力竭地演讲。不一会儿，游行的队伍开始涌向市政厅其他方向，他们举着旗子、声嘶力竭地喊着口号，虽然是冬天，但似乎寒冷也被他们的热情逼退了。

笔者随着人流往前赶，但很快被群情激昂的示威所吸引，警察与群体游行队伍发生对峙。旁边的市民告诉笔者，游行队伍试图要进军"青瓦台"，但警方借口游行组办者未事先申请，所以就设障禁止游行的队伍继续向前。

但是，游行的队伍似乎不听劝阻，执意要前往青瓦台请愿，他们不顾警察手持的盾牌，一个劲地往前冲，而几十名警察所组织的人墙也多次被冲散。警察不得不将几辆特种大警车横停在马路上作为屏障。游行人群与警察发生了严重对峙，笔者看到一边是义愤填膺的人群喊着口号试图推翻警车，一边是数十名警察用手、用肩护着车，警车前摇后晃，屏障有随时被冲垮的危险。

游行的人群中还响起了韩国的"阿里郎"歌声，警车摇摇晃晃眼看要被推翻，通向青瓦台的路线随时会被打通。正当路人替警察担忧的时候，忽然，一股股强劲的水柱直向人群袭来，警察开始用水枪驱散示威的群众。而游行的人群却丝毫没有停止，他们举着拳头、嘴里喊着口号，毫不畏惧地继续往前冲。警察又开启了几个水枪一个劲地往人群中喷洒，那些示威者的头发、脸上、身上全部被水龙头冲湿，但示威的队伍的高昂斗志似乎更加高涨，似乎没有任何妥协的打算，警察的催泪瓦斯与橡皮子弹已备好。然而，五点左右，僵直的场面突然停了下来，情绪激昂的人群开始退去。原来，根据事先申请的时间安排，他们必须结束游行。不一会儿，除了扭扭歪歪的警车，地面上散落着标语牌、各种颜色的旗子、衣帽和鞋子，除了受伤和满身湿漉漉的警察和观众，示威的人群已所剩无几。

由于第二天一早要赶往延世大学，笔者早早来到了光华门地铁站，但出乎意料的是，街头上被清理得干干净净，穿着西装、打着领带的上班族疾步走向地铁，而街头上生气勃勃，街头食品摊摆放得井然有序，马路上的汽车来来往往，一点也看不出周末游行和冲突的痕迹。令人惊奇的是，当日晚上，距离市政大厅不远的世宗大楼还举办了民间歌舞晚会，气氛十分欢乐、和谐。

上述经历以及笔者在其他地方遇到的类似游行示威促使笔者反思。那天参加游行的足有十万多民众，笔者当时想象着一场重大的冲突正在酝酿，按一般的逻辑推断，似乎场面无法驾驭至少要发生大规模的暴乱，而政府只有出军队才能镇压住这些"乌合之众"，然而，结果与笔者的想象相去甚远。

我国的现代化建设发展将不可避免地涉及城乡一体化、土地流转、人口迁徙等项目或工程，而这种进程毫无例外地涉及利益补偿、文化认同等议题，因此，加之，政策失误、一线的社会治理者工作不到位，极有可能引发大规模的群体冲突或示威游行。因此，如何妥善地处置游行，如何在法律机制的范围内允许受众通过示威宣泄自己的情绪、如何让受众认同政府制定的示威机制成了一个不可逾越的议题。笔者认为，西方的示威机制或冲突化解机制值得借鉴。

首先，须从机理上了解西方示威机制，借鉴与学习其示威机制中合理的东西。蒂利称：示威代表的诉求表现在两个层面，存在诉求与计划诉求。导致群体示威的原因林林总总，群体示威的深层原因不排除由政治博弈、权力斗争或经济利益争执而引起，但是，就这并非说示威的化解仅通过谈判或利益补偿就可以轻而易举地得到化解，示威的诱因有着多方面的原因（直接的和间接的）。一如暴力形成与化解需要虑及环境的（environmental）认知的（cognitive）和相关的（relational）因素。

示威的发生同群体中的狂热情绪存在着千丝万缕的联系。美国社会学家爱德华·奥渥斯·罗斯总结出以下"狂热法则"：狂热的升温需要时间；狂热肆虐的范围越广，它被虏获的智力形态也就越高；人们越是狂热，反应越是强烈；狂热总是一浪接着一浪，激起不同个体的情感；与循规蹈矩的社会相比，富有活力的社会更容易受到狂热的摆布；道德同质性和心理同质性为狂热的发展推波助澜。

科学的示威机制有利于科学地化解冲突并避免冲突升级。在行政管理上逐步建立科学的示威（特别是事前）诉求机制。示威主管单位须宣示示威群体必须遵从的程序、线路与禁忌等，对于游行的路线、聚集场所以及标志物上进行分化与管理并做出严格的规定。示威一旦发生，就要在事后机制上进行科学管理或引导。要寻找导致示威或暴力的根源，要像剥洋葱一样，层层深入，微观与宏观、感性与理性、物质与精神并行。笔者近年来在境外期间，见证了许多群体冲突场面，但是其表现都紊而不乱，从示威群众到维护秩序的警察都显得十分有序，这值得我们思考。

今日之中国国民素质已经有了很大的提高，社会治理机制要比历史上进步和完善得多，所以，上述的示威范式不应与我国的现状相冲突。政府学会科学地管理示威并引导示威朝理想的进程发展，并在程序上做出尝试。韩国的冲突处置模式尤其值得进一步研究，韩国同中国在文化、传统、治理理念上有许多相似之处，笔者思考韩国的处置模式在西方制度主义与东方的威权主义之间作了一个嫁接，这种嫁接与示威机制至少值得我们进一步的研究。

其次，政府要学会理性地对待群体冲突或示威游行，不能谈示威和群体冲突就斥之为暴乱或动乱，要细化或改进现有法规中关于示威的规定。示威中发生的暴力往往与示威本身的诉求或宗旨没有直接的联系。这一结论早在 19 世纪中期发生的法国大革命中得到了验证。上述例子中，韩国政府对示威的事先申请、游行路线，参加人员甚至路线禁忌、交通管制等做了严格的规定。韩国政府和民众遇到游行没有惊慌失措，而且允许观看。观看的民众也很理性；警察尽可能地维持局面。然而，当游行队伍违规突破封锁线冲击国家机关时，警察依法毫不犹豫地制止甚至动用水龙头进行阻止。

示威中的暴力的产生往往与谈判失败、突发事件、示威群体内部分裂等有关。在与示威群体的领头人沟通时须保持高度的耐心，一旦谈判失败，也要给重新谈判留下余地，实践证明，如果因势利导，在这种情况下，往往会促使示威中的暴力朝合作的方向发展。示威是可以进行有效操控和管理的。如果得到当局或管理单位的有效或合理的安排，暴力往往会被控制在最低限度内。这种对于游行示威的"民主意识"和"抗争秩序"是培养出来的。据笔者了解，韩国在 20 世纪 60 年代尤其是在朴正熙时代，游行的民众和警察经常发生冲突并导致严重的流血冲突，但是，继后，他们采用安抚、允许发泄的方式游行，并不畏惧游行。在与韩国延世大学一位心理学教授交谈中，对方深有感触地说："冲突是治理中的一种常态，政府不可能在任何事情上做到尽善尽美，适当允许民众的过激行为是科学管理的具体实践。群体也有七情六欲，喜怒哀乐，要允许他们借机骂政府，这样对双方都有利，否则就会引发更大的危机。"

再次，在示威管理上要重视社会阶层孕育引发的身份变换或负认同的出现。蒂利所总结的游行示威中暴力形成原因时提出的几种模式和建议值得借鉴。他称，要特别注意"边界激活""类形塑成"（category forma-tion）的作用——发明（invention）、借用（borrowing）和遭遇（encounter）三个机制可以激发身份的危机并导致负认同的出现。所以，示威管理要防微杜渐，尤其是关注身份转换所带来的潜在矛盾群体形成或负认同的产生。

示威与群体的狂热心理的形成与领头人的鼓噪、谣言的散发、恐慌的传染难脱干系，煽动家或是其他没有原则的个人能够轻易地唤起人们情感中非理性的恐惧。所以，政府须关注诱发示威或暴力的前兆，不安全感是滋养此类活动的沃土，进而导致群氓心理。比如，重视社会记忆对冲突的诱发。无可讳言，一些重大的历史节日有利于强化民族认同、国家凝聚力，但是，在另一方面，一些历史事件、国家受难日、国家大型赛事也极容易引发群体冲突。这些事件如果处置得不好或受到某种势力的操控，就很容易造成负面的影响，不仅给政治、经济秩序造成挑战，也对国家形象带来不必要的影响。过去发生的一些事件如"家乐福罢购""焚烧日式汽车"有很多教训可吸取。

最后，也是最重要的是，有必要从心源入手并有针对性地进行心理抚慰工作。不同的人有不同的压力，现代社会尤其如此。人们在极度不顺心时需要发泄，需要呐喊（倾诉）。如果问题得不到解决又找不到合适的机会发泄，那么就可能产生极端的行为。我们的政府应该允许人们减压、发泄，适当的游行是人们发泄情绪的一种形式。

特别重视等级式的心理干预机制。干预的使动者可覆盖从乡村到省部级每一级职能或行政管理机构。干预的领域拟集中于由国际政治事件、大国议程设置、不可抗力自然灾害事故，或者由群体迷思或框定效应（比如重大纪念日）引发的从众性政治、经济性冲突。在心理干预上，不妨学会对潜在的冲突群体进行降温，可通过事前与事后机制进行。事前机制重视导致示威或暴力的真实诱因或原因，挖掘其后的群体及领头人的冲突心理渊源；社会治理者学会利用家庭成员、亲戚朋友、老师、同学、社区做说服工作，并与示威领头人保持有效的沟通。

过去一两年内发生的 PX 项目之所以频频引发大规模性"散步"、示威抗议活动，一个重要的原因就是政府、经营者与受众缺少必要的沟通，一个关系民生，一个令世世代代居住在那里的企业项目，仅靠一纸"告示""文件""批文"就可以完成，显然没有考虑到建设的项目对他们心理的影响，遑论还涉及环境安全。家庭、亲朋好友、老师、同学、社区的事后心理抚慰仍有必要。同理，在情绪疏导上，也可以安排一个类似于"宣泄"不满的场所，并因人而异地安排意见领头人或分散的小型群体在某个场所，比如演讲会、音乐会或无伤害的场所进行攀爬、足球、拳击等运用体力和强运动的活动，这样做往往可以使当事者张弛的情绪或心理达到某种程度的缓解。有条件的地方可以创制一个集体发泄的场所或机会，当然规模上注意分散化经营，比如，小型会议场所，与音乐、舞台效果结合起来。潜在的示威者往往通过情绪"宣泄"可以减缓或弱化他们的冲突心理，这时，如跟上后续的心理沟通往往可以起到化解冲突的目的，狂热的心理很容易引发群体暴力，但这并非说示威活动无规律或轨迹可循。

# 第五章　社会治理与政治认同建构[①]

政治风险分析（PRA）原理告诉我们，危机（risk）既表示风险也表示机遇，能否逢凶化吉取决于行为体采取的策略与战术。[②]同理，冲突并非绝对是一件坏事，关键是看能否因势利导，尤其是社会拐点发生的前后进行干预。

拐点不同于革命，革命是疾风暴雨，带有极大的破坏性，而拐点不仅仅表现为一种趋势而且也是一种可干预的形态。在调研中，一位资深的社会研究学者告诉作者：就像黄河河道呈"几"字结构，在"几"字的右上方是一个转折弯，从地质上看，正是阴山山脉成就了这个"弯度"。波涛汹涌的黄河水流如果没有阴山做屏障，势必会一泻而下，引发洪灾。正是阴山的"干预"阻挡了奔流直下的水流，使得水流缓冲，从而在一定程度上抑制了水流的破坏性作用。社会矛盾虽然完全不能与咆哮的黄河水流做类比，但是，阴山对河流的缓冲作用还是值得联想。如果在大规模性社会矛盾激发前采用一些举措进行缓释，那么这将有助于延缓或示威激烈社会冲突的化解。[③]

---

① 同了解社会观点形成的诱因一样，在拐点干预上，笔者走访了大量学者、官员、基层社会治理者以及草根层面的民众（包括出租车司机、农民工等），在此对参与者表示感谢。

② 政治风险分析（political risks analysis）是国际投资、国际商务学科的一个子学科，主要研究的内容是针对投资目的地或东道国的政治环境、经济政策、发展战略、国际关系等影响投资因素的变量进行分析。分析的目的是采取相关的积极性（proactive）战略或措施，从而化险为夷，转害为利。

③ 以上类比得益于《经济要参》编辑何玉兴先生的交谈，同理，"社会周期律"中的矛盾化解也在一定程度上与水流的缓冲有一定的类比性。1945年，毛泽东在回答黄炎培提出的历史周期律问题时就提出：只有让人民起来监督政府，政府才不敢松懈；只有人人起来负责，才不会人亡政息。

一

　　观察一个社会是否健康发展，主要的指标是看百姓对于政府的满意度，民众给政府打分的标准有许多，除了管理效用、经济增长、社会福祉与国际影响力等因素，关键是要看政府是否有一个秉持公平与正义的灵魂。重构社会认同必须从根源和心源两个维度下手，根源问题往往与百姓的利益相关，而心源性因素则与公众对于党和政府的认同有关，两者缺一不可。政治公德应包含政治责任、政治良心与政治使命——拥有担当、公正、牺牲的精神。

　　在问题扎堆、困难重重面前，政府应从哪几个方面入手呢？

　　首先要正视公平正义问题。现实中的一些消极现象务必引以为戒。利益集团的利益呈滚雪球式增长使得收入的剪刀差不断扩大。改革开放的初期，政府的措施造成了相对公平的竞争环境，只要努力，绝大多数民众就可受益。然而，目前的一个现状为：权势集团、利益集团的收入呈滚雪球式不断增大，普通百姓的权益不断遭到侵占或蚕食，从而造成多数群体的利益不断缩水，进而加剧了他们的生存危机感。

　　一位专家称，2014 年下半年或 2015 年，中国的改革与利益集体的博弈会出现胶着状态。破局的势必会出现钝化，因而很可能出现大面积的消极怠工，阳奉阴违，暗中抵制，扭曲变形。若有关方面做出让步，权贵集团的空间就会加大，改革将进入困难时期。权贵集团作为整体行动的能力并不强，但形成整体意识和默契的能力是很强的。特别是在追逐个人利益的时候，每个人都会有充分的发挥。[①] 中国的历史向来是"不患寡而患不均，不患贫而患不安"，当收入的差距达到一定的限度时，民众的不满情绪自然会爆发，中国历史的农民起义与法国大革命爆发的诱因也带给我们许多启示。

　　那么，如何认识、破解当前的"利益集团"异化现象呢？

　　一位从事社会学研究的学者与笔者就社会正义与社会稳定之间的关

---

　　① 孙立平：《在搜狐博客新年联欢会上的演讲》，http：//sun - liping. blog. sohu. com/ 300327867. html。

系、技术与生产力之间的关系做了个很好的比喻，我们认为，社会生产力被"假肢"所困，智能或者现代技术往往会与社会预期发生差异或导致异化。我们认为，假肢配备越高，影响力就越大；假肢配备越高，社会鸿沟越大。

诚然，技术使得个体、集体的威力越来越大，可以完成许多在工业社会无法完成的事，比如通信技术、互联网日新月异的革命让个人或集体一夜暴富，成为老板、总裁或"土豪"，从而成为权力、利益的决定者或者游戏规则的制定者和受益者。涂尔干、韦伯等对现代社会造就的利益集团实质或弊端早有认识，价值观念多元化、日益盛行的个人主义塑造了社会等级的形态，并造就了一批职业团体——聚合成为更大规模并具有潜在冲突的利益集团，由于它们的构成是"机械式团结"，因而它不适宜于现代社会。"权力不仅仅来自市场能力、对生产手段的控制，还越来越多地来自组织，即来自对政治统治方式的控制。因此社会组织不可避免地提升精英的地位——比如说处于大型组织顶端的紧密团结的寡头集团。"①

冲突不是来自天堂，而是从身边开始。冲突的发生往往是从集团体系内的资源分配开始，即竞争相同或相近或相连的资源，即资源越稀缺、越集中，冲突就越大，这种矛盾往往通过市场或利益集团之间的博弈可以完成。

但是，对于社会治理而言则不然，利益集团所造成的"福利、发展、现代化"如同假肢现象，表面强大，但是如果与百姓之间的利益出现了鸿沟往往会导致民众对于政府分配制度的不满甚至不信任。利益集团趋利性的特点促使集团都想借"市场假肢""技术假肢"特别是"政府假肢"不断谋取利益，并最终导致既得利益与潜在群体利益之间出现巨大鸿沟——利益集团的收益像滚雪球一样不断增大，而百姓所应享的利益却因此越变越小。

利益集团的影子将伴随中国的现代化建设，这是我们不可忽略的一个事实。任志强说得好："之所以改革比较难，难就难在一步一步要放弃利益集团已经固有的利益，说到利益集团实际上也是想进行改革的，其中有二。第一，如果不放弃一部分利益，它就没法继续生存下去，第二，也许

---

① ［美］埃里克·欧林·赖特主编：《阶级分析方法》，马磊、吴菲等译，复旦大学出版社2011年版，第190—193页。

它想获得更大的利益，社会利益更加充分的时候，利益集团通过改革也能获得一些新的利益，两者之间的结合就触动了改革的必然发生。"①孙立平说，"利益集团不是不要改革，利益集团对改革的反抗是相对微弱的"，"到时候谁也不愿意出头反对改革，因为谁出头谁倒霉"②。克博在谈到利益集团的双重作用时指出："每个人都希望政府较少地干预，但利益集团的广泛集合同样需要一支强大的军队、优化的经济计划、面对国外竞争时的商业保护、更高的农产品价格、低犯罪率、污染防治和安全的消费商品等。总之，这些利益集团的所有要求是更多的政府和官僚管制。"③

从这个角度上讲，改革的目的不是打击或消灭利益集团，而是剔除利益集体中资源占有和分配不均的现象。因此说，改革能否成功在一定程度上意味着能否成功地破解利益集团的收益困境，让利益共享透明化、阳光化。

经济学家奥尔森认为，"在严格坚持经济学关于人及其行为的假定条件下，经济人或理性人都不会为集团的共同利益采取行动"，在搭便车上存在着"既存利益"（分蛋糕）和"潜在利益"（做蛋糕）上群体之间的利益会产生分歧，由于利益集团与潜在利益（百姓）之间的社会预期收益发生了差异，从战略反馈的角度而言，这种利益差异迟早会殃及利益集团最终的收益。

在经济建设战略制订上，我们要保持利益的均衡分配，高楼大厦不能完全倚重"电梯"，而忘记了建造"后楼梯"；在处理"利益得失"问题上，利益集团要学会从全局、整体、战略的层面进行调整，否则，就会两败俱伤，"一损俱损，一荣俱荣"才是集体行动的真实逻辑。就整个社会而言，作为一个社会，一些最基本的、最原始的传统或文化底蕴可能要比发达的物质现象更重要，它同样存在着"假肢现象"，但这是另一个话题。

---

① 任志强：《改革之难在于要求利益集团放弃固有利益》，http：//business. sohu. com/20131208/n391443406. shtml。

② 孙立平：《在搜狐博客新年联欢会上的演讲》，http：//sun－liping. blog. sohu. com/300327867. html。

③ ［美］哈罗德·R. 克博：《社会分层与不平等：历史、比较、全球视角下的阶级冲突》（第七版），蒋超等译，上海人民出版社2012年版，第113页。

# 二

中国的政治现实与历史樊篱要求执政党必须构建决策科学、执行坚决、监督有力的权力运行体系，形成科学有效的权力制约和协调机制，依照法律，遵照宪法进行执政、理政，这是科学治理的核心，也是人类治理史所依法治国。依法治国，据宪理政突出了权力运行制约和监督体系建设的重要性和紧迫性，并且从顶层设计的高度提出了明确了改革的方向和具体要求。所以，在廉政建设上，要从法律或机制上进行反腐，避免反腐政治化、运动化、党派化。

要学会从基础行政管理的层面化解冲突。冲突的爆发多与社会情绪的集聚与爆发有直接的关系，心理学的一个重要假设是非理性心理与冲突之间所存在的渊源，通过心理干预、诱导可达到改变认知、判断、行为，进而达到预防冲突和化解冲突的目的。

政府要对民情做深入的调研，须关注社会不满群体存在，而在平日就要给群体以表达不满的渠道。基层不作为，导致"小事拖大，大事拖炸"，群体矛盾的发生是一个循序渐进的过程，领导干部不倾听群众呼声，不关心群众疾苦，使小矛盾酿成大矛盾。2011 年发生在中东的埃及事件给我们的启示是，执政三十余年的铁腕人物穆巴拉克之所以被推翻，与其执政中社会治理淤积下的工程投入、国家金融政策、劳动保险等失误不无关系。就振兴国内中小企业而言，要建立健全一个完善的金融供应体系，让不同类型的企业都有顺畅的融资渠道，让民间资本健康发展，否则很容易引起经济动荡。

要从人文、民生的角度思考利益纷争。必须认可，那些卷入冲突的群众都是有血有肉的公民，有的生活在中国社会的最底层，其诉求不过是为了生存。要承认"群众意见很大"已逐渐成为一种普遍存在的社会现象。比如，在城建、工程或项目引进类的群体冲突中，某些项目之所以激起民意强烈反弹，是因为民众不满官员只考虑政绩和升迁盲目上马工程，而将危险和隐患留给当地和百姓。因此在涉及重大民生利益的问题上，有效地进行事前和事后心理沟通将有助于问题的解决。

一旦发生冲突不能避让，须学会运用机制、法律、法规进行宣传诱导，并做到信息公开要领，更不能以辞职换项目上马。平日建立应急管理机制，针对危机爆发的不同阶段进行组织干预、介入。在针对群体冲突时不能手忙脚乱，否则会弄巧成拙，比如江苏启东事件中，由于政府于前几日挨家挨户发的《告市民的一封信》使得乡下原本不知此事的人都知道了，反而增加了人数。

不可否认，在我国的政治改革、经济建设中，这些地区乃至全国将不可避免地波及谋生就业、住房劳保、土地流转等有关民生各个层面，加之外部力量的影响，这极有可能引发各类群体冲突，政府要虑及舆情诱因、地缘政治诱因、价值诱因、全球治理诱因，就群体冲突化解而言，执政者应当从多角度的视角看问题和化解冲突。

政府须有耐心，要从利益关切和心理抚慰、机制建设等方面多管齐下才能慢慢收到效果。除了在行政管理、心理干预等方面寻找原因，我们尚需在导致矛盾的深层次上寻找原因，要从国民心理、国民集体意识、国民文化以及政府文化机制上反思；不仅要虑及失地危机、疾病危机、离乡危机、住房危机、受教育危机的直接原因，关注社会贫富差距拉大、职工经济利益和民主权利受到侵犯，而且要虑及社会治理方式与社会主义市场经济和群众日益增长的民主意识不相适应、法制不健全、权力集中等消极现象。

总之，社会治理者须明白人心所向与人向所背的机理，赢得人民之公信力难，失去人民之公信力很容易，而重构人民之公信力可谓难上加难。世界历史尤其是中国历史的政治变迁多次印证了这一假设。水能载舟，亦能覆舟，民众的心理认同对于社会拐点的诱发十分重要，政治家、学者和社会治理者对此必须有清醒的认识。在讴歌改革开放30多年来取得的辉煌业绩时，我们须认清一些积重难返的问题给我们的社会制度带来的挑战，正像中共中央总书记习近平所言："好肉都吃完，剩下的都是难啃的骨头了。"①

毫无疑问，建立公平、合理、科学的社会治理机制并非是一蹴而就的，它不仅需要社会治理者有良心、责任，而且也需要在具体实施中具有耐心、智慧、勇气、战略，并付诸实践。

---

① 2014年2月7日，国家主席习近平在俄罗斯索契接受俄罗斯电视台专访时称："改革进行到这一步以后，好改的都改了，剩下的都是不好改的，我们叫啃硬骨头，好吃的肉都吃过去了，所以现在需要我们要有顶层设计，要进行综合改革。"

## 三

网络化的世界不仅给人们的政治、经济、文化以及个人生活带来了便利，同时也使得信息透明度与网络民主化之间产生了两难困境。一方面，人们有权在网络上搜集知识、发掘知识、传播知识；另一方面，这种信息公开化也给组织体运转的流程及个人生活世界带来了挑战，这是不可否认的事实。同时，国际关系、地缘政治、意识形态等因素也影响着媒体中的议程设置并给国家治理带来挑战，维基效应给国家政治带来的"麻烦"就是教训。因此，针对复杂的情势有必要建立科学的舆情管理机制。

首先，要保证新闻传播的操守，使新闻传播机制法规化、机制化。媒体政治或多或少地成为政治体制改革、经济发展的必要组成部分。多元化的媒体给了大众一个揭露丑恶现象的机会，无疑，利用媒体进行思想传播、反腐倡廉或表达民意应该受到鼓励。然而，这并非说媒体的责任可以无限地扩大，媒体的效用、权利、责任与义务应该相辅相成，同社会治理一样，媒体也须具有人文精神，媒体的责任与社会风气的塑造之间有很大的关联。

在报道一些贪腐的案件中，一些不负责任的媒体人不顾职业操守，大揭当事人或犯罪嫌疑人的个人隐私，有的甚至追逐到当事人的祖先并大揭隐私，这种做法在一定程度上超越了道德的层面，这样的新闻报道往往会引起民众反感并很可能导致负向认同。

作为媒体人应具有强烈的责任意识，在维护国家利益和社会主义核心价值观的前提下，媒体人须坚守新闻报道中的"价值中立"原则，而不能被利益化、御用化，在报道上不能"损人""辱人""害人"，[①] 不能做政客或利益集团的代言人，更不能成为权力斗争的工具。在透明的社会治理机制上，媒体要促进反腐制度化、法制化，而不能仅依靠多出几个"鸟叔""表哥"或几个"情妇门""雷政富式视频"解决问题。媒体更不能成为一种报复他人、侵犯隐私的自由平台。

----

① 笔者认为：辱人不同于羞人，前者偏重于人格攻击，其报道内容不是捏造便是在非联系的事务或人物上做文章，其效用多引起众人反感或当事人的怨恨；后者偏重于事实上曝光给当事者造成的不良影响或尊严失却；害人则是对当事者采用无原则，或无中生有的加害。

政务微博"集团作战",开启了多部门在微博矩阵中联合办公的新时代,为官方信息在舆论场重获话语权的机制创新方面带来许多启示。然而,也不可否认在应对社会冲突和重大事件层面出现了许多"困境",比如,"微博秒杀"与"掩、堵、捂"现象并存,政府部门舆情意识增强与突发公共事件应对能力提升的同时也呈现出区域性的断裂特征。在理性处置群体事件中,媒体报道中出现了"民意倒逼现象——在尊重民意的主动行为中隐现着迫于压力的被动选择"的说法。①

政府公信力和体制的基本价值基础是有效解决社会问题的重要资源,在网络举报进入高密度爆发期,如何及时回应、查处并予以制度化保障将是今后一段时间网络舆情处理的重要内容。媒体改革与监督须打破矛盾恶性循环的逻辑链条,规避"转型陷阱",建立利益冲突协商机制和民意表达机制,并使得网络"人行道"模式健康畅通,进而,推动信息全面理性扩散并使得线下管理与线上管理结合,达到激发社会活力、促进社会治理的目的。②

其次,要重视议程设置中所衍生的问题。现实生活中,各种出版物、媒体充斥了大量的信息,从失效性而言,一些信息或消息很快会昙花一现。然而,现实中,各种组织和单元体都在捕捉对自己有用的信息并加以利用,这便是我们通常所说的"新闻价值"或者说"议程设置"。

日益复杂混沌的全球化场景使得主权国家与国际社会之间的依存度不断加深,从而彰显了"议程设置"的变量作用。从"颜色革命""茉莉花革命""乌克兰起义"再到近一两年发生在我国的"厦门散步""乌坎事件""宁波镇海 PX 事件"等事件,这些事件的背后无不彰显着政治认同与议程设置之间的关联,显然,媒体中的"传播的偏向"与议程设置之间并非没有联系。议程设置是任何媒体中不得不考虑的一个营销战略或工作目标,在复杂和不确定的社会场景下,各种行为体如国家、国际组织、跨国公司以及利益集团、军队阶层甚至精英人物层面或多或少地会利用"议程设置"达到其特定的目的。因此,科学地对待媒体中的议程设置,使之服务于整个社会的和谐、稳定、有序发展是媒体人和社会治理者必须考虑的一个问题。

---

① 官建文等:《2012 年我国突发公共事件舆情与应对分析》,http：//yjy. people. com. cn/n/2013/0608/c245083 – 21791373. html。

② 同上。

# 第六章　顶层设计与政治体制改革

2014 年 9 月以来，国内围绕意识形态之争几乎达到了白热化程度，表面看起来是关于政治体制改革（以下统称政体改革）的内容和方向的争鸣，其实质是有关社会认同、理念认同建构问题，这也是顶层设计不可回避的内容。

人是天生的政治动物，人类的社会属性决定了社会认同是社会治理进程中不可逾越的一个话题；政治（politics）与治理（governance）是一对不可分割的连体姐妹，治理若不与认同挂钩或政治不涉治理意味着政府（government）不是空壳便是徒有虚名。就当下而言，政治认同建构不仅构成了政体改革的内容，它也关乎执政党本身的认同建构。因此，对执政党而言政治体制改革是使命，更是担当与责任。

自中华人民共和国成立到改革开放后一段时间内，尽管中国共产党在法理层面没有完全否认政体改革的必要性，或者在实践层面也多多少少地围绕政体、国体、宪制、政党机制进行过调整或整改，但又不可否认，政体改革曾在不同历史时期或阶段被视为敏感话题。十一届三中全会以来，在各个领域或不同层面有关政体改革的呼声时有沉浮，但是，其进程与结果往往不是雷声大、雨点小，就是遮遮掩掩，甚至中途夭折，总之，政体改革从来没有被当作一个十分清晰的话语而被大张旗鼓地提出，所以，当下围绕政体改革的理念的公开之争至少在学术上是有意义的。

一

妄视或避谈政体改革显然违逆政治的本义。有人或许以各种各样的理由来式微政体改革的原因，或赋予其历史、历时、时代的背景，或念及国情、政体与国民的原因，有的甚至提出坚持一种固化的政治模式，比如重拾"阶级斗争"模式，甚至将政体改革意识形态化并绝然反对基于全球化场景下的改革。就政治的本义而言，忌谈或少谈政体改革在学理上是与政府或治理的含义相悖的，至少是不科学的。在全球化的场景下，政治或经济体制改革是社会治理过程中的一种常态，不必大惊小怪，更没必要视其为洪水猛兽，否则生产力与生产关系会永远停留在一个维度，人类的历史、文明与社会制度就会原地驻步。从实践的意义看，无论是自由的、民主的或者是保守的、独裁的政权，政体改革是政治治理的一个核心内容，同时它也是政治责任的具体表现。

党的十八大旗帜鲜明地再次提出了政体改革的议题，其后将其纳入顶层设计的层面，这种诉求值得所有关心中国发展的民众振奋一番。限于篇幅，这里的重点放在政体改革的理念认同层面。无论从现实还是从学理上，不妨说，理念认同是中国当下政体改革的核心问题。

历史的积淀与人类社会的文明诸成果体现于器物、制度与理念，那么，政体改革的内容从根本上也不应脱臼于它们，学界对此已有不少论证与共识。就器物文明而言，中国的社会治理历史（比如朝贡体系）与器物的贡献（比如四大发明）已人所共知，汤因比等历史学家曾赋予其崇高的评价和地位。1979 年以来，中国的综合国力及其在国际上日益上升的地位也有目共睹。而 2014 年 9 月末瑞典的一则新闻报道称中国的经济总量达到了世界第一。且不论这种预测的科学性与真实性如何，这种现状至少反映了中国在器物文明方面发展的进步趋势。党的十八大以来，以习近平为总书记的党中央提出了振兴中华、实现"中国梦"的宏伟目标，它代表了中国将会在器物文明层面更上一层楼的信心或心态，中国还将对人类人作出贡献，这是中国人的梦想，也是国际社会对中国的一种期待。

所以，在制度改革上如何有所作为、有所创新、有所贡献便是政体改革中的另一个议题。制度改革不仅关系到中国当代政治与经济的可持续发展问题，它也与中华民族的振兴及中国与世界的关系息息相关。时下，执政党正在进行史无前例的反腐运动，有人把它当作政治建制的一部分，这固然没错。然而，如果仅把反腐建制完全混同于政治制度建制或者将反腐机制当作政体改革的核心内容来抓，这是短视的甚至是不科学的。

政治制度的改革的内容不仅广而深，其战略理念远高于反腐，它不仅涉及客体也涉及本体，而且还关乎组织与机制，它须具有一套运行的程序，在法则、命令与执行系统有一个严格的规范。反腐只是执政党提高政治治理有效性中的一个举措或步骤。退一步说，建立必要的腐败预防或防范措施几乎是任何政体必须考虑的内容，遑论东方与西方。政体改革某种程度上就是宏大的工程，它需要在战略、谋略与战术上相互配合或合作。政体改革既离不开对具体的场景分析，离不开对历史教训的吸取；也离不开对主体与客体的意识与认知水准的认识或评估，因此，在科学的意义上，政体改革无须过早区分激进与保守，先进与后进，而关键是围绕既存的场景或现状进行科学的分析与设计。

二

政体改革并非不存在伪命题。历史学家斯宾格勒在比较世界诸文化形态时，借用了矿物学上的一个术语"假晶"用以描述某一族群在外来文化的压力下，逐渐扭曲其原本的心理本能，被迫采取适应性行为并接受外来文明的外壳，而其真实的心灵又与这种外壳相抵触。[①] 斯宾格勒认为，阿拉伯文化、俄罗斯文化都是"文化假晶"现象之一种。[②] 如此，我们须对自身的环境有一个客观的认识，即不仅要厘清自身政治或社会环境中的"假晶现象""假肢现象"，而且要对政治变革和体制创新的内容和方向有一个清醒的把握。

制度也是外在性的东西，任何一种制度，能解决的问题十分有限，但它所能提供的解决问题的空间是无限的。有人评论说，中国早就认识到了器物、制度、义理等社会变革的变量。所谓器物就是基于物质和技术文明

---

① 在矿物学上，岩层中常常掩埋着矿石的结晶体，由于水流的冲刷，这些结晶内部出现了空洞，后来由于火山爆发造成的熔岩注入到这些晶体的空洞中，然后再依次凝聚、结晶，从而形成一种新结晶体：其内部结构和外表形状相互抵触的结晶体，明明是一种岩石，却表现出了另一种岩石的外观，这种岩石已不同于其最初的结晶体了，但还呈现出其最初成为晶体时的外貌，因而被称为"假晶"。参见《袁世凯与中国现代化的"假晶现象"（三）——中国现代化的"假晶现象"》，http: //blog. sina. com. cn/s/blog_ 67cc3b260102dy9d. html。

② 斯宾格勒认为文化假晶可以贴近地反映一个族群在适应外来文明压力下产生的文明变形状态。他认为，从1703年圣彼得堡建造时起，俄罗斯文化中的"假晶现象"就开始出现了，外来文明迫使原始的俄罗斯心灵进入陌生的躯壳之中，"先是巴洛克的躯壳，随后是启蒙运动的躯壳，再后则是19世纪的西方躯壳"。

的提高，所谓制度就是基于经济、政治制度的提升，所谓义理就是哲学思想和意识的荟萃。近百年来，几乎没有哪一个流派的思想家被中国人遗漏了，洛克、卢梭、孟德斯鸠、康德、黑格尔、马克思、尼采、海德格尔、萨特、韦伯，这些人的名字和著作充斥了中国的大学课堂、图书馆乃至网络社区。但我们需要反思的是缘何器物、制度、义理最后都变得如此庸俗，为什么最后它们都被实用主义或物质主义所同化、异化，而且有些博大精深的哲学思想和文化思潮最后不得不降服于拜金主义，而且还堂而皇之将一些陋习冠之为创新。①

历史场景、社会背景是我们在推进政体改革中必须反省的问题，须深刻反思我们国家的社会制度演绎进程、反思封建的帝王将相的社会治理史正反经验，反思反右扩大化、"文化大革命"给国人带来的劫难，反思我们这个泱泱大国的民众心智、思想理念。在反思中，我们需要倡导一种开诚布公、百家争鸣的风范，在争鸣中针对不同的假晶现象进行甄别，从而找到一条推进制度改革的文明模式。在百家争鸣中，任何扣帽子、打棍子的话语或行为都会无异于推进政体的改革。

全球化场景下的制度改革不仅涉及国内体制，还须考虑国际场景。国内规范与全球规范的融合与嫁接问题是一个不可回避的问题；某种程度上，国与国之间的竞争表现为软实力，而领导（leadership）与治理模式本身就是软实力的表现。作为一种集约的概念，领导就是引导和激励，是一种感召力、影响力。② 所以，中国要做一个负责任的具有影响力的大国，就必须慎思国际规范的中国化、中国的规范国际化，或者说中国规范与国际规范之间的衔接与融合问题，这也是中国改革的一个重要内容。全球化场景下，需要一种新思维——一种创造性的介入，不是"各人自扫门前雪"，更不是采用极端、激进的方法去摧毁或破坏既有的制度或体系。③

---

① 《袁世凯与中国现代化的"假晶现象"（三）——中国现代化的"假晶现象"》，ht-tp://blog.sina.com.cn/s/blog_67cc3b260102dy9d.html.

② ［英］安德鲁·海伍德：《政治学核心概念》，吴勇译，天津人民出版社2008年版，第169—170页。

③ 王逸舟：《创造性介入——中国外交新取向》，北京大学出版社2011年版，第85—90页。

# 三

理念认同是政治哲学家或社会治理者高度关注的一个问题，社会拐点或革命的发生往往同一个社会的制度或体系的认同度有关，中国的历史与世界的历史都证明了这一点，法国大革命、俄国十月革命、中国五四运动的一个特征是其对旧的制度或体系理念的更新，所以，政府或国家能否将国家、政党与民众的利益、理念或理想有机地统一起来，是保证其法理存在的一个重要手段，从古到今，社会治理者或领袖人物都知晓这一道理。

构建理念认同是国家治理的一个重要内容。中国民主革命的先行者孙中山先生在旧民主主义革命过程中就深谙这一机理。"天下为公"始出于《礼记·礼运》，它抒发了古代人们对于美好生活的一种向往与追求；孙中山将"天下为公"理念与中国的社会现实进行嫁接。彼时，中国处于列强蹂躏、豪绅林立、军阀割据的状态，民国虽已建立、北伐虽已完成，然而，"自由、独立、民主、富裕"的共和国却遥遥无期。于是，孙中山希图通过重塑"天下为公"理念来唤起中华民族的国家意识，从列强手中夺回失去的土地和权力。以"天下为公"代替"天下为君"，以民主政治取代官僚、军阀政治，从而把官僚、军阀的天下，变成人民的天下，使中国成为民主、自由、富强之国。孙中山指出："我们三民主义的意思，就是民有、民治、民享，这个民有、民治、民享就是国家是人民所共有，政治是人民所共管，利益是人民所共享。"在重构"天下为公"的基础上，孙中山先生完成了中国的旧民主主义革命。

中国共产党继承了孙中山的理想，推翻了三座大山，完成了新民主主义的革命，建立了新中国，之后将"为人民服务"作为党的宗旨之一而发扬光大。"为人民服务"事实是对"天下为公"理念的一种继承或者说是通俗意义上的阐释。20世纪70年代末以来，中国共产党领导人民励精图治、奋发图强，彻底改变了中国一穷二白的面貌，解决了温饱问题，国力不断增强，人民生活日益得到了改善，一定程度上，这是对孙中山先生为之奋斗的"天下为公"的发扬光大。

主义之争或许是近现代历史上的一个特有的现象，也是中国发展史上一个不可忽视的客观存在。如果说科学社会主义构成了中国共产党的一个核心内容，那么它与人道主义、利他主义、爱国主义、民主文明的社会并非是排斥的，在此意义上，中国共产党的理念也需要不断与时俱进。中国（海南）改革发展研究院院长迟福林指出，"推进国家治理体系和治理能力现代化"是新的改革大考。改革大考就是要敢于以壮士断腕的勇气推进改革。改革考得好，我国就将走上公平可持续的发展之路，就将迈进现代国家行列。①

无可讳言，在我国，温饱问题得到解决，物质文明、国家实力及影响力达到一定程度的同时，从社会治理到政治治理、经济发展还存在着众多不和谐的东西。食品安全、环境污染、群体性冲突事件频频发生，个别官员贪污腐败、道德沦丧、践踏公权，利益集团恶性竞争引发众多安全隐患，分裂主义、分离主义、恐怖主义"三种势力"还不时对国家的安全形成挑战，同时，党内与党外、国际与国内在诸方面也存在着争论，它意味着在政体改革的理念认同层面有许多工作要做。

那么，当下的中国在政体改革的理念层面需要一种什么样的认同？或者说，在理念建构上须有一种什么样的情怀？政治的改革和变革与人们的觉醒意识连在一起，所以，如何将中国传统文化的理念发扬光大，如何有机地将东方的礼俗文化与西方的法理文化融合起来，如何避免先进的哲学理念、文化、规范被实用主义化，如何推进中华民族独立的精神或哲学意识，建立中国特色社会主义的核心价值理念是政体改革需要思考的问题。

考察世界历史，我们不难发现，一个相对开放的社会拥有美好理想通常有利于社会的稳定，地位、阶级或阶层剥削甚至一定的不平等也会被人民所容忍。黑格尔称："理念是当前存在的，也是现实的，并不是某种远在天外隐在物后的东西。"② 这就是说，实现"中国梦"首先需要认同，认同的实质是理念的分享或趋同，否则真的成为"远在天外隐在物后的东西"而变得遥遥无期。伟大的精神能"静观自然，透视历史，能创造伟大的经验，能洞见理性原则"，"一个伟大的精神创造出伟大的经验，能够在纷然杂陈的现象中洞见到有决定意义的东西"③。

好的民族文化铸造好的民族精神，坏的民族文化造就坏的民族精神（比如纳粹文化），民族精神是一个国家或民族的灵魂，国家对铸造民族

---

① http://business.sohu.com/20140302/n395886618.shtml.
② ［德］黑格尔：《小逻辑》，贺麟译，商务印书馆2007年版，第87页。
③ 同上。

精神负有不可推卸的责任。没有先进的文化、理念做向导，器物上的文明也不会得到可持续发展。在发展的意义上，一个民族如思想僵化、自我陶醉、拒绝学习吸收其他民族的先进技术与思想，将自身的体制优越化、神圣化，便会形成民族的"心血管梗塞"，民族就会走向衰退。① 故此，推进法治社会的建立，亟须培养一种健康的民族精神与文化相辅相成。

社会主义只是人类进步历史上的一个阶段，我们追求的有中国特色的社会主义应基于中国本身的历史、政治进程，同时也不应脱离世界历史和政治的场景。社会主义的核心价值观不是专制主义，也不是市场原教旨主义，而是基于科学社会主义、爱国主义、全球主义的一种与时俱进的思想和精神。在实践层面，一个平等、公平的社会应具备从上到下的利益共享机制，政府能认识到人民的需求、处境和目标，并拥有一个促进民主决策的通道，并保证每个人的潜能都能得到最大的发挥，各尽所能、各尽其职，进而保证整个社会的可持续发展，这也应该成为具有中国特色社会主义制度的改革目标之一。

实现这一目标，最关键是进行民族精神建构。民族精神建构不仅是党的使命、人民的责任，也是国家的一项巨大的工程。所以，顶层设计须从塑造民族的潜意识或社会心态做起，国家心理、民族心理对于其自身治理与健康、和谐的国际环境意义重大，一句话，须弘扬一种健康的、向上的、开放的、包容的、先进的集体认同或国家精神。

著名的历史学家尼尔·弗格森高屋建瓴地总结：文明进步的一个重要倾向就在于增强我们对于秩序、方法以及普适性的信念的认同，自由意志、历史必然性以及理性的法则迟早会体现于时空关系、因果关系。② 党的十八大高屋建瓴地提出了实现"中国梦"之战略构想，这是重构民族精神的具体体现。

---

① 张全义：《世界国家生成机理初探——全球集体认同的生成与模式转换研究》，光明日报出版社 2010 年版，第 257 页。

② 尼尔·弗格森总结道："文明进步的一个重要倾向就在于增强我们对于秩序、方法以及普适性的信念"——"我们关于人类生活所知的一切，都只是自由意志与必然性在某种比例下的关系，亦即意识与理性法则间的某种关系——自由意志的力量如何体现在时间和空间上，如何依赖于因果关系，构成了历史问题。"[英] 尼尔·弗格森：《虚拟的历史》，颜筝译，中信出版社 2012 年版，第 30、33 页。

# 四

中国民族精神的建构需要一种什么样的认同呢？民族精神之集体认同的基点应是爱国主义精神、法治、规范精神、公共意识与全球主义精神之间的有效嫁接与融合，这也是科学推进政体改革的核心。

其一，爱国主义精神。我们不仅要对国内治理有一个了解，而且我们需要对我们所处的国际社会或全球社会有一个判断。冷战结束并没有造成"历史终结"或世界体系统一。在不可预见的将来，全球体系、国际体系与国家体系并存将是我们不得不面对的现实。全球体系的特征表现为相互依存；国际体系的特征是国家利益为上。就当下而言，坚守和维护国家认同，维护国家的核心利益，保证国民的生活与安全仍是世界任何执政党和国家的法理基础。如果我国的领土完整和主权都保证不了，还谈什么做一个"负责任的大国"与国际社会接轨？所以，实现中华民族的强国之梦应该是"中国梦"的灵魂，这即是"中国梦"的本体与形式之共同诉求。让中华民族屹立世界民族之林，让中国人民富起来，建设富强、民主、文明的中国是民族之梦，也是"中国梦"的灵魂所在。

其二，法治、规范精神。"政治就像它的必然产物政府那样，是由一系列基本规范组成的。"这种关于规范的安排政治学者斯蒂芬·克拉斯纳称之为"机制"。机制包括规范，包括做出决定的方式、执行任务的程序，对权利和特权的期望值等。① 政治与政府行为、决策过程、规范实施密不可分，政治在一定程度上即社会治理，而管理与规范是结合在一起的。如果说法律带有一定的强制性，那么规范体现了人们的自我约束、自我完善和监督意识。

法律是一切理想文明社会的基础，独裁与绝对的追求市场都会导致法律的失范，独裁会压制人性、民主，而绝对的市场会将资本引向利益绝对化。古希腊哲学家普罗泰格拉早就指出：法律以及道德是人类细心酿造出来的，传统并非绝对的正确，只是它可以促进社会稳定。所以，只有遵守

---

① ［美］罗纳德·L. 约翰斯通：《社会中的宗教———一种宗教社会学》，袁亚愚、钟玉英译，四川人民出版社 2012 年版，第 231 页。

它们，才能实现一个和平和有秩序的社会。① 从奥古斯汀的"黄金之美"与社会和谐之间的关系，到罗尔斯宣称的"无知之幕"正义理论，先哲们都强调法规对社会治理的必要性。

法律或法规也有积极的法律与消极的法律，正义的法律与非正义的法律。法律往往会表现为一种非正义，政治改革就要有勇气改掉或摒弃那种非正义的法律。②

中国特色的社会主义法制同样存在着一个完善和改进的过程，社会主义的法律须时刻与现实挂钩、与时俱进。进一步说，我们生活在一个相互依存的世界中，透明、开放是这个社会的重要特征。这一点连以玩"对冲基金"出名的索罗斯也都认同。在《这个时代的无知与傲慢》一书中，他发人深省地指出："在开放社会当中，人们能够享受到最大程度的自由，而且还能尊重他人的自由权利并与他们和谐共处，至于社会必需的限制措施，则通过法治来设立。"③ 开放的社会需要法治做向导，自由需要受到机制的保护，这样才能创造出一个有序的社会。

人与国家绝非机械的物质或机器，法律仅仅是促使社会完善、社会有序发展的途径之一，但是，作为有意识、有道德的人，创造规范、践行规范是人类意识发展或实现人类之自由的最重要的途径。因此，如果对规范没有一个认同，那么政治就形同虚设，似无纲之目，因此，没有规范的治理是不可持续的。所以，文明进步的一个重要倾向就在于增强我们对于秩序、方法以及普适性的信念。

其三，需要一种蕴含公平、正义的公共意识。我们亟须反思：执政阶层的理念和大众思维之间为何出现断层？上层建筑与经济基础之间关系为什么严重失衡？国民生产总值的提高为何造成公平与正义的剪刀差不断拉大？

犬儒主义或消极的正义理念不能促进正义的实施，没有作为的或无目

① ［美］撒穆尔·伊诺克·斯通普夫、詹姆斯·菲泽：《西方哲学史：从苏格拉底到萨特及其后》（影印第8版），世界图书出版公司、后浪出版公司2013年版，第29页。

② 英国政治学家安德鲁·海伍德指出：社会正义的概念既可能是平等主义的，也可能是非平等主义的，甚至社会主义者在使用这个术语时也往往只是用它来表示一种温和的平等：常常从机会平等的角度来论证物质不平等缩小的原因。［英］安德鲁·海伍德：《政治学核心概念》，吴勇译，天津人民出版社2008年版，第168页。

③ ［美］乔治·索罗斯：《这个时代的无知与傲慢：索罗斯给开放社会的建言》，欧阳卉译，中信出版社2012年版，第50页。

标的正义必然最终影响到社会的稳定以及政体的健康，政党必须对正义具体化。① 换句话说，须尽可能地在程序正义（procedural justice）与实质正义（substantive justice）之间进行平衡。② 的确，在现实中不存在绝对的平等，在社会进程中权利、利益和资源以及机会的分配不可能达到绝对的标准。但是，作为执政者，仍须在天赋或根本平等（foundational equality）、形式平等（formal equality）、机会平等（equality of outcome）上为民造福。③政府要学会培养民众参与国家的治理，民众要养成维护公共利益的责任或习惯。

　　社会治理面临着这样的一个现实：社会管理、国内治理中的利益纠纷将会存在下去，而群体性事件、利益性纠纷或冲突或许将成为一个常态。对于政府、政党而言，冲突和矛盾或许并非是坏事，一个追求社会进步、负责任的政府不应该害怕、避让矛盾。黑格尔指出："一个不好的政府即是不真的政府。"④

　　和谐的要义是一个动态、发展的过程，处理问题、化解矛盾不仅构成政府的职能而且是治理的本质，所以，在西方，政府与治理都享有同一个词根（govern）。如果在出现问题或冲突时，政府无所作为，错过了变革的临界点，那可能会带来更大的冲突，甚至革命，这或许是托克维尔《旧制度与大革命》一书给我们带来的最重要的启示。革命一旦发生，它将对既有的体系、体制和人们的生活造成巨大的破坏和冲击，所以社会治理的要义须把公共精神发扬光大。

　　从国民文化提升的角度看，公共精神与狭隘的个体利益是背道而驰的。笔者曾在《经济要参》撰文提及"小农经济文化或意识"与公平、

---

　　① 伊壁鸠鲁主义强调正义实现的自然原则，试图在追寻快乐与避免伤害之间保持平衡，坚持正义实现过程中的"非伤害原则"，实质上这同犬儒主义哲学是一脉相承的。［美］撒穆尔·伊诺克·斯通普夫、詹姆斯·菲泽：《西方哲学史：从苏格拉底到萨特及其后》（影印第 8 版），世界图书出版公司、后浪出版公司 2013 年版，第 97 页。

　　② 程序正义或形式正义，涉及达成分配结果的方式，因而也涉及支配人们行为与相互作用的规则。实质正义或具体正义，则关注结果本身的性质，即关注终点的本质。［英］安德鲁·海伍德：《政治学核心概念》，吴勇译，天津人民出版社 2008 年版，第 167 页。

　　③ 关于上述几种平等的概念，可参见［英］安德鲁·海伍德《政治学核心概念》，吴勇译，天津人民出版社 2008 年版，第 158—159 页。

　　④ 黑格尔说："一个不好的政府即是不真的政府，一般说来，不好与不真皆由于一个对象的规定或概念与其实际存在之间发生了矛盾。"［德］黑格尔：《小逻辑》，贺麟译，商务印书馆 2007 年版，第 86 页。

正义之关系，其实这种基于自私、狭隘的"一亩三分地"意识或文化与"公共精神"是不符的。

小农经济意识是中国特有历史的使然，也是中华民族发展的劣根潜意识之一。自公元前221年秦始皇创立中国第一个封建王国到1911年大清帝国被推翻，封建帝制奴役了中国数千年，它是构成中国故步自封、因循守旧、平庸哲学的滥觞，同时也衍生了目光短浅、只顾自我或狭隘利益的思维。而这种思维正是催发现实中怪象丛生的理念原因。

想一想缘何"用老鼠肉充当羊肉""地沟油""香烟白糖换选票""挟尸要价""豆腐渣工程""假文凭""鸣炮庆祝获得特困县称号"等损人利己的丑恶现象屡禁不止？为什么在行政管理层面，"集体贪腐""前腐后继""越反越贪"呈恶性循环？为什么官员台上振振有词喊标榜清廉，而在危房改造、土地流转、房产开发上大肆索贿受贿？某种程度上这是小农经济意识或理念的体现。小农经济文化或许不仅可能导致腐败衍生、决策滞后、公共管理效率低，也是阻碍改革开放、思想创新的深层次原因，索罗斯总结，"'传统思维模式'只有一个任务：接受事物的本来面目。这会令我们付出代价——可能与现实完全脱节"①，而小农经济文化便是这样一种落后的思维。

摒弃那种基于个人狭隘利益的"小农意识"需要一种包容精神、责任意识和求真的精神，用"公"的意识取代"私"的意识。

其四，全球主义精神。全球主义精神中的一个重要命题：国内规范与国际规范的衔接问题。在强调平衡性的同时，将价值或规范当作一个动态的变量、一个陀螺，在螺旋式上升中逐步推进规范认同。②必须承认，我们的民族精神、民族意识和民族潜意识有许多需要提高和升华的东西。我们的世界是一个开放的和有机的世界，妄自菲薄、高傲自大绝不会进步。在此意义上我们须对中国的现状、世界历史以及与大国关系的历史有一个客观的了解，还须培养一种学习和融合的精神，特别是要学会理性地爱国、维护权益。

---

① ［美］乔治·索罗斯：《这个时代的无知与傲慢：索罗斯给开放社会的建言》，欧阳卉译，中信出版社2012年版，第46页。

② 俞可平称："民主就像一个旋转的陀螺，重要的是旋转的过程。离开了这个旋转的过程，民主政治这个陀螺就会倒下，个人的权利就无从谈起。"俞可平：《民主与陀螺》，北京大学出版社2006年版，第24页。

自卑、自负往往会引发非理性的爱国主义。中国在国际上所取得的骄人成绩增强了国民的自信心、爱国心。但是，如果在外力因素面前失去了一颗平常心，那么自满或过高地估计自己很容易引发膨胀心理，使得经济问题政治化，从而搅扰"中国梦"的实现进程。街头政治在一定程度上可以展示民众的力量，打砸抢非但解决不了问题，反而会损害国民的形象。

在这个意义上，如何将中国的和谐理念植入全球治理对中国自身和世界意义重大。规范重建或重塑不仅构成中国文化体制重塑和建设的核心，同时也是振兴民族精神、重塑核心价值观、实现"中国梦"之根本。

从中国对于全人类作出贡献的假设而言，"中国梦"实现不仅是中国自身的崛起问题，而且关乎世界运行的机理及我们自身与世界的关系问题。中国的复兴在于器物、制度与理念共同复兴，这也是全球治理须要涉及的问题。人类如何在相互依存的全球化场景下实现集体认同或意识共享已是社会治理中一个重大议题。倘若不将各个单元体视为一个相互联系的整体，就不可能找到一个达到共同安全、共同发展、共同繁荣的目的的路径。一如汤因比警示的："人类的选择实际上只有两个，要么共有一个世界，要么毁灭。"①

政体改革的理念认同建构是一项巨大工程，以上的议论仅围绕政体改革的理念认同建构的意义及内容进行了说明，然而，如何建构、通过什么样的路径尚需在理论和实践上进一步探讨。

必须认识到，在相当长的一段时间内，中国还将处于发展的欠均衡状态，民生主义将主导中国的政治、经济进程。尽管中国的经济总量达到了世界第二位，但中国大多数国民的生活水准远没有达到小康。"仓廪实而知礼节"，民主政治的到来必须由国富做铺垫，而这个国富是全体中国人民的富裕而不是单个的人和个别阶层的财富占有。推进法治社会的建立需要精英层面达成共识并确实身体力行，逐步引导民众的醒觉意识，进而推进健康成熟与进步的社会治理机制。

历史场景等因素对政治体制改革至关重要，无论是"民主"还是"威权"、激进抑或保守，在改革设计与推进上都须考虑这一因素。撇开

---

① ［英］阿诺德·汤因比：《历史研究》，刘北成、郭小凌译，上海世纪出版集团、上海人民出版社 2005 年版，第 373 页。

历史、文化传统、国民特性以及国际关系场景等因素，一味追求形式上的或舶来的政治体制改革不是半途而废，造成形式上的乌托邦，就是引来更强的专制，给社会和民众带来灾难。制度改革的推进中，不存在千篇一律的政治场景，这一点比较政治给出了我们十分信服的解释。比如，法国、德国与英国、美国同属"民主国家"，但法国、德国的"绝对主义""寡头政治"却远比后者深厚，并赋予其鲜明的国家特色。①

就法国而言，众所周知，18世纪法国的启蒙思想家从伏尔泰、孟德斯鸠到卢梭的理念某种意义上成为西方现代民主制度的渊薮，然而，自由、民主似乎永远在法国停留于"浪漫主义"时代。自路易十四起，"绝对主义"一直是法国政治文化的一个鲜明的特征。从法国大革命爆发到第五共和国的建立，从拿破仑到戴高乐以至当代法国的政治家希拉克、萨科齐、奥朗德，基于民粹主义的"威权文化"似乎成为法国政治文化的缩影。如此，法国的社会学家托克维尔在美国仅仅游离了短短的几个月后，就对美国的制度赞不绝口，认为世界上没有一个国家比美国更多地运用18世纪哲学家在政治问题上的种种最大胆的学说，并写出了影响深远的《论美国的民主》，并在《旧制度与大革命》中对法国的政治场景进行了入木三分的剖析。②

德国的历史对于其政治文化的影响同样也不例外。从神圣罗马帝国始，个体的人就被赋予其特有的"民族精神"，从腓特烈大帝、梅特涅、俾斯麦、威廉二世直至希特勒，"国家""民族""人民""历史记忆""强权政治或现实政治"同个体精神之间的结合得到淋漓尽致的发挥；与此同时，"容克""寡头""强势的或精英""利益集团"渗透于党派、工会与政权结构中，而这种政治遗风在德国的现代政治中似乎至今犹存，从阿登纳、勃兰特、科尔到施罗德、默克尔，德国的党派、政府、国家关系以至对待欧洲统一的态度无不打上其特有的政权、地理与文化的烙印。③

所以，在社会治理模式上，各国自有其独特的政治文化特征。在制度建构上，不能全盘照搬西方的治理经验，这是由构成国家场景的历史、政治、文化、地理、民族特性等因素决定的；政治制度改革必须结合本国的

①　[美] 迈克尔·罗斯金：《国家的常识：政治·地理·文化》（第10版），夏维勇、杨勇译，世界图书出版公司2013年版，第90—221页。

②　同上书，第90—163页。

③　同上书，第164—221页。

实际，否则不是走向进一步的独裁、政治垄断便是引发政治、经济的混乱，从而导致历史倒退。

然而，这并不意味着我们要搁置政治体制改革，认定西方的一切理念与制度都是洪水猛兽。任何社会如果不及时进行制度创新，不借鉴、创新，在社会治理上不与时俱进就必然遭遇挑战、困境。经济的可持续发展必须有开明、透明和与时俱进的政治体制改革相辅相成。克博称，开放的社会有利于社会的稳定，当人们拥有美好的希望时，即便社会最底层或被剥削的阶层也会采取容忍的态度，只有给人以希望，社会才能保持进步。①

且不说西方的体制改革经验，在行政管理上，中国台湾、中国香港、中国澳门地区就有许多值得借鉴和学习的东西。因此，在政改领域要在一定范围内"允许摸着石头过河"；国家是否应该借鉴地进行一些具有创意性的改革试验，比如，执政党或国家能否考虑在不同地区或区域推进差别的政治体制改革。2014年，教育部分别在浙江、上海等地区开始有计划地推进有差别的教育体制改革，这对于政治体制改革而言是很好的参考。就我国的行政体制管理而言，南方与北方、沿海地区与内陆地区尽管在形式上没有多大差别，但毕竟在地方文化、人文理念、处世方式乃至生活习俗倾向都有区别；更重要的是，30多年来的改革开放也多多少少地造成了上述地区或区域在经济水准、改革开放度、与外界联系或融入度上的距离或差别。因此，在体制改革上，中央或行政体制改革部门可以考虑允许个别地区或区域先行一步，在法规、制度乃至选举模式上允许具有条件的地区或区域先行一步，并进行实验和摸索，进而再进行经验总结或推广。

总之，近20年来，公共管理机制从内容和形式都发生了巨大的变化，政府不再是一切资源和社会系统的支配者或垄断者，政府管理经历了从政府治理到民主管理的革新，使得每个人不得不介入社会治理。作为社会治理者应该充分认识到这一变化态势，否则势必影响到国家政治与经济的可持续发展。

---

① ［美］哈罗德·R. 克博：《社会分层与不平等：历史、比较、全球视角下的阶级冲突》（第七版），蒋超等译，上海人民出版社2012年版，第432页。

# 本篇结论

否认或罔视问题是不现实的，也是不科学的，避让风险更达不到化解危机的目的。就此而言，本篇关于社会大拐点的分析不是危言耸听或夸大其词，而是提醒学者与治理者正视事实、关注这一社会场景的演变，并达成共识对于潜在的冲突与社会潜意识进行整改或干预。干预的途径除了在物化层面进行补救、完善，更重要的是在心智方面做出细心的工作，这正是心理认同建构的意义与目的。

政治体制改革是危机化解或冲突干预不可回避的议题，也是顶层设计的核心内容。中国（海南）改革发展研究院院长迟福林认为，"推进国家治理体系和治理能力现代化"是新的改革大考。改革大考就是要敢于以壮士断腕的勇气推进改革。改革"考"得好，我国就将走上公平可持续的发展之路，迈进现代国家行列。①

政治的改革与变革与人们的醒觉意识连在一起。中国的复兴在于器物、制度与理念的共同复兴，这不仅关系中国自身的建设问题，也关乎中国与世界的关系问题。从中国对于全人类作出贡献的假设而言，不仅仅是中华民族自身的崛起问题，而且关乎世界运行的机理及中国与世界的关系问题。

---

① http://business.sohu.com/20140302/n395886618.shtml.

# 下　篇
## 全球治理中的认同建构

如果某个东西是"不可持续的"，那就意味着它的崩溃是必然的。

—— ［美］约瑟夫·泰恩特

［天下］至少是地理、心理和社会制度三者合一的"世界"……天下意味着一种哲学、一种世界观，它是理解世界、实物、人民和文化的基础。"天下"所指的世界是个"有制度的世界"，是个已经完成了从 chaos 到 kosmos 的转变的世界，是个具备了人文和物理含义的世界。

——赵汀阳

# 本篇导读

心理学家米勒（N·Miller）指出：认同的本质不单是"心理"的，它也包含"群体"概念，是一项"自我的延伸，是将自我视为一个群体或组织中的一部分"①。

国家作为人类社会组织演变的一种形式，其本身就是认同建构的产物，国家既是认同建构的主体也是客体，国家是国际社会中最主要的行为体。本篇的论证主要围绕国家认同在全球治理中的使动作用进行；国家不仅是人类自己建构的一个文化实体，同时，它也对世界或全球体系的文化生成或进化发挥作用。

国家具有人性的特点，因此国际也具有心理。就心理学和社会学而言，国家几乎具备了作为人的一切功能。人所有的特征，国家也有，从某种程度上讲，国家是"扩大了的人"或称作"集合的人"。所以，国家至少是社会意义的人，是"想象的共同体""国家是一个理想的、超越个体的整体个性"②。

马克思在谈及关于人的本质认识时说：个人的"特殊的人格"的本质"不是人的胡子、血液、抽象的人体的本性，而是人的社会特质"③。"人的本质……实际上，它是一切社会关系的总和。"④修昔底德称国家是"自私的"，马基雅维利言国家如同人性一样是邪恶的，而霍布斯则认为国家具有灵魂。卢梭称，"人体的组织是大自然的作品，而国家的组织结构却是出自于人的手笔""政治共同体的生命原则存在于主权的权威。立法权是国家的心脏，而行政权是国家的大脑，行政权促使着国家各个部分

---

① 梁丽萍：《中国人的宗教心理——宗教认同的理论分析与实证研究》，社会科学文献出版社 2004 年版，第 13 页。

② ［德］弗里德里希·梅尼克：《世界主义与民族国家》，孟钟捷译，上海三联书店 2007 年版，第 8 页。

③ 《马克思恩格斯选集》第 2 卷，人民出版社 1995 年版，第 2 页。

④ 《马克思恩格斯全集》第 1 卷，人民出版社 1956 年版，第 270 页。

的运行"①。而在论述国家的本质时，19世纪德国哲学家赫尔德写道：国家如同社会共同体那样，拥有一个属于自己的心灵，一个处于个体心灵彼岸的心灵，它们拥有某种"anima collectiva"［集体灵魂］或者某种"group mind"［团队精神］。②

须知，国家的心理形成是一个比较抽象的概念，但是作为本篇的一个议题，我们有必要对国家之心理的因素做出具体说明，即什么因素、什么原因、什么场景导致了特定国家的心理构成，而这种国家的心理特性对于特定的国家战略、外交理念、国际关系准则起到了何种作用？

国家认同并非徒有虚名，因此，国家人性、国家心理、国家特性将是一个不可逾越的话题；国家认同并非是抽象的概念，它包括对于器物、制度、文化、意识形态、治理效用以及执政党本身等的认同。然而，从国际的、世界的或全球的体系建构而言，国家认同之间与其说是一种纵向的联系，不如更恰如其分地说是一种横向联系。就促进或改进全球治理的角度而言，国家就成了全球体系之中最主要的单元体，因此，国家心理对于体系的构成与建构便自然凸显出来。

国家与国家之间存在着差异，国家的心理并非是同一的。本篇拟结合中国与美国的案例进行说明。对特定国家心理的解读并非完全在于褒扬一方，贬低一方，反之，在于说明国家认同建构中的客观现象，从而帮助我们厘清国家心理认同建构进程中的历史、历时及其历史的或政治的场景，进而促使国家使动者对特定阶段的国家心理进行慎思，以站在一个比较高的层面解决当下全球治理中的一些紧迫的问题或困境，并推进全球治理的有效和有序进行。

国家心理、体系心理是统一的，它是全球治理的关键，也是决定人类走向世界国家的关键。总之，人类如何在相互依存的全球化场景下实现集体认同或意识共享已是社会治理中一个不可逾越的重大议题。

---

① ［法］卢梭：《社会契约论》，施新州编译，北京出版社2008年版，第103—104页。
② ［德］诺贝特·埃利亚斯：《个体的社会》，翟三江、陆兴华译，译林出版社2006年版，第85页。

# 第一章　国家心理生成：中国之"和为贵"模式

当代中国的外交理念在很大程度上彰显了中国"和为贵"的国家特性，而这一特性的形成基于中国自身的历史、政治现实、传统文化，也是中国几代领导人和外交家和平思想的体现。中国有五千年的历史文化积淀，西方现代国家的生成即便从威斯特伐利亚体系生成算起也不到五百年，早在现代民族国家在欧洲盛行前，其主导的东方体系已运行了很久。中国"和为贵"的国家特性得益于其儒释道哲学理念、特殊的政治地理环境、历史情节、精英人物人格的深重影响。党的十八大以来，第五代领导人提出了"亲诚惠容""坚持道义为先"的周边外交新理念，这是中国周边睦邻政策的新发展，也展现了中国开放和包容的胸襟。这是对第四代中央领导集体制定的"和平发展、和谐世界"的外交理念的继承与发扬，同时，也是为了进一步展示中国对邻国的诚意和善意，愿意同周边国家一道打造命运共同体。这种"和为贵"的心理或理念的形成有着深厚的渊源。

一

哲学与政治向来就是一对孪生兄弟，哲学往往是一国政治文化的渊薮。亚里士多德指出："人在本性上应该是一个政治动物。"就几种主流的国际关系理论而言，他们的生成从根本上来说也得益于哲学。先哲们灿烂的哲学理念不仅是我们现代思想的滥觞，也是推动历史进程的内在动力。外交理念实质上也是哲学思想的体现，因此探索一国外交理念的形成须从哲学（或宗教）上追本溯源，不妨说，儒、释、道作为融合的哲学

（宗教）对中国的国家政治文化形成起了主导作用。①要把握这一点，首先要精确理解先哲思想的真实含义并结合当代外交理念进行反思。

其一，重视心性建构。儒家的"人异于禽兽""礼、义、仁、智四端"的假说正是基于对于人的社会属性本质的总结。孟子认为：社会改造的动因缘于对"心、性"的改造或修养，通过有意识地扩展"常德"可使人的德行呈由内到外，由个体到群体，由家庭到国家，由国家到世界的层次和渐进式的发展。② 古罗马政治学家西塞罗也认为：人不是一种"离群索居的或非社会的动物"，他恰恰受自然本质的驱使而寻求伙伴关系。因为若没有这种关系，"家庭、城邦、民族、整个人类、自然和宇宙都是不可能存在的"③。中华文化的融合力体现在不强求形相的一致，而是"求证于心、求证于理"，它不否认国家、民族的存在，但也不把它绝对化，将民族国家看作一个由远及近的整体。④ 因此中国历史上对待民族问题，中国人没有采取强制、吞并，而是采用"归顺""和亲""藩属"汉族之外的民族进行整合，今天中国 56 个民族组成的大家庭是中华民族不断融合的体现。

而西方的法理社会理念同中国的礼俗社会理念有所不同。比如，在国家融合上，他们更赞成社会达尔文主义的"强权就是公理"的理念，民族国家发展的动力为实力，战争的目的便是消灭别人，壮大自己，克劳塞维茨称，"战争是政治的以另一种方式的继续"，古典现实主义认为无政府的国际社会与国家之间的安全困境必然导致霸权与战争。这种视角就使

---

① 这里需要说明两点：一、有学者赞同把儒、释、道当作宗教，笔者并不完全否认这一点，但笔者用"哲学"来表述旨在强调它们三者思想融合的结果；二、中国传统哲学思想流派众多且都自成体系，由于篇幅关系，我们不可能就此展开论述。关于儒、释、道之间观点的分流与融合，这方面的论著汗牛充栋，本书参照了余英时先生"反智论"的观点。余英时：《反智论与中国政治传统——论儒、道、法三家政治思想的分野与合流》，《文史传统与文化重建》，生活·读书·新知三联书店 2004 年版，第 150—190 页。又见董群关于佛教于其他学派的论述。董群：《融合的佛教》，宗教文化出版社 2002 年版。

② 《中国哲学简史》第七章《儒教的理想主义派：孟子》，http：//www.phil.pku.edu.cn/res/files/fengyoulan/chph/fyl07.htm；周山：《和谐社会的人性基础——从孔子的"为仁"到孟子的"性善"》，朱贻庭：《儒家文化和和谐社会》，学林出版社 2005 年版，第 166—180 页。

③ 欧阳英：《走进西方政治哲学》，中央编译出版社 2006 年版，第 33 页。

④ 上海证大研究所：《文明的和解：中国和平崛起以后的世界》，人民出版社 2005 年版，第 192—193 页。

得中国在一些西方国家的眼里永远都是一个外来者（Outsider）。①发展是威胁，不发展也是威胁，如此的"囚徒困境"不断恶性循环，并引发对于中国的错误认知或扭曲的心理。

其二，以信义为天。中国先哲称："夫信者，人君之大宝也。国保于民，民保于信。非信无以使民，非民无以守国。是故古之王者不欺四海，善为国者不欺其民，善为家者不欺其亲。"②"信义"也是"修身、养性、治国、平天下"的基石，所以在处理社会关系上中国坚持"己所不欲，勿施于人""言必信，行必果"的原则，这种信念对中国近代外交理念的影响是明显的。周恩来总理曾多次宣称："中国人说话是算数的。"③新中国成立以来，中国恪守"信义"原则，并赢得了世界的友谊与尊重。我国在对外政策上的一系列原则或多或少地体现了心性可建构的理念。比如，主张用谈判解决危机（在伊拉克、朝核、伊核等问题）；重视首脑外交，看重领导人的承诺（美国坚守"一个中国"的承诺）；对非援助（克服自身困难完成坦赞铁路的修建）。甚而，从国内治理而言，"以德治国"也是基于修身、养性原则。相反，受到现实主义可"不择手段谋取国家利益"思维模式的影响，西方一些国家总是在一些关键问题上采取比较模糊的外交政策。④

其三，中庸为上，不走极端。西方人把"中庸"翻译为"Golden Mean"其实显得不确切，"中庸"含义应为"Harmonious mean"，即"和谐的均衡"的意思。⑤中庸并非绝对的平均，"均"只是它的外在形式，"和"才是它的实质。除了以和为贵，"中庸"还强调一种状态，阴阳平

---

① 在对中国的国家观与西方的国家观之间的区别论述上，吴增定先生做了一个很好的甄别，他特别强调了中国在融入世界中的尴尬：一方面放弃了自己的"天下"和"文明中心"意识，另一方面却受到"西方大同世界"的抵挡，西方人永远把中国当作一个特殊的"文明共同体"。上海证大研究所：《文明的和解：中国和平崛起以后的世界》，人民出版社 2005 年版，第 218 页。

② （北宋）司马光：《资治通鉴》（第一卷），中央民族大学出版社 2002 年版，第 10 页。

③ 许怀熔：《周恩来所树立的新中国外交风格》，http：//www. people. com. cn/GB/shizheng/8198/9405/34150/2543663. html。

④ 例如，关于中美建交重双方对于"台湾问题"的认知分析，可见 Patrick Tyler，"The (Ab) normalization of U. S. – Chinese Relations" Foreign Affairs September/October，1999. Vol. 78，No. 5. 又见 Nancy Bernkopf Tucker，"Strategic Ambiguity Or Strategic Clarity"，Dangerous Strait，Chapter Eight。

⑤ 关于"中庸"译法有，如"Doctrine of Mean"或者"Principles of Mean"。

衡，自然协调，不主张突变，强调融合渐进。所以，"和气、融洽、和睦"成为中国处理人的关系、集团关系、国家关系的准则。"中庸之道"对我国的外交理念的影响是深远的，新中国成立后我国在不同时期所采取的外交战略如"一边倒""两个拳头出击""一条线""一大片""伙伴关系""和平共处""新安全观""和平发展""和谐世界"等实质上都是对中庸之道理念的扬弃或发展。

其四，天下体系观。"和平发展""亲诚惠容""坚持道义为先"蕴含了中国历史上的"天下"政治理念。中国关于政治/社会各种单位的"家—国—天下"的层次结构比西方的"帝国"概念有着更深寓意：在西方人看来，"帝国"的本质属于民族国家理念和制度的扩展或"制度霸权"，讲得好听一点是"仁慈霸权"。与西方语境中的"帝国"不同的是，"天下"不仅仅是一种有形的制度，而且是一种理念或称之为"理想"，梁漱溟的解释是，"天下是个关于'世界'而不是'国家'的概念"。对此，赵汀阳先生做了进一步的阐述：

> [天下]至少是地理、心理和社会制度三者合一的"世界"……天下意味着一种哲学、一种世界观，它是理解世界、实物、人民和文化的基础。"天下"所指的世界是个"有制度的世界"，是个已经完成了从chaos到kosmos的转变的世界，是个具备了人文和物理含义的世界。①

从中华民族的"满天星斗"到大一统，历史不是在战争中而是在融合中发展起来的。一方面强调单元内部的自成体系，同时主张在自然中进行融合、发展。在长达五千年的民族融合进程中，中华民族早就形成了会聚的大一统文化。

中国的"天下"理念不仅强调部分与整体、单位与体系在整合过程中的规律性与统一性，而且兼顾各个行为体在融合过程中的差异性、渐进性，不仅仅强调整合手段的合理性、合法性，而且更注重心性对制度的建构作用。如此，心与制度的融合便是"和谐世界"的根本。

---

① 从"chaos"到"kosmos（cosmos）"是指从"混乱无序的世界"到"有序的世界"。赵汀阳：《天下体系：世界制度哲学导论》，江苏教育出版社2005年版，第42页。

# 二

如前所述，一国地理环境对于一国的文化和政治理念的形成有着重要影响。历史研究和比较研究表明，一个社会的主要价值观是通过在一段长历史时期内人们应对环境并学会适应物质环境而形成的。亚洲大多数国家的集体主义价值观同其悠久的农耕文化及其特点造成的（比如水稻种植），集体以及集体中的个体要生存下来的话就需要大量的集体合作，所以就出现了偏重集体团结凌驾于个人之上的价值观。① 国家的空间环境、地貌特征和地形走势对与该国的政治理念的特点存在着有机的联系。黑格尔所撰写的《历史哲学》第一章便是《历史的地理基础》，它把历史的演进稳稳地置于地理基础之上。黑格尔认为，地理环境是民族精神自我发现的场地，是历史的必要基础。② 当然这并非是说笔者完全认同地缘决定论，但以下的客观事实是不可否认的：作为高级动物的人在进化过程中不可能不受到其生存环境的气候、土壤构成、植被、陆地或海洋的影响。

一国国民性格的形成除了历史、文化、心理等因素外，地理环境可以说是塑造国民性格的基本要件。人文地理学家正是试图通过运用关注人们如何了解、理解以及如何应对环境的哲学理念来探寻人与世界的关系。在长达五千年的中华文明发展史上，中国特有的地理环境对我国的国民性格、思维方式、文化信仰的影响是存在的，这是中国"和为贵"心理或理念的使然或必然。

首先，基于和平的防御性思维。"以仁政得天下"是儒家"天下"观的根本理念，道家祖师爷老子基本上对战争持否定态度，他说："以道佐人主者，不以兵强天下。其事好还。（即攻人者必受人攻）师之所处，荆棘生焉，大军之后，必有凶年。"墨子同样在其《非攻》中对战争进行了

---

① ［美］哈罗德·R. 克博：《社会分层与不平等：历史、比较、全球视角下的阶级冲突》（第七版），蒋超等译，上海人民出版社2012年版，第524—525页。

② 黑格尔将人类生存的地理环境划分为三种类型，分别是"干燥的高地、拥有浩瀚沙漠、戈壁与广阔草原"，并认为这三种不同的地理环境，决定了长期居住其上的民族部落所形成的不同生存方式和行为特征。朱海军：《地理位置决定论论纲》，http://www.nows.com/c/zgyj2000/zgyj0005/g000525b. htm。

谴责："则百姓饥寒冻馁而死者，不可胜数。"所以著《兼爱》并倡导"兼相爱，交相利"①。

为什么华夏文化具有这种鲜明而执着的"和平主义"而非"扩张主义"的特质，唐代杜佑在其《通典边防序》中称："覆载之内，日月所临，华夏居中土，生物受正气。其地产厚而类繁，其人性和而才慧。所以诞生圣贤，继施法教，随时拯弊，因物利用。"② 中国地势西高东低，幅员辽阔、远离海洋、腹地纵深。这种地貌特征是形成中国防御性思维的主要因素，在安全利益取舍上，他们把陆地、百姓、海洋分别称为"肌体之患、心腹之患、皮肤之患"。也有的学者用文化来解释这一地缘特点，称中国的文化具有"以土地为依据，以天子为中心，以亲和为主旨，以保家卫国为己任"四个特点，这样的分析不是没有道理。③

其次，"和为贵"的理念也附和了中国的大一统理念，其渊薮也离不开地理环境的因素。内陆性的地理环境的一个重要特点是陆地面积广阔，腹部纵深，这种地理环境也决定了四周都受邻国包围的环境，所以，我们对"远亲不如近邻""唇亡齿寒"等说法感受深刻。同时这种地理环境很容易促使大一统思维的出现，即集体认同思维模式，儒、释、道哲学理念正是迎合了这一地理环境，所以才能延续下来，对中华思维模式影响至今。中华民族拥有的海纳百川的哲学理念深深影响了中国外交理念，诸如"和平共处五项原则""睦邻富邻善邻""和平发展""和谐世界""亲诚惠容""坚持道义为先"的外交理念。

## 三

历史对于一国的国家心理或政治文化的影响举足轻重。美国历史学家托马斯·白林（Thomas A. Bailey）在谈到历史对国际关系的意义时说过：

---

①　上海证大研究所：《文明的和解：中国和平崛起以后的世界》，人民出版社 2005 年版，第 63—67 页。

②　同上书，第 74 页。

③　史仲文：《中国人走出死胡同》，内蒙古人民出版社 1999 年版，第 355—363 页。

人之所以异于猿是因为人类能将自己经历的东西记录下来并从中吸取教训。[①] 一国成长过程中的主要缺憾构成了历史教训的本体，而对于历史现象的认知则是基于历史教训的感悟，执政者和战略家往往从对本国的历史考证中、与世界历史事件的比较和对比中来制定一国的外交战略。中国倡导的和平发展、和谐世界外交理念主要受到了以下历史教训和感悟的影响：

落后挨打论。这是中国从其近代历史上亲自得出的结论，一国要在世界上站稳脚跟，不受欺负、凌辱，要发挥影响，首先要自立、自强，壮大自己。"发展就是硬道理"某种程度上就是基于这一认识。和平发展一方面是中国哲学思想的体现，另一方面是中国对于全球化政治格局判断的结果。在政治、经济、技术、信息、人员互相依存的全球社会，采用军事或硬实力来壮大自己不现实也不符合人类社会发展的理念。"侍德者昌，侍力者亡"[②]，共存、共享、共荣应该是手段也应该是人类社会共同追求的目标。全球社会是一个有机的整体，人类社会应追求可持续性的全球发展战略。中华民族的自身特点、历史责任、文化价值观决定了中国的和平发展观。中国外交战略制定的中心目的是为中国的自身建设创造一个良好的国际环境，并在发展中为世界的共同发展做出贡献，"中国梦"与世界梦在和平发展的理念上并不排斥。

稳定优先论。这是中国自身的地理、政治环境所决定的。中国内陆性经济特点、大一统的政治环境、历史教训决定了国内稳定对于自身发展和谋求影响的重要性。有学者甚至称，"'安内而攘外'历来是中国对外政策的最高目标"[③]。和平发展的理念正是在对历史的反思中得出的真谛。所以在对"主权、民主、人权、政治改革"等问题上，中国的考虑视角与西方的思维不同，中国领导人受到了"国内政治大于国际政治"历史

---

① 托马斯·白林（Thomas A. Bailey），美国斯坦福大学历史学家，美国外交关系历史学家学会（Society for Historians of American Foreign Relations）第一任会长（1968），1944 年在关于战后如何保护国际安全时向美国决策者建议道："Every generation of apes begins where the previous generations began, because apes can hand down no record of their experience. Man leaves a record; but how much better is he than the apes if he does not study it and heed its warnings?" David L. Anderson: "One Vietnam War Should Be Enough and Other Reflections on Diplomatic History and the Making of Foreign Policy", *Diplomatic History*, Vol. 30, No. 1, January 2006, p. 1.

② （北宋）司马光：《资治通鉴》（第一卷），中央民族大学出版社 2002 年版，第 13 页。

③ 曹锦清：《中国的和平传统：一个历史的考察》，上海证大研究所：《文明的和解：中国和平崛起以后的世界》，人民出版社 2005 年版，第 45 页。

认知的影响，此不赘述。①

"稳定优先论"同精英人物的思想、价值观是难以分开的。精英人物对现实的认知和将来的判断往往会直接影响到群体信念的形成。如果否认个人因素对中国政治治理与外交战略的制定显然是不符合事实的。一方面中国历史上几千年的封建专制造就了大一统文化和政治治理；另一方面在一定的历史阶段个人的作用也是历史赋予的使命。这种理念的形成主要得益于中国的地理环境和大一统文化。秦皇汉武、唐宗宋祖、成吉思汗……中国的历史从某种程度上讲是一部精英人物发展史，尽管现代中国的政体发生了巨大的变化。精英政治也给政治打下了深刻的烙印。尽管中华民族的历史曾经历无数次战乱、分裂，但总体来说，王道统治是中国政治的一大特色。中国的王道统治是由中国的大一统文化决定的。从这个角度上看，西方的政体固然有它合理、进步的成分，但它并非意味着完全适宜于中国的国情。

依此，中国的"亲诚惠容""坚持道义为先"新理念的形成同第五代领导人的价值观、历史经历和人格特点是分不开的。② 社会主义政体能在中国不断发展实质上同中国的大一统政体有融合之处，如此说来就比较容易理解构成中国特色的特征了。"亲诚惠容""坚持道义为先"的外交理念不仅汲取了"王道政治"的精华，而且是针对全球治理的一种扬弃。

通过以上分析可以看出，中国的哲学、地理、历史及精英对中国的政治理念特别是和平发展外交理念形成起到了"合力"的作用。而西方民主的一个重要特征是其过度强调理性，过度强调"法术"及霸道，在危机处理和化解上总是以自身利益为趋向，他们认为在处理国与国关系上似乎存在着一种"黄金分割法"，强调完全的"程序"与"理性"。王道与霸道在历史上孰是孰非，很难一分为二决定，但有一点可以肯定，在全球化的今天，霸道不可能像以前那样为所欲为了，伊拉克问题、阿富汗问题和利比亚问题，纯粹的依靠武力是解决不了的，事实上，西方学者已经看出了霸道的弱势，约瑟夫·奈的"软实力"正是西方对其霸道的一种反

---

① Thomas J. Christensen, "The Contemporary Security Dilemma: Deterring a Thaiwan Conflict", *The Washington Quarterly*, Autumn 2002, pp. 10 – 11.

② 个人经历、价值观、意识形态等对人格的形成有重大影响；因而分析领导人的人格特征有助于对其政策偏好、武力倾向、处世方式、危机化解模式等作出预测。Rose McDermott, *Political Psychology in International Relations*, The University of Michigan Press, 2004, pp. 231 – 238.

思，软实力和谐（Soft harmonizing）较之于软实力制衡（Soft balancing）可能显得更重要。

无可讳言，在现实中对于中国以和为贵的外交理念还存有诸多歧义，大致说来，这种误解或误读体现在以下两个层面：其一，在阐释中国外交理念的形成上，学界的解读存在着对西方国际关系理论生搬硬套的现象。在很多学者看来，主流的国际关系理论对阐释近代以来的国际关系和外交起到了十分简约的作用。几种国际关系理论为我们梳理复杂的国际关系提供了一定科学的分析路径或模式。它可以让我们从权利、制度、文化等宏观层面来理解现实政治世界，这十分有助于我们从不同的理论视角理解国际政治中的冲突与合作。其二，在"和平发展"的问题上，在学界和政界也存在着实用主义或功利主义之嫌。比如，有很多西方学者对我国的"和谐世界"理念存有疑问：究竟"和谐世界"是基于理念还是用于宣传，是权宜之计还是长远国策？这种疑问或思维在国际上还有市场，它亟须我们从法理、学理与实践层面对中国的外交理念进行阐释。显然，对我国外交理念分析的时候应结合我国的国情，既不能完全套用西方国际关系理论，也不能完全割裂中国的地理、历史、文化跳跃式地进行分析。

以上只是以中国的国家心理或政治文化心理为案例做了一个分析，就国家的心理生成而言，影响其生成的因素并非是单一的，理念的因素固然重要，但是这并非说没有物化因素的作用，如经济、科技、军事以及地缘政治同样起着作用，而这些变量从某种程度上对国家的心理理念也起着重塑作用，但这已超越了本篇的重心，在对美国的国家心理分析中，我们将试图围绕国家对于利益与安全的认知做进一步的解读。

# 第二章　国家心理失范：美国战略东移的假想①

中国的"和为贵"国家特性告诉我们，国家心理同国家战略和外交政策制定不无联系，它是中国和谐世界、和平发展外交理念之渊薮。但是，这并非说所有的国家心理都是千篇一律的，政治心理学之前景理论就为我们分析国家心理的失范特征提供了另类的视角。

## 一

前景理论（prospect theory）是政治心理学中影响深远的一种决策理论，其视角是通过对人的心理特质、行为特征的分析达到影响选择行为的心理因素。前景理论的原始观点可以概括为：人们决策时往往更加重视财富的变化量而不是最终量。对损失与获益的认知是不对称的，当决策者在面临获益时，其行为趋于规避风险，而当面临损失时，则趋于接受风险。因此，在偏好概率上呈非线性的特征。20 世纪 70 年代以来，一大批国际政治学者如杰克·利维（Jack Levy）、罗伯特·杰维斯（Robert Jervis）等将这一理论与外交决策、国际谈判相衔接，从而为研究不确定情况下的行为体认知和决策心理提供了解释。

前景理论的核心内容可大致归结为以下几个维度：

参考依赖。它指的是决策者根据一个参考点来判断自己是获益还是损失，并以这个参考点作为标准来评估备选方案，然后，根据筛选出的方案再确定最终的政策。参考点可以是现状，也可能是决策者主观预期的状态水平。这样在决策过程中就存在着框定效应，即相同信息的不同表征或许

---

① 张全义：《从前景理论视角看美国的对华战略》，《国际关系学院学报》2012 年第 3 期。

会导致外交决策产生不同的结果。因此，行为体可以通过政治操纵手段，影响框定对象的态度和行为，即通过强调信息的某一方面，或者框定某一议题的着眼点，进而操纵其决策的选择范围。

损失厌恶。指的是在决策过程中，决策者往往更加重视财富、利益、名誉、声望等的变化量而不是最终量，即决策者放弃任何一项所得的痛苦高于他所得到的等量内容所取得的满足感。因此，相对于未来获得某物的承诺而言，人们对基于当下所拥有的满足和预期就更强、更持久，这便是禀赋效应。

确定性效应。由于人们希求维持现状的收益，因而在决策中就倾向于警惕对手挑战其收益或权利，认为自己应该想当然地维持某一种优势，而对方任何有悖于现状的现实表现为防备或不信任。

风险倾向。指的是损失厌恶反映出人们的风险偏好是不一样的，收益时表现出规避风险，而损失时则倾向于接受风险。

沉没成本效应。由于损失厌恶导致不愿看到先前所投入的成本白白浪费，因而会将成本考虑到决策中来，在决策中表现出冒险的心态，甚至不惜挑衅或挑战对方的底线。前景理论在一定程度上可以弥合主流国际关系理论过于偏重理性和结构分析的缺陷，从而有助于从微观视角分析外交战略的制定与转换。以下笔者将结合美国的国家战略心理揣试对上述假设进行说明。

## 二

2009 年，时任中国国家主席胡锦涛与美国总统奥巴马对中美关系有过一个定位，那就是"积极、合作、全面的关系"。这种定位在字面上尽管显得宽泛，但是毕竟给一度充满争议的中美关系做了一个界定，退一步说，至少比小布什政府时期的"战略竞争关系"进了一步。

之后，多数学者和政治家们都期待奥巴马在发展中美关系上有所建树，然而，除了金融危机爆发阶段中美之间的良性互动，之后，中美关系就问题不断了。这种变数令关注中美关系的众多人士感到突兀。美国《外交》期刊发表的一篇文章预言"中国和美国进入了一个持久的（prolonged）紧张关系升级、争议频发"的阶段，并且中国和西方在地缘政治上将进入一个"新常态"（new normal）时期。①

　　且不论这种判断是否具有可验证性，至少当下中美关系的发展态势给人一种中美关系呈复杂化、不确定化、脆弱化的发展态势。它不由得使人们对曾盛行于学界和政界（尤为美国）形容中美关系的一些耳熟能详的描述产生怀疑，如"利益攸关者"（Stakeholder）、"中美国"（G2）、"同舟共济"等，不一而足。

　　退一步而言，即便是小布什时期，中美关系也从未演变到这种令人过度忧虑和尴尬的境地，甚而在 2005 年美国兰德公司发表的《中国与全球化》报告中，似乎还隐现着欢迎中国不断增强全球责任的语气："中国全球化的成功将会使我们不再会有类似这样的麻烦：中国不再是一个让世界强权发生激烈冲突的地方；中国不再会支持东南亚、非洲以及拉丁美洲的叛乱；中国不再会寻求破坏全球性金融机构的机会。我们将受益于这样一个中国：它支持台湾和菲律宾稳定和资本主义民主，它加入国际货币基金组织、世界银行与世界贸易组织，它告诉邻国政治稳定、自由贸易以及自由投资的好处。"②

　　不难看出，美国彼时似乎乐见中国持续不断的经济增长，乐见中国在振兴全球经济和维护世界和平上发挥作用，鼓励中国采用软实力获取威望。

　　然而，近年来，中美关系似乎来了一个 180 度的大转弯，在联合军演、对台军售、会见达赖、汇率问题、朝核问题、网络审查、意识形态等问题领域，中美之间的磕碰此起彼伏。试问，美国为何一度包容中国，鼓励中国发挥全球性的作用？什么原因又促使美国改弦易辙对中国采取一种非合作性战略，如果不是出于战略遏制或对抗的选择？导致美国这种判断或变化的深层次原因又是什么呢？在国际体系与全球体系并存的情势下，中美两国应该具备一种什么样的视野或情怀，有效推动国际关系与全球治理的健康发展？显然，围绕上述问题进行刍议对于发展健康、稳定和成熟的中美关系，促进世界和平与稳定意义重大。

　　21 世纪以来，中国的综合国力和国际地位提高不仅给中国自身带来

---

① Minxin Pei "An Assertive China a 'New Normal'?", http：//the－diplomat. com/2010/11/24/an－assertive－china－the－new－normal/2/.

② William H. Overholt, "China and Globalization", http：//www. rand. org/pubs/testimonies/CT244. html.

了声望，而且亦强化了国际社会对中国在全球事务中的责任与义务的期待。在全球政治、经济、军事、信息相互依存不断加大的情势下，国际社会呼吁中国积极利用自身的资源和优势，为世界的和平、全球治理乃至地区一体化作出贡献。

从中国的国内诉求看，中国的自身发展和权益维护诉求也促使中国须适度增强国防力量，为参与维和、反恐、打击海盗和护航等国际合作创造条件。然而，中国的发展和国际社会对中国的责任期待却在一定程度上触动了受单边主义支配的美国神经，并引发了其一系列错误认知或判断。

（1）风险预警：中国与东盟的关系走得太近了。前景理论认为，一定的历史经验教训可以形成知觉倾向，其路径是，通过历史事件、历史经验教训来判断他者的未来行为和行为体自身可能面临的风险。

众所周知，由于历史原因，特别是受到冷战的影响，中国与周边国家尤其是东南亚国家的关系直至20世纪90年代中后期才有所改善。为了促进与东南亚国家的关系，中国于冷战结束后一直在不懈努力推行"睦邻、安邻、富邻"的外交政策。特别是在20世纪90年代后期，中国不计前嫌和历史恩怨，在经济、人道援助上给相关国家以巨大支持，并赢得了广大东盟国家的信任。可以说，这在一定程度上充分体现了中国负责任大国的情怀。

进入21世纪后，中国进一步致力于与东盟的一体化进程，通过"10＋1""10＋3"等机制开展与东盟成员国之间的合作，在关税、物流、人员往来、市场准入以及救灾赈灾等方面采取了许多慷慨和负责任的行动，逐渐赢得了国际社会特别是东南亚主要国家的信任与好评。

东盟一体化的顺利发展不仅促进了中国与广大东盟国家的和谐关系，也促进了中国国内经济的发展。2008年，在世界广泛受到金融危机波及的情况下，东盟国家在中国经济的强大推动下暂时渡过了危机，这是中国经济与东盟经济体不断相互依存的积极效用显现，也彰显了中国的负责任大国与缔造和谐世界的意识。

照理说，秉承经济自由主义理念的美国应该始终如一鼓励中国与东盟的一体化进程，支持中国为全球化政治、经济良性互动做出的努力。然而，美国的表现似乎与此相反。美国对于中国的亚洲政策特别是在东盟一体化进程中的建树显得"酸味十足"，似乎自己被撇在了一边。它视而不见中国与东盟关系的良性互动给本地区带来的和平与繁荣以及对全球经济稳定作出的贡献。相反，美国参照以往其在这个地区的影响力，具有一种利益损伤的"风险预警"感。

众所周知，冷战后，东南亚一度成为美国在亚洲的"后院"。美国通过《中央条约组织》等盟约扩充其影响力，形成对中国的遏制，现在的大多数东盟成员国曾一度是美国的随从或附庸，冷战后，处于全球政治、经济的变化及其战略的选择，美国一度忙于北约东扩、科索沃战争等，使得它一度从这个亚太地区消失。而"9·11"事件后，"全球反恐"的使命使得美国力不从心。

但是，当中国与东盟关系在政治、经济特别是一体化方面向前发展的时候，美国的参照点悄悄地发生了变化。于是，一些学者和政要人物甚而不惜制造恐慌、散布杀手锏——"阴谋论"（Assassin's mace），并在东南亚地区不时散布"中国威胁论"。

杰维斯指出，"如果行为体收到的信息不能自然而然地与他们的观点相吻合，他们往往会将这样的信息明确地解读为与自己相符的证据"。[1] 美国试图借用历史的记忆误导中国对南海主权的正当诉求并试图借用"历史记忆"创制"集体记忆"。

菲德尔·菲利普斯（Kendall R. Phillips）认为，政治与社会权利在集体记忆中起着作用，因而历史记忆往往会转化为集体记忆。[2] 回顾历史，美国的这种恐惧心理与20世纪60年代盛行于美国政界的共产主义威胁的"多米诺骨牌效应"并无二致。

不难想象，美国这种风险预警心理一定程度上促使美国决定重返东南亚，因而"议程制造"便成了美国某些政府的操盘。在2010年10月举办的首届东盟国防部长扩大会议上，美国国防部长盖茨称，"我们与太平洋为邻，我们在这里有长期利益。整个亚洲都要相信，除了经济和政治领域，美国还将在国防与安全领域成为一个积极的参与者"。

美国前国务卿希拉里·克林顿也在公开场合称中美在亚太地区岛国之间存有竞争。可见，美国的一些政要人物有操纵或框定政治议程之嫌，并引发了周边国家对中国的恐惧心理，而当下紧张的南海局势与美国的议程设置与鼓噪不无联系。

---

① ［美］罗伯特·杰维斯：《国际政治中的知觉和错误知觉》，秦亚青译，世界知识出版社2003年版，第141页。

② 同上。

（2）框定效应：中国的海洋战略超出了预期。参考依赖的一个延伸概念是"框定效应"，即通过参考点来调整战略。对于美国而言，中国在领海权维护上不应超过美国所框定的"参考点"。推断地讲，美国认为，中国是一个以农耕经济为主的国家，中国的国防应基于本土的防御。

由于历史原因，海军一直是我国军队中最薄弱的环节。但是，1990年后，为确保领土、领海不受侵犯，确保正常贸易，维护大陆架的经济开发，我国适度加强了海军力量的发展。最近几年，出于国家利益维护和国际安全的合作，中国提出要拥有自己的新型战舰和航母。事实上，作为一个负责任大国，中国也需要提升自己的军事实力，这是中国自身发展的需要，也是维护世界和平与繁荣的需要。

比如，20世纪90年代中期以来，中国多次派出官兵参加联合国维和行动，并为印度洋海啸、缅甸超强热带风暴、海地和智利地震等提供人道主义援助。2008年以来，中国海军先后派出6批舰艇编队赴亚丁湾和索马里、吉布提、肯尼亚、坦桑尼亚、塞舌尔和孟加拉国等国家和海域护航和执行医疗任务，为建设"和谐世界""和谐海洋"作出了贡献，并受到了所在国和地区的热烈欢迎和好评。中国领导人称，中国走和平发展道路是长远的"战略选择"，"中国发展国防力量不是为了挑战谁、威胁谁，而是为了自身安全、促进世界和地区的和平稳定"。

但是，中国这种适度的战略调整却让美国感到自己的霸主地位受到了挑战，尤其是近年来在尖端武器、航空母舰、隐形潜艇等方面的突破使美国担心其海洋实力或霸权被中国超过。由此，不难想到19世纪大英帝国的一位官员面对美国崛起的感叹："我们决不能允许任何其他国家在海上与我们平起平坐，因为一旦它们的实力和我们相近，我们的优势便命悬一线了。"① 不难看出，这种思维也适合当今世界上拥有最强大海军的美国的心态。

因此，美国利用各种手段遏制中国提升自己的海洋优势，甚至不惜借机操纵"参考点"。一些右翼学者和政要人物不断鼓噪"中国南海威胁论"，呼吁美国同印尼、越南一道抗议中国在海洋权益上的"U形主权诉求"。

---

① ［英］巴里·布赞：《人、国家与恐惧——后冷战时代的国际安全研究议程》，闫健、李剑译，中央编译出版社2009年版，第308页。

美国这种认知受到了地缘政治心理学的影响。扎根于美国本土的马汉早在 20 世纪初，就提出海上优势对于本土安全的重要性。美国在第一、第二次世界大战之后最终成为名副其实的实力最强的海洋军事大国。

确保美国在海洋上的超霸地位几乎是第二次世界大战后美国的核心国家利益，对于美国而言，可以推断，美国绝不能允许中国的海上优势走得太远。所以，在过去几年美国把 60% 的弹道导弹核潜艇、60% 的攻击型核潜艇、超过一半的航空母舰编队，都转移到了亚太地区，直至 2010 年美国以"海上老大"的姿态出现在中国领海，不惜与中国的海军直接发生对峙。

美国的这种心结与其积存已久的冷战思维、地缘政治心理不无关系，而中国对维护自己的任何合理权益诉求都会有悖于美国对中国发展方向的框定，中国国内的经济发展与在国际上的影响力将不可避免地引发其对中国的遏制。

（3）沉没预警：遏制中国势在必行。前景理论认为，损失厌恶导致个人不愿意看到先前所投入的成本白白浪费，因而会将沉没成本考虑到决策中来，由于禀赋效应的存在，领导人趋向于将自己的妥协看做损失，而将对方妥协看做收益。基于风险预警的心理，美国认为遏制中国方为上策。而实施遏制战略美国显然是行家，在冷战中美国惯用建立联盟或准联盟来同对方博弈。

近年来，美国与日本、印度、越南、韩国紧密互动，频繁军演。美国的这种心理也无形中加剧了中国与周边国家的紧张关系，在美国的议程操纵下，周边国家的戒备心明显加剧，其行为和言辞咄咄逼人。一段时间内日本、越南、菲律宾等国家与中国的海上纠纷不断，这同美国的刻意搅局难脱干系。

2010 年 10 月，日本防卫相在与越南、印尼、澳大利亚、泰国、新加坡国家防长见面时宣称"尖阁群岛（即我国钓鱼群岛）是日本固有领土"。与此同时，日本"拥核论"开始挑战"无核三原则"，一改过去坚决反对的态度，日本政府对一些不负责任的言论却保持沉默，《亚洲周刊》载文称这显示日本的政治生态及民意正在出现微妙变化，并可能加速催化"拥核论"。

日本新右翼组织出现年轻化、高学历化趋势，要将民族主义与自由、民主、人权挂钩，反对中国。在对印度等国关系上，美国也如法炮制。一改过去对巴基斯坦支持的态度，美国在联合国入常等问题上似乎也转向讨好印度，一位学者在《外交政策》上称奥巴马对印度的访问促进了美印休戚相关的利益关系，并褒扬美印关系为"21世纪不可缺失的伙伴关系"（indispensable partnerships of the 21st century）。①

印度新德里"政策研究中心"教授布拉马·切拉尼（Brahma Chellaney）甚至对未来几年的亚洲格局进行了预测，并称亚洲的地缘政治格局将出现四种安全格局，因此号召相关国家一起抵制可能形成的"中国主导机制"，称美国在中印关系的持续紧张中扮演了推手作用。

切拉尼认为，美国积极打造的所谓"美印军事同盟"实际只是徒有其名，真实意图是引诱印度加入美国围堵中国的包围圈，并激起中印关系的持续紧张。越南、菲律宾也欲借助澳大利亚来抵制中国的"海洋战略"；印度借中俄之间的正常来往呼吁同韩国建立"战略伙伴关系"来抗衡中国。

对于中国与其他国家与地区的良性互动和关系发展，美国也感到极不自在。美国十分警惕盟国的"叛节"或"倒戈"。美国甚至担心其传统盟国土耳其也有脱欧入亚的倾向。近年来，中土之间的高层往来明显增多。毫无疑问，土耳其作为美国传统的盟友，即便是与中国发展正常的双边关系也会使美国有被疏远的感觉。美国还指责中国在非洲、拉丁美洲是出于狭隘的国家利益，并称中国在国际上的行为"缺少道德关注"，同时牵强附会地认为中东一些国家欲借中国抗衡西方。在中国台湾问题上，美国的"不沉的航空母舰论"始终左右着其对台政策制定。

因此，在2010年年初就宣布对台销售"爱国者导弹以及黑鹰直升机"，美国声称它符合《与台湾关系法》，实际上还是美国的遏制心理在作祟。美国似乎也同中国在伊核、朝核问题上展开积极的合作，但是，当美国发现朝核问题迟迟得不到解决，加上朝鲜的"不配合"行为，就变得极不耐心，并开始迁怒于中国，甚至欲另辟蹊径，试图撇开中国与朝鲜直接进行谈判。可见，当下美国对华采取的一系列遏制政策都与"沉没预警"的情结有着关联，或者说遏制中国是其充当世界领头羊迷思的一个心理写照。

---

① Seth Cropsey, Keeping the Pacific Pacific：The Looming U. S. – Chinese Naval Rivalry, http：//www. foreignaffairs. com/articles/66752/seth – cropsey/keeping – the – pacific – pacific? page =2.

（4）确定迷思：美国应始终是世界的领头羊。确定性效应的心理认知基于行为体想当然地认为自己应该维持某一种优势。也就是说，无论中国和美国在综合国力上的距离有多大，无论中美之间的军事差距有多远，美国都会一厢情愿地把中国当成假想敌，当作"修正主义大国"。

在美国看来，"相信方能看见""如果明确告诉你要看到什么东西，你的预期和倾向会受到影响"，这就是基于过去经验的"知觉定向"。① 美国确信，中国已在经济、军事、自由价值等方面与西方"过招"，拒绝对人民币实施大幅升值、停止购买美国的国债、实施更加多元化的贸易战略、拒绝激进式的政治改革、没有释放西方人所偏爱的"持不同政见者"。中国的发展与美国的预期相悖，因而产生了"偏好反转"——"利益攸关方""同舟共济"已不再适宜于界定中美关系。

2009 年前后，美国深陷伊拉克战争、恐怖分子对美国的袭击层出不穷招致国内外批评不断；在国内，小布什政府面临经济不振、失业率居高、资金短缺、生产不畅等通胀的压力；在国际上，由于受到伊拉克战争的影响，在一些地区如伊核、朝核以及"达尔富尔"等热点问题上迟迟没有进展，在气候环境、跨国犯罪、走私等问题上，"善治"也收效甚微。

彼时，也正值奥巴马上台，他不得不忙于权力交接，振兴国内经济，特别是要推展其形象工程进行美国历史上最大的全民医改，谁知又遭遇全球性经济危机，美国次贷危机并发，如此等等一大堆令人棘手的问题使得美国急需借助中国的"水龙头"临时灭火。因而美国对发展中美关系形成了自己预设的偏好或期待。不难理解，当时的美国学界和政要人物极力用"中美国""同舟共济"等话语来"忽悠"中国这个"负责任的大国"。

而后，情势的变化又促使美国政府回到其固有的参照点，甚至对中国的经济政策进行攻击。美国学者马克·莫耶（Mark Moyar）2010 年 3 月 1日在《华盛顿时报》上撰文指责中国的汇率不透明并涉嫌操纵汇率，辩称中国只想给自己一个"最大的余地"（maximum leeway）。还有的学者竟然称中国对美国的债务负有责任，中国的进口乏力造成了美国的

---

① ［美］罗伯特·杰维斯：《国际政治中的知觉和错误知觉》，秦亚青译，世界知识出版社2003 年版，第 144—149 页。

赤字。①

事实上，自 20 世纪 90 年代以来中国在国际金融领域采取了许多与国际接轨的政策，出台了许多向浮动汇率靠拢的政策，基本上实现了人民币与国际货币之间汇率浮动挂钩的预期目的。相反，美国却显得过度关注自己的利益，投机套利，所实行的"零利率"激发了空前的"美元投机套利"。一位颇负盛名的金融预测专家努里尔·鲁比尼警告说："美元投资套利交易正成为所有套利交易之墓和所有资产泡沫之母，并引发全球资产泡沫。"②

美国政界、学界以及媒体还出现了中国要超过美国的各种言论版本，比如在未来二三十年内中国的经济总量要超过美国，也有人做出预言按购买力平价估算，中国经济规模在 2012 年或超美国，"2016 年，美国不得不把在国际货币基金组织的头把交椅让位于中国"等，不一而足。

一些人确信，中国只会利用重商主义不断提升国家实力，这样发展下去势必引致中国迟早挑战美国的霸权。2010 年 11 月保罗·肯尼迪在《纽约时报》上撰文称："多数国家会围着美国的政治轨道运转……中国在任何时候也不会随着美国的节拍起舞。"③ 这不由得使我们联想起美国已故总统尼克松曾提及的一句话："我们美国人不知道怎样当世界第二，甚至不知道怎样当世界第一。"

杰维斯指出："根据逻辑和历史经验进行推理的过程会产生理性认知相符现象，但是也会使人们将接受的信息纳入原有的认识框架中，致使他们所知觉的东西就是他们原来预期出现的东西。"④ 可见，"单极霸权"的迷思已在美国一些政要人士的心中留下了深重的烙印，他们认为，随着中国影响力的增强，中国迟早会挑战美国的霸权。

---

① Alan Beattie and Alan Rappeport, "Soaring US Trade Deficit Fuels Tension", *Financial Times*, 15 October, 2010.

② 明金维:《"美元投机套利交易"规模空前，分析人士警告——美"零利率"正酝酿全球资产泡沫》,《解放日报》2010 年 2 月 19 日。

③ 张全义:《从前景理论视角看美国的对华战略》,《国际关系学院学报》2012 年第 3 期。

④ ［美］罗伯特·杰维斯:《国际政治中的知觉和错误知觉》，秦亚青译，世界知识出版社 2003 年版，第 140 页。

# 三

前景理论为我们认识美国对华战略的心理渊源提供了一个独特的分析视角。尽管环境因素，如历史因素、规范因素、偶发性因素乃至人格因素不是决定国家偏好、政策选择的唯一变量，但是它可以帮助我们从更微观的角度理解一个国家的战略心理。

美国或许依照历史上霸权更迭的逻辑或自己的心理预测模式研判中国的发展或走向。然而，美国必须认识到，戴着有色的眼镜看东西多少会产生视觉偏差，所以，抱着"相信之后方能看见"的心理未必就是客观的。如果仅围绕自身的利益看问题，忽视他国的思虑，一味在自己框定的参考点上做文章，极有可能产生错误影像或知觉、做出错误的判断、进而采取错误的行动。①

中国的实力发展及其在全球治理、地区一体化中发挥的作用和影响力未必是一件坏事，或许美国需要换一种角度或视角进行思考。作为世界上最大的发达国家与最大的发展中国家，中美两国不仅肩负着促进世界经济健康发展之重担，而且两国也有义务和责任促进东西方文明的交融与互动，塞缪尔·亨廷顿曾指出文明之间或许成为影响国际体系健康发展的一个重要变量。所以，国际关系与全球治理的健康与发展或许离不开中美两个大国之间进行良性的互动与合作，况且《千禧年宣言》也需要大国做出表率或推动。

小约瑟夫·奈（Joseph S. Nye Jr.）不久前曾指出：中美须认识到双方在应对世界金融、网络安全、气候变化上所遇到的共同挑战中能共谋利益而不是互成威胁。所以，主权国家不能仅围绕狭隘的国家利益进行"议程设置"，甚至塑造偏好、历史记忆或刻意制造冲突。小约瑟夫·奈不无担忧地警示称：中美两国要吸取一个世纪前德国和英国所经历过的灾难。②

---

① ［美］罗伯特·杰维斯：《国际政治中的知觉和错误知觉》，秦亚青译，世界知识出版社2003年版，第145、170页。

② Joseph S. Nye Jr, "US – China Relationship: A Shift in Perception of Power", *Los Angeles Times*, 6 April, 2011.

不妨说，就单元体和国际体系而言，固然，无政府的国际体系不可能完全消除国家之间的安全的困境，但是大国有义务促成成熟的或进步的国际体系或全球制度，这是历史和现实赋予人类的责任。正如巴瑞·布赞所强调的：我们也许可以期望互动密度的增加带来的压力将让世人比过去更快地醒悟。……打破这一明显绝境的可能途径是制定出涵盖了所有层次——个人、国家、地区和体系——的安全政策。① 从发展健康的国际关系和国际体系看，如果大国在参考点能达到认同或接近一致，那么将有助于稳定国际体系的维持；反之，如果行为体的参考点都高于现状，那么就可能导致国际体系的动荡或不稳定发展。

就我国而言，在发展的战略上不仅要注重方式，而且要善于运用国际规范或干预机制化解误解与错误知觉；不能被他国牵着鼻子走，学会以理性的方式处理纠纷、化解冲突，在发展中须注重策略与战术，避免狭隘的或极端的爱国主义，尤其是须在国家责任、国际关系、全球利益几个层面做到有效的均衡。在提升综合国力的同时，不仅要发展"软实力"而且要关注"软实力和谐"。而最重要的是要学会在全球层面提升自己对整个国际社会的感召力，这是当务之急，也是最难做的。

## 相关链接　中日钓鱼岛纷争与中日战略机遇期碰撞刍议②

关于大国的崛起和民族的兴亡有众多考究，比如"文明兴衰论""资源枯竭说"甚至"神秘主义论"，然而，在众多的学说中，"历史周期论"可谓最有影响，从莫德尔斯基到塞缪尔·亨廷顿、保罗·肯尼迪、弗朗西斯·福山，其"历史循环说""文明冲突论""霸权稳定论""历史终结论"无不对当代国家战略的制定产生影响。从国内治理而言，"历史周期论"还有另一说，民主革命时期，民主人士黄炎培还和毛泽东论及历史周期与政权更迭的关系。笔者认为，钓鱼岛纷争之后潜藏着中日在战略机

---

① ［英］巴瑞·布赞：《人、国家与恐惧——后冷战时代的国际安全研究议程》，闫健、李剑译，中央编译出版社2009年版，第343页。

② 张全义：《中日钓鱼岛纷争与中日战略机遇期碰撞刍议》，《经济要参》2014年第2期，这里有增减。

遇期上的博弈。

"历史周期论"认为，一国的兴衰同一国的国力、文化影响力、军事、经济和政治制度的兴衰有着关联，且呈现出一定的规律或周期性。不可否认，尽管周期论带有一定宿命论或目的论的倾向。但是，作为对历史的尊重，我们又不可否认历史带给我们的众多启示。

国际政治学家和政要都会或多或少地参照历史周期来制定自己的国家发展战略，不妨说，如果国家之间在各自战略发展的预期上发生吻合，这里，现实主义关于国家实力变化的推论或许有一定的道理。根据古典现实主义原则，国家之间势必会发生碰撞，国家之间会发生冲突乃至战争，而这种碰撞必然会出现于一个平台或事件。

放眼当下中日两国围绕钓鱼岛问题的争执，从表面看，是中日两国围绕钓鱼岛的主权归属产生的争执或者海洋权益的博弈，或者进一步说，不排除两国政权阶层借钓鱼岛纠纷试图达到凝聚民心、加强认同、巩固政权的目的。然而，从战略的角度看，中日两国关于钓鱼岛的纷争绝非停留于这个层面。不妨说，眼下中日围绕钓鱼岛的"冷战"是两国政治阶层围绕着各自的战略机遇期互相试探、互相抗争、互相博弈。

以日本为例，日本的现代化进程始于19世纪中后叶的明治维新，而在此之前，日本是一个封建割据、武士横行的"分裂年代"。明治维新之后日本方正式摆脱封建制度的羁绊走向资本主义并开始了其工业化的进程。在不到10年的时间里，日本的工业、农业得到了长足发展，积聚了财富、强化了认同并完成了对外侵略的准备。1894年日本终于发动了密谋已久的中日甲午战争，至1945年第二次世界大战日本战败，日本的天皇和政要加入帝国主义的殖民战争中并发动了第二次世界大战，如果没有战败，日本几乎完成了其"大东亚共荣圈"的梦想，至少成为名副其实的亚洲霸主。因此说，根据周期说原理，1895—1945年可以说是日本的第一个战略周期。

第二次世界大战后，经过短暂的战争创伤医治和恢复，1950—1990年可为日本的第二个战略周期，在此期间，日本再次实现了经济腾飞，其咄咄逼人的经济优势几乎将整个美国吞掉，最为明显的是引起了美国的恐慌，因此日本可以对世界说"不"，"日本威胁论"一度甚嚣尘上。

然而，自20世纪90年代初开始，日本又陷入一个衰退的周期，日本的经济结构、贸易政策甚至政治结构陷入委靡不振之中，继而影响了日本对于世界的影响力，其摆脱政治的包袱走向世界的梦想不得不搁置下来。依此，日本的政治强烈右转，日本人认为，2000—2050 年理应是日本另一个发展周期，不料，经济至今没有回暖，这也许是日本国民不断右转的一个重要原因，所以日本的政府走马灯似的变换，日本政要和国民认为，再不能等下去了。

我们再看中国的发展机遇期。近代的中国，自明朝中后期至 18 世纪中后期（康熙、乾隆年间）粗略算起来是 250 年，在此期间，中国成为东方体系的主导国，中国的财富占据了世界的近一半，其独特的朝贡体系维系了东亚的和平与稳定，这是中国的第一个战略周期。

然而到了 1840 年之后，中国的政治、经济衰落，政治地位一落千丈，直至鸦片战争、列强入侵、国共内战、台海分裂、"文化大革命"……

20 世纪 80 年代后，中国开始了其建设进程，根据以往的周期，中国的复兴也应在 2050 年前后。尽管也有学者认为，这一周期有可能提前至 2030 年前后，原因是中国过去的复兴基于农耕式文明，而工业化的文明可能使中国的复兴提前。或许，正是基于这一假设，美国、日本等对中国的复兴感到恐惧，试图采用各种企图来遏制中国的发展。尤其是，对于日本而言，中国的复兴期正好与日本的复兴期吻合，所以，日本才不惜以钓鱼岛纠纷为噱头，甚至不惜一战阻碍中国的战略发展。

关于大国崛起并引发碰撞的周期论或许只是一种假设，然而，历史毕竟是一面镜子，所以必须吸取历史的教训，不让屈辱的历史再现，正如中国外交部部长王毅在答记者问时所说的，"现在不是 1894，也不是 1914"①。中华民族曾经拥有和创制过先进的制度和理念，曾经引领过世界的文明进程，那么有理由相信，中国的复兴是迟早的事。中国之梦即复兴之梦，因此对于日本及西方大国从战略周期学说遏制中国的发展不应丧失警惕。

所以，在处理中日关系问题上，一方面，我们要认清这个时代是联合国主导之下的主权国家时代，因此维护国家利益是正当和正义的，对于任何危及我国领土主权、民族团结、文化价值等核心利益的企图或挑衅行为，我们一定要坚决地予以回击、打击，从而保持我们国家的长治久安，

---

① 王毅称："有人将现在的中日关系与一战前的英德关系相提并论，我想强调的是，2014 不是 1914，2014 更不是 1894，与其拿一战前的德国来做文章，不如以二战后的德国来作榜样。" http：//news. sina. com. cn/c/2014 - 03 - 09/040029659821. shtml.

使得我国的发展如期进行。另一方面，我们须认识到当下的世界是一个相互依存的世界，国家利益、全球利益相互交织、融合，在维护国家核心利益的同时，我们须放弃狭隘的爱国主义，学会参与全球治理，拥有一种全球主义的情怀。

# 第三章　体系心理及其范式[①]

上述论证的一个核心观点为国家具有人格或心理特征，以此类推，作为由单元体组成的体系或系统逻辑上同样也具有某种心理表征。那么，如何界定体系心理？体系心理有何表征？从推进有效的全球治理而言，又如何对影响体系心理的变量进行干预？某种程度上，这些问题也构成了当下推动国际体系健康运行、应对全球治理困境、促进人类文明可持续发展的不可忽略的议题。在本章，笔者拟结合政治心理学、国际关系学、物理哲学的原理，依循世界历史与国际体系演变的路径，针对体系的心理表征及其连带问题进行阐释。

## 一

体系心理是一个抽象且流动的概念，体系心理是基于社会人、国家心理的演绎原理，依此，其表征不应脱臼于所在的场景及其构成的内容，具体而言，它呈以下表征。[②]

其一，体系心理与体系文化存在着重叠与相互建构关系，在变量上是相互依存的，不分主次。体系心理渗透于既存的体系文化中，反过来体系心理又在影响既存的体系文化的构成从器物、制度到理念的建构，它包括看得见、摸得着的物化文明，比如科学发明、建筑、服饰、礼仪等，也包括历史认知、哲学思想等精神性学，它们是文化与心理的一个集合，这种

① 笔者曾就体系心理的理论假设做过一个梳理，这里有所增扩。张全义：《人、国家与体系心理：国际政治社会学的一种诠释》，《国际观察》2014 年第 5 期。

② 在共同体会议期间，笔者提出了体系心理的概念并得到了北京大学的王逸舟教授、清华大学的阎学通教授、浙江大学的余啸枫教授、北京外国语大学国际关系学院尹继武副教授以及美国俄亥俄州立大学亚历山大·温特等人的鼓励、批评与建议。

集合最终促成体系心理或文化的生成。有必要指出的是，哲学思想或政治理论往往对体系心理的构成具有重大影响，并作用于人类文明或文化，进而使得体系的文化和心理互相影响、互相建构。譬如，就主流的国际政治理论而言，一方面现实主义、自由主义、建构主义等主流理论/文化受到了体系构成的影响；另一方面这些政治理论或文化倾向会对国际社会中的行为体心理产生影响，进而推动体系心理的生成。

其二，体系心理的生成具有继承性，连续性。一个时代的体系心理往往成为前一个体系文化与当下体系文化的重叠或重合；体系心理并非是断裂的。体系心理形形色色的表现形式与内容贯穿于国际制度或世界体系中，因而在制度层面存在着逻辑或因果关联，在功能上表现为相互连接或依存；此外，引发体系转换的诱因尽管呈多元、立体或不确定性，但其前后的结构变化却存在着因果关联，任何意义的体系心理生成都具有前因后果。譬如，就当下的体系心理构成而言，体系心理特点呈国际体系与全球体系重叠或并重的特点，在使动关系上，表现在国家利益扩大化心理与基于相互依存的全球治理心理相互影响或互构的特征，而正是基于这种因果关联，为人类干预、修补体系心理创造了条件。

其三，体系心理并非一成不变的，在形态与趋势上表现为功能、内容与理念的进步。比如，当下的体系心理呈国际社会的"无政府"状态，但这并非说这种无政府体系的文化或心理永远不变。因此，体系转换之内容、形式的变化或进步体现于行为体对既存体系心理或文化（比如无政府文化或心理）的建构与推动。不妨说，这是亚历山大·温特所倡导的温和建构主义理论最核心的假设。他坚持在行为体对安全的理解和利益的获取上，霍布斯式的文化特征是你死我活的竞争式，而洛克式的文化特征为竞争合作制，康德式文化特征是国际体系文化发展的趋势，它的表征是集体安全与共赢，所以，国际体系的进步体现于从霍布斯式文化、洛克式文化到康德式文化的扬弃与发展。①

一如前述，体系的转换与特定的社会思潮或理论范式不无联系。就体

---

① 亚历山大·温特认为：30 年战争以前人类的历史定位基本处于"不是你死就是我活"（killed and to be killed）的霍布斯文化状态，而"洛克式无政府文化"的形成在 1648 年的《威斯特伐利亚和约》签订期间或之后，对"主权"的尊重是洛克文化的一个集中标志；20 世纪后期人类在向"集体安全的康德式文化"过渡。张全义：《采访亚历山大·温特：探寻建构主义的"问题领域"》，《国际观察》2017 年第 1 期。

系的整体建构或国际体系转换而言，当代的国际关系理论大师从不甘寂寞，在学理上创制了不少影响深远的范式，它们对体系心理的建构起到了高屋建瓴的作用。学术范式林林总总，在结构生成上有主次矛盾说（毛泽东）、国家层次说（沃尔茨、沃勒斯坦）、历史进化说（英国国际关系理论、广义进化论）、建构论（温特）；在理念上有现实主义、理想主义和建构主义以及英国国际关系理论；在内容或元的构成上有"帝国论""两极论""文明冲突论""相互依存论""复合安全论"等，不一而足。

限于篇幅，这里对体系心理的主流范式做扼要的归纳和梳理。

一元论范式。一元论理念最早起源于对世界和人类组织形式结构的理解，从原子论学派的泰勒斯、巴门尼德、普罗泰戈拉、亚里士多德到精神一元论倡导者柏拉图、奥古斯丁，以至文艺复兴之后的马基雅维利、霍布斯、康德、黑格尔，支撑他们哲学理念的，不是基于绝对物化的力量、绝对的人（王权）就是绝对的神或绝对的精神，而从古到今，他们的这种一元论的理念对社会构成、城邦建构、帝国建制起到了高屋建瓴的作用。人类历史的演变、王权与教皇之间的博弈、形形色色帝国的兴衰从某种程度上都证明了这一点。

一元论之思维范式也深深影响了治理体系理论的演化或建构。一元论的理念表现形形色色，从中世纪主义到新中世纪主义，从"种族至上论""民族优越论""地理决定论"到"天定命运论""霸权稳定论"，尽管它们的理念存有差异甚至互相矛盾，但不可否认，其理念的基轴或公约数都与"一元论"有着这样或那样的关联，国家形式的变化、体系的转换无不带着其深深的烙印。

当然，一元论的形式并非呈一种范式或模式，其称谓也花样繁多，尤其是，在历史的进程中，其称谓或者话语甚至十分动听，譬如，第二次世界大战中纳粹德国所宣称的"日耳曼帝国"、日本帝国主义所蛊惑的"大东亚共荣圈"就带有很大的欺骗性；冷战中苏联所搞的那套基于以苏联为中心的"社会主义大家庭"、美国所倡导的西方资本主义阵营也难脱"一元论"窠臼；而冷战结束后，一度在西方盛行的"历史终结论""文明冲突论"都与"一元论"的理念难脱干系。

当然，这并非说笔者要全盘否定一元论对于人类社会和文明的建构，客观地说，在一定的历史阶段一元论的治理方式曾经推动了人类的整体历史与文明的进步，或者说，这种理念也曾受到时代的推崇或认同，成为一种社会、国家或特定体系的文化。譬如，历史上的罗马帝国、秦汉帝国、孔雀帝国的存在及其灿烂辉煌之历史、文化、治理模式不仅曾经是一种主流的社会事实，而且其本身也是当时人类治理文化精髓的表现。在人类社会的发展进程中，"一元论"的文化或心理时有反复，尤其是当哥伦布发现新大陆开启了人类互动的进程后，重构帝国、回归帝国的理念从没有消失。比如，从理念、内容及形式上，形形色色的帝国层出不穷，要么是宗教帝国、世俗帝国，要么是军事帝国。人类之间的冲突、暴力与战争也此起彼伏，从十字军东征、30年战争，拿破仑战争，18、19世纪的殖民战争到第一、第二次世界大战以及冷战，人类之间未曾停止过冲突甚至杀戮。

体系心理或文化作为一种治理理念并非是断层的，因此，尽管"一元论"在历史中有着不光彩的历史，但这并非说"一元论"在当下就销声匿迹了。体系心理总体来说呈进步的方向发展，但是，作为一种治理范式，当代的治理理念也不乏受其影响。譬如，受到西方强权政治理念的影响，至今一些理论学家仍强烈地持有"一元论"思想，尤其是在处理国家关系、面对一个国家的发展时，一些学者仍坚持"帝国霸权"理念，并提出"进攻现实主义"或防御现实主义的理念，对所谓的"修正主义"国家（revisionalist state）进行围堵或打压，事实上这是冷战思维的继续。

有人或许以"失败的国家""欠发达国家"的存在事实提出对文明范式进行整合，这种唯我独尊的心理从根本上起不到文明的融合作用，反而会引发文化或文明之间的冲突。某种程度上，这是当下全球治理失序的一个渊薮，也是恐怖主义产生的根本原因；西方在借自身的力量和影响强势塑造其文明的同时，也伤害到了另一种文化或文明，并加剧了文明之间的冲突。正像美国著名的中东学家伯纳德·刘易斯所言，不是文明本身造就了冲突，相反，历史的因素使得西方塑造了东方，西方的敌对性不得不使伊斯兰世界选择对抗的手法。①其后果是这种基于文明独尊的一元式思维给人类文明之间的正常交往带来了很大的负面影响，并造就了一个"羞辱的文化"或"被遗弃的世界"。

不难看出，西方的整体文化在民族群体之间制造了"我们"与"他

---

① 在谈到18世纪末19世纪初西方对伊斯兰世界的侵略时，伯纳德·刘易斯说，伊斯兰的主导力量显得无关紧要了。塑造他们的生命是西方的影响力。给予他们选择的是西方的敌对性。[法]多米尼克·莫伊西：《情感地缘政治学：恐惧、羞辱与希望的文化如何重塑我们的世界》，姚芸竹译，新华出版社2010年版，第61页。

们"的界限，而媒体、文学、法律等在建构这种身份中又在或明或暗地制造一种负面的认同（negative identity），并最终造成一种认同危机感，①这种危机感加剧了"他者"从身份到文明的危机感，在绝望中，他们往往会铤而走险。对于一些弱势的群体而言，无助、无语、无奈最终促使他们选择了一种与文明相悖的抗衡方式。

勒庞称："政治革命可能由深植在人们头脑中的信仰所导致的，但革命的产生还有其他许多原因，这些原因可以一言以蔽之曰'不满'。只要不满开始普遍化，一个反对派就会形成，它常常可以强大到足以与政府相抗衡的程度。"②或许，"9·11"事件在很大程度上就是他们那种异常"不满"情绪的发泄。

对于这些弱势群体而言，死亡即使不是目标本身，也成为获得理想目标的不可缺失的一部分。③西方强势的文化霸权和话语垄断一定程度上造成了他们对于身份认同的恐惧，恐惧加剧了他们的防御性的反应——反映出一个人、一种文化、一种文明的身份在某个特定时刻的脆弱。④ 所以，一些具有暴力倾向的团体往往一开始就带有一种狂热的使命感、希望感、历史感，他们的理想不仅在于寻求个体意义的解脱也在于寻求一个群体理想的实现。⑤

笔者无意对这种"死亡文化"政治技巧进行辩护，也不是赞同基于

---

① Differentiating "them" from "us" and devaluing them is central to violence against "them", while a positive view of the other is central to helping "them". Devaluation and discrimination – for example, media images that devalue a group (whether a minority, women, or any other group) will frustrate a number of needs of members of the devalued group. An obvious one is the need for positive identity. Certain kinds of negative images have the potential to incite harmful action, thereby also frustrating the need for security. Ervin Staub, "Notes on Cultures of Violence, Culture of Caring and Peace, and the Fulfillment of Basic Human Needs", *Political Psychology*, Vol. 24, No. 1, March 2003, p. 3.

② ［法］古斯塔夫·勒庞：《革命心理学》，佟德志、刘训练译，吉林人民出版社2011年版，第7页。

③ ［法］多米尼克·莫伊西：《情感地缘政治学：恐惧、羞辱与希望的文化如何重塑我们的世界》，姚芸竹译，新华出版社2010年版，第86、87页。

④ 同上书，第96页。

⑤ Ervin Staub, "Notes on Cultures of Violence, Culture of Caring and Peace, and the Fulfillment of Basic Human Needs", *Political Psychology*, Vol. 24, No. 1, March 2003, pp. 8 – 10.

任何目的的恐怖主义。无论出于何种动机，对于那些丧尽天良、罄竹难书、伤及无辜生命的恐怖主义的行径与理念，人类都须进行谴责并给予坚决的反击。恐怖主义已成为危害国际体系正常运行和单元体之间合作的一个肿瘤，它不仅影响国家、地区、体系的正常建构，而且也是解决全球治理困境避之不过的一个难题，国际社会和主权国家一定要认清其本质并给予坚决的打击。

所以，"解铃还须系铃人"，对于恐怖主义产生的根源须做全面的分析，须反思国际体系、全球化进程中的不平等现象对于弱势群体在经济利益、地域文化、生活就业上带来的损害，并意识到强势的或霸道的文化体系给穆斯林文化带来了空前的认同危机或自尊缺憾，而不是在原有的伤疤基础上"撒盐"。"9·11"事件后的一段时间内西方一些人谈穆斯林色变，个体的身份（包括名字）似乎都成为被歧视的标签。比如，好莱坞电影《我的名字叫可汗》（*My name is Khan*）生动地描述了"9·11"事件之后在美国发生的一些排斥穆斯林的歇斯底里的事件。①

消除恐怖主义并非是一蹴而就的，反恐不是几次战争或斩首行动就能解决的，它是一项工程，亟须国际社会之间在政治、经济、文化诸领域进行合作，而更重要的是须关注那些催化恐怖主义产生的心理或认同因素，尤其是摈弃那种容易导致羞辱文化的理念与行径。根除恐怖主义仅依靠硬实力不能解决问题，因为过分偏重权力的因素不能解决问题还有可能被一种价值观所统领。笔者认为，或许"实力均衡"（balancing soft power）或软实力和谐（harmonizing soft power）或许能对消除恐怖主义起到比较大

---

① 印度宝莱坞（Bollywood）电影公司 2010 年所拍摄的一部反映"9·11"后穆斯林在美国受歧视的影片。故事的主要内容为：信奉伊斯兰教的里兹瓦·罕（Shahrukh Khan 饰）从小患有阿斯伯格综合征，母亲去世后，他追随哥哥扎克尔［吉米·舍尔吉勒（Jimmy Shergill）饰］的脚步从印度孟买移民美国旧金山。里兹瓦在帮哥哥的化妆品公司推销美容产品时认识了经营发廊的单身母亲曼迪娅（Kajol 饰）。里兹瓦不顾哥哥的反对执意与信奉印度教的曼迪娅结为夫妇，一家人和谐美满。"9·11"恐怖袭击的发生使美国国内掀起了反对、歧视穆斯林的风潮，里兹瓦与曼迪娅的发廊被迫关闭，而曼迪娅的独子山姆（Yuvaan Makaar 饰）更是在一场由种族歧视引发的少年争斗中意外身亡。悲愤的曼迪娅将愤怒发泄在了里兹瓦的穆斯林姓氏"罕"上，说只有里兹瓦告诉美国人民及美国总统他的姓氏并非与恐怖分子相关，才会与他再次相见。就这样，执着的里兹瓦踏上了艰难的觐见总统之途。

的作用，总之，一元式的文化独尊论显然不利于恐怖主义的消除。[①]

在当前困扰世界和平的叙利亚问题上，不能一味以暴制暴，要善于注重文化之间的差异，尊重不同文明的发展方式。照顾到叙利亚的政治生态，以东西方文明的智慧，组成不同的委员会进行化解冲突，这就需要国际社会建构一种新型的文化或价值体系或冲突化解理念，[②] 或者称之为共存或共生的体系心理。

## 二

"多元共生主义论"。[③] 自 20 世纪 80 年代以来，关于共生论学说在自然科学、社会科学遍地开花，从"系统论""广义进化论""复合相互依存""新安全观""软实力论"，全球社会、经济、技术、人员、信息一体化的事实促使人们逐步摒弃一元独尊论的思维模式。不难看出，这种互相联系性的心理表征在一定程度上催发了多元共生主义理念。共生主义强调：国际体系是一个共生体系，其本质是发展问题，其着力点在于实现均衡、平衡、和谐的发展，目标是建立相互包容、相互克制、互利共赢、共同发展的共生关系。[④]多元共生主义论的视角众多，以下结合体系心理的建构进行扼要梳理。

广义进化论。政治、经济、文化、科学技术尤其是信息革命的发展促

---

[①] 软实力均衡是指在文化或文明认同上，不仅要虑及主流文明或大国的政治文化传统，而且须虑及第二层面国家以及经济欠发达地区或国家的文化传统。Quanyi Zhang，"Balance of the Soft Power，One Way to Erase Global Terrorism"，*Journal of Bahrain International Centre for Research and Studies*，September，2006.

[②] Zhang Quanyi："Applying Soft Power to Resolving the Syria Conflict"，Dialogue & Alliance，*A Journal of the Universal Peace Federation*，Summer 2014，Vol. 28，No. 1.

[③] "共生主义"含义上等同于"社会共生理论"。《国际观察》曾组织了一组关于"社会共生理论"的文章，金应忠、蔡亮、黄平等几位学者围绕相关概念、内容及其与中国哲学、外交理念、十八大所提出的"人类命运共同体"等做了一个比较翔实的论证，很值得借鉴。《国际观察》2014 年第 1 期，第 37—70 页。

[④] 共生主义原是系统论的一个概念，于 20 世纪 50 年代被引入到社会科学领域，它与以下所论及的广义进化论、世界系统进化理论含义上存在着相互包容性。其基本点是从自然与人类社会相互依存的角度强调国际体系是一个共生体系，本质是共同发展问题。蔡亮：《共生性国际体系与中国外交的道、术、势》，《国际观察》2014 年第 1 期；胡守钧：《社会共生论》，复旦大学出版社 2012 年版。

使国际社会中的行为体之间的联系性不断加深，"世界又热、又平、又挤"已成为大众共识。人类生存之方式、环境或者说自然与社会不得不成为一个普遍联系的体系。在这种场景下，如果人类仅仅围绕各自的狭隘利益，无穷尽地追逐各自的国家或地区利益，那么，人类社会之间的冲突将会永无止境地延续下去。在 21 世纪，人类世界面临着新的临界点或拐点，面对人类社会的冲突、战争，人类须站在广义的视角上对人类的行为与自然进行干预，只有这样，人类的生命系统与文明才得以维系。①

"文明和谐论"亦可被称之为一种共生的心理或理念。② 文明和谐论的提出某种程度上是应对文明冲突论提出的困境与挑战，它提倡不同文明、不同文化、不同宗教之间的融合；文明是人类社会的共同标志，文明的普世意义在于和而不同。

中国文化传统所提倡的中庸之道理念某种程度上就是文明和谐论的一个注解。在闻名遐迩的《历史研究》中，汤因比曾提及中华儒教理念对于化解世界冲突的积极作用，中庸之道的理念根本在于促进和谐、共荣、发展，它并非是要保持绝对的均衡或平衡。中西文化在化解冲突的理解和方式上并非互相排斥，奥古斯丁提出世界是"音乐之和谐"（rhythm of relationship），而中庸之道赞同"黄金分割法则"（Principle of Golden Means）。③正如萨义德所言，"现代人在不断进步，欧洲人会通过亚洲而获得新生。……东方与西方的人性将融为一体"④。

集体身份（认同）转换说。这是基于马克思主义关于国家形式演变的历史、广义进化论之场理论、国际关系理论之建构主义关于行为体身份

---

① 世界系统进化理论也被称为广义进化论，它将人类社会与自然社会当作一个共生系统。社会系统永远要对自然环境保持开放，与自然环境交换物质流、能量流和信息流，否则就不可能存在和进化。代表人物为欧文·拉兹洛（Ervin Laszlo）、大卫·洛耶（David Loye）。闵家胤选编：《社会系统等级结构研究（研究性论文集）》，中国社会科学出版社 2011 年版，第 224—225、244—245 页。

② "文明和谐论"最早由华裔美籍学者杜维明等提出，其最初是对塞缪尔·亨廷顿所提出的"文明冲突伦"一种反向呼应。一些学者还试图将"文明和谐论"用于全球治理的实践。赵汀阳先生在其著作中，试图从"天下""正己""共在"等理念出发，在政治哲学领域寻找东西方之间的相切点。关于上述几种关系的论述，可参见赵汀阳《每个人的政治》，社会科学文献出版社 2010 年版，第 50—114 页。

③ 张全义：《世界国家生成机理初探——全球集体认同的生成与模式转换研究》，光明日报出版社 2010 年版，第 269 页。

④ ［美］爱德华·W. 萨义德：《东方学》，王宇根译，生活·读书·新知三联书店 1999 年版，第 146 页。

与体系不断建构的假说，这种视角坚持：认同的本质源于心理，推动人类社会发展的最重要的动力是身份（认同）的不断进化。个体的人、社会组织、国家乃至体系的发展与进步取决于行为体之间认同的建构。这是由社会人性、规范、身份的可建构性、全球相互依存的现实等变量所决定的。而人类意识整体进步，世界作为自组织的有机体，尤其是人类的动因共同促使人类在治理理念不断趋同。回顾历史，人类社会已经历了混沌认同、原始认同、古典国家认同、主权国家认同，而当下正在经历后主权时代认同，人类最终会走向基于所有人类利益的世界国家认同。①

所以，在全球治理问题上，我们须认识到：当下的场景不是恺撒主义的英雄时代，也不是绝对的国家主义时代；某种程度上处于一种多元的、多维的、多变的全球风险、冲突交织的时代，传统安全与非传统安全并重。就大国崛起与世界的关系而言，我们须铭记罗马帝国给人类社会发展的教训，帝国不是永久的。政治制度、价值影响力是一个国家和民族发展或振兴的根本。这就要求国际社会的使动者须摈弃一元独尊论的心理。只有培养或建构共生的心理文化，才会有利于人类的共同发展。所以，使动者之间须合理关切他者利益，做到同舟共济、权责共担，进而增进人类共同利益、促进人类命运共同体（community of human destiny）的实现。②

重塑或建构一个比较理想的体系心理或许是一个漫长的历史过程。正如国家的建构史与人类的文明史所启示的，人类文明或历史会遭遇挫折、停滞甚至倒退。然而，它并非意味着人类会永远固守一种心理文化，作为能动的人类，其与动物的区别就是不断吸取教训、善于学习并力求进步。我们还要认识到，人类的不仅会从自身的环境中获取信仰、概念、规则、目标和价值并付诸行动，而且对于安全的认知、自我安全利益的认知也在发生进化。

观念影响心理，心理同样会塑造观念，它们之间是相辅相成的。如果说观念表现于世界观、原则化信念、因果信念并作用于对权利、利益的认知并促进制度转换，反过来促进人类关于制度、秩序、人类的安全与福祉

---

① 笔者曾就全球认同实现之路径理论假设做过一个梳理。张全义：《世界国家生成机理初探——全球集体认同的生成与模式转换研究》，光明日报出版社 2010 年版；张全义：《世界国家还是国家世界——全球认同生成的路及其困境分析》，《国际政治研究》2011 年第 2 期。

② 蔡亮：《共生性国际体系与中国外交的道、术、势》，《国际观察》2014 年第 1 期。

的认同。①我们理应深信体系心理也将会发挥路线图的作用。这一如中国学者朱锋认为的，国家应超越单纯的"国家"和"民族"本位，而将安全在理论的定位和现实出路的探索进程中置于一个更加宏大和符合人类社会进步本质的维度上，对于习惯于传统安全的人类而言无疑要从灵魂上进行更新。②

总之，体系心理的建构可以称得上人类社会一个巨大的工程，亟须个体施动者、国际社会不同的行为体进行有目的、有计划的设计与行动，尤其需要主流大国或具有影响力的大国之间的合作、共谋与推动，摒弃狭隘利益，促进共同发展。古希腊哲学家柏拉图在其"洞穴理论"中昭示人类：人类会纠结于黑暗，甚至人类会面临茫昧、无知、失望，但是，通过启示、教育、探索与对比，人类最终会走向光明，摈弃"影子感觉"，进而从表象世界过渡到真实世界。③易言之，人类文明的进步史已给了我们充足的答案。

---

① ［美］朱迪斯·戈尔茨坦、罗伯特·O.基欧汉：《观念与外交政策：信念、制度与政治变迁》，刘东国、于军等译，北京大学出版社 2005 年版，第 13 页。

② ［美］巴里·布赞、［丹麦］琳娜·汉森：《国际安全研究的演化》，余潇枫译，浙江大学出版社 2011 年版，第 15 页。

③ 原文为：Simply, it is necessary for us to turn completely from the deceptive world of change and appetite that causes a kind of intellectual blindness. Education, then, is a matter of conversion - a complete turning around from the world of appearance to the world of reality. ［美］撒穆尔·伊诺克斯·通普夫、詹姆斯·菲泽：《西方哲学史——从苏格拉底到萨特及其后》（影印第 8 版），世界图书出版公司、后浪出版公司 2013 年版，第 45 页。

# 第四章　体系认同转换：相变原理的启示

广义的进化论倡导者认为：宇宙是一个巨大的场，自然社会与人类社会都有其自组织结构，相互联系、不断进化。人类社会与自然社会共在的场域提示我们自然科学与社会科学研究在方法论上可以互相借助，自然科学中的一些原理也可以通俗地被用以解释社会科学中的现象，这一点许多科学家都曾做过高屋建瓴的论证。

如果我们将物理意义的相变特征同人类社会变化的表征联系起来并进行类比就会发现，相变的特点及其发生的过程同人类的社会体系面临的临界点有着深度的关联甚至相似。物理科学的"相变干预原理"或多或少地可以用来阐释对"国际体系"的干预，即在体系变化临界点前后，人类可以对既有的体系进行修复以避免体系崩塌的产生。

## 一

物质发生相变的原理在于：物质的形态转换即相变发生之前有一个过程，即物质内部的分子在受到外力的作用下会发生变化。① 比如，水在结成冰之前，其液征不会像糖浆那样维持黏糊液态。水结成冰，并非是一个瞬间可以完成的过程，液体在降到绝对零度之前不会成为固体。同理，水

---

① 从气体的动理论，到从分子水平上理解物质的其他存在形式，相变正是其间缺失的链环。无论是冰、水还是水蒸气，物质微粒都是完全相同的，都是三个原子组合成的一个水分子。[英]菲利普·鲍尔：《预知社会——群体行为的内在法则》，暴永宁译，当代中国出版社 2010年版，第 63 页。

被烧至沸点时，表现为液体与气体两种状态。①

相变的发生同物体本身的结构、质量及其化学反应，及其内因有关。然而，没有外力的作用相变也不会自然发生，这些外力的作用有的是可以看得见摸得着的，有的是无形的，有自然的外力比如由物质自然变化的温度、压强等原因，也有其他外力的因素。②相变在系统上还将经历"二级相变"。③也就是说在一级相变即瞬间变化发生之前还有一个缓冲即所谓的亚稳态（metastability），这就为物理干预提供了前提。④

针对物理变化临界点的假说，菲利普·鲍尔指出：

> 临界点目前已成为一个时髦的词汇。地震、生物进化、人类历史、世界大战、森林火灾等都涉及它。尽管对此比喻有异议，但是临界点现象的许多特点——如对涨落的极度敏感、事件具有标度不变性等，表现出特殊的概率分布均能在自然界和人类社会中大量发现。⑤

---

① 麦克斯韦和波尔兹曼解密了气体行为的微观机制，同理，在液体和固体之间也存在着微粒子的转换过程。[英] 菲利普·鲍尔：《预知社会——群体行为的内在法则》，暴永宁译，当代中国出版社 2010 年版，第 63 页。绝对零度概念可参见 [美] 贝克《你不可不知道的 50 个物理知识》，马潇潇译，人民邮电出版社 2010 年版，第 38—41 页。

② 《中国成功解密水分子》，http://news.mydrivers.com/1/290/290042.htm。

③ 比如，约翰·赫尔在实验后得出：物体的固态、液态和气态，无非是一个极端走向另一个极端逐渐过渡的几个阶段。无论这些阶段如何明显地表现出形态的彼此不同，其实归根结底，它们之间并不存在什么突然的或者说截然不同的分界线，它们难以觉察的差异会渐渐地变化。托马斯·安德鲁斯之后对此确认道：总而言之，通常情况下的气体状态和液态状态，实际上只是处于同样条件下的物质采取了远远隔开的形式，可以使它们通过一系列变化进入另一种形式，而变化之细微是根本不致破坏接续性的。皮尔·居里发明了液—气相变的临界点。当系统通过某个临界点时发生的相变称为一级相变，也叫做临界相变。[英] 菲利普·鲍尔：《预知社会——群体行为的内在法则》，暴永宁译，当代中国出版社 2010 年版，第 64 页。

④ 相变有两类。在临界相变（也称二级相变）中，某些表现为整个系统所特有的品质（如磁体的磁性强弱会随着"控制参数"（如温度）的改变渐渐降为零。在一级相变（如冻结或沸腾）之中，这样的特有性质（如冻结和沸腾而言是流体的密度）会在转变点上突然变化。系统不是稳定的，对于这样的状态，物理学家称之为亚稳态，照字面讲就是接近稳定的状态。气体、液体和固体都可以处于亚稳态。液体之所以能够处于亚稳态，是因为凝固过程总得找到一个始发点。水在结冰时并不是一股脑儿地立即冻成一块，开始只出现几块小冰晶，然后一步步扩展到整个水体。这两类相变都存在于社会物理学中并运用于交通秩序和冲突管理等领域。[英] 菲利普·鲍尔：《预知社会——群体行为的内在法则》，暴永宁译，当代中国出版社 2010 年版，第 69、127—131、256 页。

⑤ [英] 菲利普·鲍尔：《预知社会——群体行为的内在法则》，暴永宁译，当代中国出版社 2010 年版，第 180 页。

相变也是社会形态（文明模式、单元成分、体系构成）的一个重要属性。① 在人类学家看来，社会相变或许可以被理解为类似于社会在社会政治复杂化的既定层次上出现快速的、实质的衰败——崩溃（collapse）。②

如同物理相变的表征，社会形态或制度的转换的标志也并非一个瞬间的发生过程。比如，就人类本体进化而言，出现过从猿人到半人（德安尼特人）再到现代人的转变，这种生物机体和意识的进化进程类似于自然世界中的物理变化。

而从国家的形体看，我们经历了从原始社会、奴隶社会到现代社会的进化。社会相变产生的效用也是一个作用力与反作用力的过程。相变发生的机理在于：隐性的力量（主要是组织体内部）越大，相变发生得越快、越剧烈。就人类社会组织形式而言，它也有自己的一个封闭体系，在一定阶段体系也表现为一定的恒稳性，并在社会相变之前呈现出亚稳态的特征。

这种亚稳态或多或少地在人类的历史进程中有所反映并体现于人类学家对人类文明的突然坍塌或消失的思考。汤因比、斯宾格勒、亨廷顿、泰恩特等历史巨匠曾对人类文明的生成、发展做过孜孜不倦的研究，他们曾分别试图从文明循环、文明消亡和文明冲突的视角进行分析。在他们看来，人类文明巨大变迁之后都有着这样或那样的原因，曾经风靡一时的组织、体系崩塌均呈现出相变的特征。比如，人类早期众多业已消失的帝国（罗马帝国、秦汉帝国、孔雀帝国、赫梯帝国、瓦里帝国和蒂亚瓦纳科帝国）和文明（哈拉巴文明、古埃及文明、两河流域文明、克里特文明、迈锡尼文明、玛雅文明、中美洲高地文明、查科文明、霍霍坎文明）等崩溃是有原因的。所谓的神秘主义也是有源可循，不外乎崩溃资源枯竭、自然灾害、人类冲突、矛盾、社会治理所造成的社会功能失调或紊乱、经

---

① 比如，汤因比说："一个文明的解体同它的成长一样，是一个渐进的、持续不断的过程。"［英］阿诺德·汤因比：《历史研究》，刘北成、郭小凌译，上海世纪出版集团、上海人民出版社 2005 年版，第 196 页。

② 这里参照了约瑟夫·泰恩特关于社会崩溃的概念。参见约瑟夫·泰恩特等在斯宾格勒的"文明衰败论"、汤因比的"历史循环论"的基础上对人类社会（文明）的崩溃阐释道："崩溃（collapse）……是一种政治进程，它可以——而且通常——在经济、艺术、文学等领域造成影响，但从根本上说它是一个社会政治领域的概念。一个社会在社会政治复杂化的既定层次上出现快速的、实质的衰败，它就已经崩溃。"［美］约瑟夫·泰恩特：《复杂社会的崩溃》，邵旭东译，海南出版社 2010 年版，封面、第 7—8、68、113—115 页。［英］菲利普·鲍尔：《预知社会——群体行为的内在法则》，暴永宁译，当代中国出版社 2010 年版，第 63、256 页。

济崩塌等原因。①

反观 19 世纪以来国际体系的嬗变特征，其转换过程从内容、形式到模式或多或少地印证了社会相变事实的存在。体系相变与体系干预的效用体现于一系列历史的进程中：从拿破仑帝国的崛起到反法联盟的建立，第一次世界大战同盟国与协约国的形成到社会主义国家苏联的建立，美国在一战中途介入到后来同盟国战败，以及从第二次世界大战前期法西斯轴心国的确立到反法西斯统一战线的形成、德日意法西斯最终战败都多多少少地彰显了社会相变干预的作用。

同理，第二次世界大战后的历史再次印证了这一点：从冷战初期美苏在东欧、亚洲的对峙，20 世纪 70 年代美苏争霸格局的形成，不结盟集团、第三世界力量、中、欧、日等多极力量的形成，到 20 世纪 90 年代初苏联解体、美国强势霸权的突出及"9·11"事件对美国产生的效应（对大国关系和国际体系带来的冲击），再次提醒我们，人类的社会相变并非无规律可循，国际关系虽然变化多端，体系转换虽然充满曲折，但其路径基本上朝着有利于人类文明发展或进步的方向发展。不过，更值得关注的是，人类在体系转换的相变或临界点到来之前，可以对体系或制度进行干预。

## 二

基于上述推理，笔者对上述的假设做出如下梳理：

（1）自然世界是由物质和动植物组成的，物理世界组成有其自身的规律和秩序，物理世界对应面为社会世界或精神世界。

（2）物质是可分的，最基本的原子可以分成电子、中子、质子以及夸克、暗物质等。

（3）作用力和反作用力是物质运动的特质，运动是物质变化和保持平衡的动力。

（4）物理相变发生表现为一个量变到质变的过程，物质相互之间的

---

① 除了以上提及的崩溃缘由，泰恩特还提及了新资源论、应对不足论、外来入侵论、神秘因素说、事件的连锁与巧合论等。其他关于上述文明的具体描述和称谓可参见［美］约瑟夫·泰恩特《复杂社会的崩溃》，邵旭东译，海南出版社 2010 年版，第 213—244 页。

转换或变化可以是自身能量或外力，因此为干预提供了前提。

以此类推：

（1）社会是人这个特定的物质存在组成的，社会世界对应的是物理意义的世界，群体活动使得秩序成为人类社会的天然诉求。

（2）社会是可分的，最基本的构成为共同体（包括国家）、组织、社团、小组以及单个的人，人类社会的组织结构变化的一个重要动因是组织运动的不断完善与进化，合作与竞争是人类社会发展的常态现象。①

（3）非殃及人类文明崩塌的相变是导致社会前进的动力，因此，冲突或均衡发展是社会发展的动因，而人类社会的互动或认同共享是保持社会亚稳态的必要条件。

（4）社会相变发生变化表现为一个从量变到质变的过程，人类意识的进化促使选择机制和动因的进化，因此存在着干预的可能性。②

自然社会与人类社会的宇宙是一个联系的场或"全息场"——一种相互关联的秩序，正像洛耶所指出的，宇宙中的变化，自然界中的变化和人类的变化并不是互不关联的现象。这些过程具有内在的逻辑：它们揭示出世界上的同一种实体，用怀海特的话讲，这种实体就是一种"有机体"……"凝聚体"（coagulate）、一种系统。③所以，我们得出结论：物理世界和社会世界是一个统一体，宇宙的和谐是自然与社会共同的和谐，人类体系相变存在着亚稳态特征。在体系变化的临界点人类是否有能力对体系进行干预呢？

物理政治哲学同其他学科并非方枘圆凿、互相排斥的。从学科的意义讲，将国际体系与相变联系起来的科学性也有待于进一步探讨，或许，随着自然科学尤其物理政治的发展，还有更科学的方法有助于我们理解人类社会组织形式的变化，但是运用自然科学之原理对社会科学进行分析至少为理论增添了一点特色。

---

① 比如，奥尔格·齐美尔称：文明是在竞争中发展的，社会无非是对一群通过相互作用联系到一起的个体的统称。罗伯特·珀克补充道："所有的机构和社会团体，无论其类型为何，都可以视其为集体行为的产物。"［英］菲利普·鲍尔：《预知社会——群体行为的内在法则》，暴永宁译，当代中国出版社2010年版，第364页。

② ［美］D. 洛耶编：《进化的挑战——人类动因对进化的冲击》，胡恩华、钱兆华、颜剑英译，社会科学文献出版社2004年版。

③ 同上书，第14、146、161页。

## 三

如上所述，既然物理意义与社会意义的相变具有一定的共同表征，且存在着干预的可能性。那么，是什么因素导致国际体系发生相变呢，导致发生体系相变的隐性力量或变量性因素有哪些？这些变量因素之间是如何作用的？体系相变的临界点表现为哪些特征、是否可以预测？前一个体系相变对后来的体系相变有何影响？事实上，上述问题本身就是从国内治理与全球治理中必须面对的问题，同时，这也是物理政治本身所关注的议题。

物理政治关注的是单元与体系的关系，集体认同与集体行为构成了其独特的内容与形式。集体认同含义在于对意义、思想、理念或认知的共享，正如笔者一再强调的，心理认同对体系转换之作用日益彰显并时常发挥着主变量的作用，而人类过去的历史都充分证明了这一点。

政治、经济、资源、冲突以及革命、宗教、意识形态在不同的历史阶段对体系变更的确起了促进作用，但是，就构成体系转换的主变量而言，这些元素或要素体现于社会变迁或治理的一个公约数就是理念共享或心理认同，认同元素向来在体系相变的方式、范式上起着决定性的作用，或者说存在着规律性。为厘清其中的转换（相变）机理，在此，笔者做出以下阐释：

其一，在国际社会形成前或初期，对个体精神认同越持久，体系的相变的概率和频率就越小。由于生产力发展与人类征服自然水平的限制，生存诉求是这个时段的特征，因此那些从狩猎、农耕中脱颖而出或出类拔萃的个人就自然成了被顶礼膜拜的对象，并受到部落或群聚性群体的推崇。这些部落酋长、首领的管理、治理以及与他群社会互动的理念或思想就成了群体认同的目标，在形式上就表现为对个体英雄或精英的认同。

人类文明的社会意义在于互动和变换，所以，在制度、互动方式、组织结构的转换上，个体精神或理念就自然成为导致体系生成的主变量之一。反之，对个体精神或理念的负认同也是导致社会变换的重要因素。这个时段的体系特点呈可持续性、循环性、可修复性表征。

上述所提及的对于个体精神的认同多多少少地可以在历史中得到印

证。众所周知，早期的帝国曾在人类社会中占有重要的地位，遑论其历史的局限性，但就那个时代而言，城邦、帝国的模式曾一度为社会认同。而对于帝国的认同也是与精英联系在一起的，如罗马帝国之于恺撒、奥古斯都，秦汉帝国之于嬴政、刘邦，孔雀帝国之于乔答摩·悉达多等，不一而足。

以罗马帝国为例，蛮族人、条顿人之所以成为罗马军团最重要的一部分，融合于帝国的机制在很大程度上是对恺撒、奥古斯都理念及其所创制帝国的认同，所以，帝国因而成为"所有国家的养育者""它们的父母""神圣恩宠的选民"，并成为"全世界各民族的唯一祖国"。①

除了强大的经济与军事实力，帝国之所以延续许久的一个重要原因是内部认同与外部认同的共同产物。或者就那个时代而言，对秦始皇、汉武帝、恺撒、奥古斯都的认同构成了对城邦或帝国本身的移植或偏好认同，那些帝国首领、皇帝之所以受到崇拜与爱戴，正是根植于他们身上的理念或精神起到了一种引领风范、与时俱进的作用，他们不仅仅是帝国的开拓者、领导者，而且也在一定意义上成为柏拉图所描述的"哲学王"。

然而，生产力与生产关系的不断进步也势必引发社会认同的进步与转换，城邦的衰落、帝国的灭亡除了实力与霸权，决定其最终命运的是社会负向认同的出现。的确，威权、霸权在一定意义上对时代的社会认同转换起到了催化的作用，但社会作为一种组织行为体，其生成、延续与消亡最终取决于整个社会对于精英人物的认同度，所以，帝国的衰亡也是对精英人物负向认同的后果体现。

一旦这些英雄人物的理念或精神遭到民众的唾弃，其倡导的制度或治理模式亦迟早被摈弃，进而，引发人们对新的治理模式或社会组织形式的认同，而这种认同同样会先体现于社会对新领袖、新英雄之理念与精神的认同。一种新型的国家或帝国形式迟早会呼之而出。"利维坦"这个巨兽之所以后来受到广泛的认同，也是人类对因个人负认同引起的紊乱秩序而

---

①　汤因比在借用"罗马和平"的案例对大一统（帝国）的概念做了个说明，他引证说："我知道，对这个国家做如此简略的描述会被认为是失之于迟钝和懒惰。这个国家是所有国家的养育者，是它们的父母，是神圣恩宠的选民。它的使命是扫除阴霾，廓清天空，把各个四分五裂的王国聚合成一个整体，改造粗野的传统习俗，通过一种语言交流的共同媒介，把无数民族纷杂而野蛮的方言融为一体，相互沟通，给人类赋予人性。总之，它应变成全世界各民族的唯一祖国。"［英］阿诺德·汤因比：《历史研究》，刘北成、郭小凌译，上海世纪出版集团、上海人民出版社2005年版，第252页。

得到的经验或教训，退一步说，国家也是在精英共识的基础上建立起来的。①

所以，早期的社会相变往往以个人认同式微的表征出现。在形式上，它或体现于对精英或领袖人物的暗杀、家族内讧或者农民起义领袖的脱颖而出等。而在社会体系层面，随着对那些一度成为大众顶礼膜拜领袖的个人的认同衰微，整个社会坍塌的表征也会逐渐表现出来，"屋漏偏逢连夜雨"，由官僚统治引起的腐败、暴政、强征暴敛、军队士气下降、宗教侵入、剥削阶级普遍的道德败坏等都会加速帝国的消亡，再加上政治认同式微、经济机制、过度扩张、蛮族反叛、农业衰退等连带效应，最终将促成社会相变的发生，就此而言，罗马帝国的崩溃并不像有些学者描述的那样是神秘的。②

卡尔·维特福格尔在论述水利社会（Hydraulic Society）时指出，当上层权威将国家剩余资源越来越多地分配给自己的社会，腐败和崩溃就会出现。③显然，内忧外患、起义、叛乱以及外部入侵等构成了前国际体系相变的重要因素，同时催生了新型体系或社会的形成。④当一个帝国在政治上死亡之时便意味着以它为代表的文明式微或解体，帝国至多是一个势必走向寒冬的"小阳春"，并绝不会以统治者个人意志而转移。⑤

事实上，对精英人物负向认同的出现是人类任何组织形式发生变化的重要机因，比如有人称：政治僵化、官僚低效、无力处理内外危机是中国明王朝覆灭的原因，印度文明的崩溃是由于权力集中在少数人手中，复杂社会的特殊利益集团将个人利益凌驾于国家利益之上，这些构成了社会机

---

① 不难理解，在霍布斯眼里，国家这个特殊的共同体本身就是一个怪兽，在《利维坦》一书最早的版本上，封面上印出的就是这个海怪的形象。霍布斯说：利维坦就是"一大群人相互订立的信约，每个人都对它的行为授权……运用全体的力量和手段的一个人格"。［英］菲利普·鲍尔：《预知社会——群体行为的内在法则》，暴永宁译，当代中国出版社2010年版，第16页。

② 一些历史学家把罗马的崩溃归结于自然循环、天体运行中地球轨道和太阳的离心率的偏离、数字命理学、生命周期说等神秘因素。［美］约瑟夫·泰恩特：《复杂社会的崩溃》，邵旭东译，海南出版社2010年版，第108—128页。

③ 同上书，第97页。

④ 巴瑞·布赞分析道，在很长的阶段存在着两个体系。

⑤ 汤因比说，"罗马帝国的崩溃最终引起了希腊文明的解体"，"如果一个社会在政治上不能团结，那么它必然要分裂"。"它们（大一统国家）不是夏天，而是小阳春，掩盖着秋天，但已预示着寒冬。"［英］阿诺德·汤因比：《历史研究》，刘北成、郭小凌译，上海世纪出版集团、上海人民出版社2005年版，第34、35、236页。

体相变的主要原因。①汤因比称"当领袖们的创造灵感消失的时候，这个'机械设备'会转过来反对它的操纵者"，个人创造性的消失便意味着"精神道德的败坏"，从而导致人类误入"歧途"——撕破文明的面具②。成也萧何，败也萧何，在早期的人类社会，对英雄的理念认同促成了社会组织形式的进步与建立，而英雄精神的死亡也导致了制度本身的死亡。如此，不再像以前将命运交付一个单个人或基于精英政治的共同体，并呼唤新的体系和共同体的出现。民族国家或现代意义的主权国家正是社会单元体相互作用、社会体系互动与建构的结果，并促进了国际社会的逐步形成。

其二，不同于人类社会早期或前国际体系阶段倾向或偏好于对个体精英人物认同的表征，在国家社会形成后，社会或心理认同开始发生转换，这种认同的转换表征是对人类共同体的推崇。

正如前述，人类对"利维坦"巨兽的认同是基于对社会组织进步或秩序之诉求，后期的国家如民族国家、主权国家、现代主权国家的出现均延续了这一表征。人类社会认同的进步绝非直线式的发展，它是一个螺旋式上升的过程，所以，当人类的民族国家的意识被加强后，像新型国家这样的共同体的凝聚力和实力也就会越强，越散发出进步的特征，对共同体的认同就越持久，体系就越牢固，反之相反。由于共同体本身的组织和系统特性，这个阶段，社会或国际体系的断裂和继承多表现于连续性、继承性、可修复性。

在此，不妨从史料中再次寻找佐证。1618—1648 年的 30 年战争之所以成为国家生成历史上的一个重要分水岭，就是因为在这个时段国际社会在认同的倾向与偏好上开始发生变化。

众所周知，威斯特伐利亚战争发轫于神圣罗马帝国的内部之争。13世纪以后，哈布斯堡王朝统治下的神圣罗马帝国皇权日益衰微，各个教派烽烟四起，割据称雄。信奉新教（路德教、加尔文教）的诸侯和信奉旧教（天主教）的教派之间分别组成"新教联盟"（1608）和"天主教联盟"（1609）。1618 年 5 月 23 日，武装群众冲进王宫，把皇帝的钦差从窗

---

① ［美］约瑟夫·泰恩特：《复杂社会的崩溃》，邵旭东译，海南出版社 2010 年版，第 85、98 页。

② ［英］阿诺德·汤因比：《历史研究》，刘北成、郭小凌译，上海世纪出版集团、上海人民出版社 2005 年版，第 125、141 页。

口抛入壕沟，史称"掷出窗外事件"，它成为 30 年战争的开端。

战争基本上是以德意志新教诸侯和丹麦、瑞典、法国（法国是信天主教的，但是为了称霸欧洲才和新教国家站在了一起）为一方，并得到荷兰、英国、俄国的支持，神圣罗马帝国皇帝、德意志天主教诸侯和西班牙为另一方，并得到教皇和波兰的支持。

30 年战争的一个结果是导致了神圣罗马帝国的名存实亡，削弱了宗教的皇权，而加强了国王的治权，推动了欧洲近代民族国家的形成，它是欧洲近代史的开始，也是主权国家认同形成的标志——《威斯特伐利亚和约》的缔结，确立了国际关系中的国家领土、主权与独立等原则，被认为是近代国际关系的开端，《威斯特伐利亚和约》的签订标志着近代意义上的国际社会得以形成。《威斯特伐利亚和约》所构建的国际秩序影响深远，对于基于国王权利的国家的认同一直延续到 1815 年前维也纳会议所确立的维也纳体系，之后，现代意义的主权国家制度认同逐步在欧洲、美洲、亚洲得到普及。

从宗教主权到皇帝主权、古典国家主权、现代民族国家主权的认同的转换也是一个循序渐进的过程，在威斯特伐利亚体系形成的前后，体系相变一方面承继了围绕精英人物的共同体认同，同时也夹杂着对集体理念的认同。①具体而言，国际社会先是在教廷、教派内部进行整合并一度使教廷成为世俗与神教社会的一元统治。后来是王国与教廷之间的纷争，终于导致了"威斯特伐利亚体系"的生成，从而造就了"朕即国家"的时代，共同体精神取代了个体精神，共同体的凝聚力、实力构成了时代精神，民族主义成为影响国内与国际政治的重大变量。

白芝浩说："我相信我们称为民族性的东西也是以相同的方式形成的。某种'偶然的优势'成了典型，接下来拥有了所向无敌的吸引力，约束所有人的必然性（necessity）并不能限制最强大的人模仿他们眼前的事物，成为他们想成为的人，并根据该模式塑造人类。"②所以，威斯特伐利亚体系的时代被基辛格称为"宗教热情和意识形态狂热"构成了这个时

---

① "共同体精神"这里指集合意义的单元体精神，比如一如汤因比在其《历史研究》中强调的"国家精神""民族精神""宗教精神"。

② ［英］沃尔特·白芝浩：《物理与政治——或"自然选择"与"遗传"应用于政治社会之思考》，金自宁译，上海三联书店 2008 年版，第 26 页。

代的特征。① 而对国家（宗教国家、民族国家、主权国家）的认同构成了这个时段的特点，这种时代精神的认同是导致体系相变的主要因素，遑论基于教廷还是国家。

反过来说，教廷制的失败主要源于其反对宗教改革、拒绝承认物理学意义上的新发现、反对新的人文哲学思想及其僵化的专制体系以及内部的"大分裂"，② 而尤其是忽略了这个时段集体意识或认同的诉求。

这个时段的表征具有鲜明的特征：个人的作用式微，个人的意志体现于群体的意志，个体精神与国家意志逐渐趋同，比如，一些历史人物像拿破仑、黎塞留、梅特涅、俾斯麦的个人精神或理念一度成为国家或民族的精神，如果不是个人精神放大的话。然而，在人类对国家组织形式或体系进化的意义上，国家主义或集群主义认同已开始成为这个时段的特征。

诚然，在很长的时段内，帝国主义、殖民主义所引发的侵略与殖民战争会在特定的时段内风起云涌，强权、战争曾是导致体系转换的重要变量，以暴制暴（killed and to be killed）在一定程度上仍成为一定历史阶段单元生存和体系运行的法则。但与此同时，一些具有时代的话语或理念如主权、国家利益、国家安全、仲裁、均势、集体安全、国际干涉、互不侵犯等开始得到认同。

国际社会也不断在体系层面寻求认同的进步。不妨说，从拿破仑战争后建立起来的维也纳体系，第一次世界大战之后建立起来的国际联盟制度到第二次世界大战之后建立的联合国主导下的集体安全机制也是国际社会在体系认同建构层面上的进步。③

---

① To Place the Thirty Years' War into a historical context, it is important to take into consideration the underlying contestation between church and sate that was brewing alongside two more deeply embedded influences that arose in the twilight of the medieval age: (1) the intellectual impact of the Renaissance and Reformation, and (2) gyrating cycles of economic growth and decline···. According to Henry Kissinger, this was a period "still dominated by religious zeal and ideological fanaticism". Charles W. Kegley, Jr., Gregory A. Raymond, From War to Peace: *Fateful Decisions in International Politics.* Peking University Press, 2003, p. 50.

② ［英］阿诺德·汤因比：《历史研究》，刘北成、郭小凌译，上海世纪出版集团、上海人民出版社 2005 年版，第 179—191 页。

③ 张全义：《世界国家生成机理初探——全球集体认同的生成与模式转换研究》，光明日报出版社 2010 年版，第 269—282 页。

　　不难看出，国家艺术不再纯粹意味着"对所有人的战争"（war of all against all），秩序理念逐渐深入人心。尽管帝国主义、殖民主义仍大行其道，但是对于世界秩序的追求已开始初露端倪，红十字会、非战公约、人道主义等组织形式或理念逐步得到认同。①

　　对于国际机制、国际法、国际规范以及非国家行为体的作用逐渐由排斥到认同，战争之于体系的变量因素进一步式微，机制的作用越来越受到重视，20世纪初叶开始，民族自决、非战原则、航海自由、救死扶伤等原则被写入国际条约，这是集体认同的进步也是体系的进步。

　　就体系的破坏性而言，在这个时段内，由于单元体实力的差距、地理因素、国民精神之差异，特别是武器规模和效用的限制，这个时段的体系特征在很大程度上体现为对国家这个实体和认同的变化，因为一旦体系受到破坏，在国家层面还可以对之修复、重建或继承。一如布赖特·亚瑟所总结的："每一个元体如何决定做些什么，可能并不重要。他们的行为会导致何种结果，可能在更大程度上取决于他们在行动时彼此之间相互作用的结构，谁同谁有作用，又有什么在主导着这样的作用。"②显然，互动、秩序、地缘政治和实力均衡催发了国家实力的放大或衰亡，而这些因素同时又是导致体系相变的重要因素。

　　其三，人类的社会与自组织特性决定了人类历史的不断进步。国际社会演化到成熟阶段后，暴力、战争在制度的转换中逐渐式微，国际社会自身的构成特点以及相互依存将使得制度和规范的功能调节作用不断加强，因而对于制度与规范的认同往往会成为导致体系延续的主变量，反之，它们也是造成体系崩塌的原因。制度、规范的普适性越广，体系就越牢固，反之相反。

　　后主权时代的一个特点是主权国家与其他单元行为体共存，国家利益与全球利益相互渗透，多元主义认同是这个时段明显的特征；国家利益与全球利益，国家认同、区域认同、宗教认同与全球认同交织并互相碰撞，

---

①　Although the Westphalian Peace drafters embraced Hobbes's state conception of "war of all against all", they were gravitated more by Grotious's decentralized vision of a more centralized architecture⋯ putting international order on a new footing. 见 Charles W. Kegley, Jr., Gregory A. Raymond, *From War to Peace：Fateful Decisions in International Politics*. Peking University Press, 2003, p. 71.

②　[英] 菲利普·鲍尔：《预知社会——群体行为的内在法则》，暴永宁译，当代中国出版社2010年版，第175页。

多元主义成了这个时段一个明显的特征。①规范文化、机制文化、非暴力文化逐渐成为一种集体认同并逐渐深入人心，这一态势也构成了冷战结束后特别是当代全球体系运行的一个鲜明特点。

就导致现代国际体系可能崩塌的原因看，科学家大致得出了以下众所周知的结论：核战争，科技、信息系统失灵或遭到破坏引起的连锁灾难，能源枯竭，经济、金融体系坍塌造成的全球整体性经济崩盘，生态危机，自然灾害引起的全球性核事故以及社会政治突发事件和区域冲突所引发的全球灾难。② 而不难看出，上述灾难性变化产生的一个原因除了其后的不可抗力因素，就是在有关全人类生命、福祉与安全制度与规范的认同上走了偏路。

规范与制度的失效也会引发不确定的反应。地缘政治的回归、新世纪宗教主义的回归以及媒体政治引发的不确定因素都可能引起相变。相变的征兆不再像过去那样特点明显，反而呈不确定性、模糊性、分散性等综合属性。而制度、规范的载体或执行者，它们要么表现于宏观（国际社会、地球环境）、中观（国家及组织）层面，要么表现于微观（国内组织及个人）。尽管国家仍是国际体系的主要成员和行为体，但不可否认，其他行为体的作用变得越来越强，个人、跨国公司、非政府组织等并举，从而使得行为体的身份或认同变得更加令人捉摸不定。加上媒体、技术的价值偏好进一步表现出来，并呈现干预或者搅局的功能或本性，这将进一步造成体系的动荡或失范。

然而，无可讳言，非暴力文化已成为后主权时代的一个重要表征。卡尔·波普尔（Karl Popper）不无洞见地指出："绝对自由实乃妄言……我们需要每一个人的自由能与其他人的自由并行不悖的社会。我的自由能否

---

① 张全义：《世界国家还是国家世界——全球认同生成的路及其困境分析》，《国际政治研究》2011 年第 2 期。

② 如欧文·拉兹洛认为：人类世界面临着由技术革新带来的 T 分叉（Technology）、社会冲突引起的 C 分叉（Conflict）和经济和社会危机引起的 E 分叉（Economy）。［美］欧文·拉兹洛：《人类的内在限度：对当今价值、文化和政治的异端反思》，黄觉、闵家胤译，社会科学文献出版社 2004 年版，第 249—279 页；［美］约瑟夫·泰恩特：《复杂社会的崩溃》，邵旭东译，海南出版社 2010 年版，第 6 页。

同你的自由相安无事，取决于双方都摈弃以暴力互见，我不把你搞倒，你也不把我弄翻。"① 这是国际政治现实与理念的共同表现，也是人们对于规范、制度变量因素的认可。

---

① ［英］菲利普·鲍尔：《预知社会——群体行为的内在法则》，暴永宁译，当代中国出版社 2010 年版，第 324 页。

# 第五章　体系心理干预

如上所述，共在逐步成为现代国际社会的一种理念，全球治理呼唤世界性的协调组织或国家。在学理层面，礼俗社会与法理社会，东方文明与西方文明，国际社会与全球社会之间的融合与平衡已成为大众共识，文明是普世的。世界一体化还在加强，这个过程虽然很遥远，但并非不可及，遑论国家将成为组合国家（integrated states）或世界国家（world state）、全球国家（global state）。反过来讲，倘若不将各个单元体视为一个相互联系的整体，就不可能找到一个达到共同安全、共同发展、共同繁荣目的的路径。一如汤因比警示的，"人类的选择实际上只有两个，要么共有一个世界，要么毁灭"①。这就是说，人类必须对现有国际体系中的失范心理或行为进行及时干预。

## 一

如果我们将国际社会当作一个自组织系统，如果说人类已意识到体系相变可能给人类带来的灾难，那么，人类如何或以何种方式来干预体系的相变？

对于体系干预的途径、方式在不同的阶段有不同的特点，然而，人的主观能动性、人类社会的自组织特征、人类社会的建构历史以及人类历史走过的历程告诉我们：体系包括其客体、主体及其他单元体心理、理念可以进行干预，而某种程度上，这已被人类的历史所证明。

在国际社会未形成前，干预的变量相对比较单一。干预是推翻一个英

---

① ［英］阿诺德·汤因比：《历史研究》，刘北成、郭小凌译，上海世纪出版集团、上海人民出版社 2005 年版，第 373 页。

雄，干预的方式基本围绕着对个体生命的终止或延续进行。国际社会形成后，干预的变量因素呈阶段性递进，在前期，基本围绕主权国家的生存进行，个人、意识形态、宗教、战争等因素基本都围绕着国家中心这一变量进行。对国家的干预构成了这个阶段的特点。比如，发展实力或霸权、地缘政治也是围绕着国家这个实体进行的；绝对的主权主义，集团政治、意识形态似乎在冷战中发挥了作用，但其背后还是美国和苏联这两个国家。① 由过度扩张引起的边际效应递减说往往会引起大国之间争霸和博弈，间或会引起国家、地区之间的冲突，在这个阶段，常规战争往往成为促进体系变更的重要变量。

在国际社会的成熟阶段，表现于对国家制度与普世制度干预并重的特点，安全的理念呈多维和立体性，对国家、组织、集体、集团、个人的认同使得治理呈多元性、复杂性和交叉性特点。国际关系的特点更多地表现于对集体制度的干预，利益、安全、福祉基本上围绕着规范与制度进行，因此须关注制度和规范的普适性与多样性。

制度的认同和建构是体系生成的动能和条件，反之，则往往导致体系崩塌。相变朝着进步的方向发展，当然也不排除相变的反复性，同时也存在着体系崩塌的可能性，有的可以修复，有的是无法修复的。试想，设若最大的发达国家美国与最大的发展中国家中国，或者任何大国之间发生全面冲突并导致核战争，人类文明或将消失，遑论体系的修复。

所以，在国际社会的高度相互依存阶段，人类须认识到，任何人类的不负责任行为都有可能导致相变。人类作为一个进化角色很可能正在创造另一次巨大的进化灭绝。广义进化论学者洛耶惊呼：我们能逆转进化方向，拯救无数的其他物种和人类自己吗？②

巴瑞·布赞感叹道：国家、国际体系以及当代人类的文明将向何处

---

① 阿克塞尔罗德曾联手贝内特，根据 1936 年时的政治、经济、人口形势，界定了"种族状况、宗教信仰、领土争端、意识形态、经济状况和既往历史"6 种影响冲突阵营和反战同盟的潜在构成的"景貌图"，其意义就在于对战争的结果进行了间接的预测，从而绘制了欧洲的政治地图中两个可能变为现实的前景：一个是由几个最强大的民主国家联合起来对付德国，另一个是大家联合起来对付苏联。其中只有一个变成了事实，可见，单元体的选择是极有意义的。［英］菲利普·鲍尔：《预知社会——群体行为的内在法则》，暴永宁译，当代中国出版社 2010 年版，第 228—233 页。

② ［美］D. 洛耶编：《进化的挑战——人类动因对进化的冲击》，胡恩华、钱兆华、颜剑英译，社会科学文献出版社 2004 年版，第 304 页。

发展?①人类有能力制止或干预社会崩盘即相变吗?

历史学家休·特雷弗·罗珀如是说:"历史不单单是发生的事情,而是在可能发生的种种内容中最终发生的事情。"② 诚然,在形成历史真正的路径过程中,对历史的真实景貌进行测评和预测并非是绝对准确的。关注个体与群体、群体与个体的相互认同是非常有必要的,尤其是对于化解恐怖主义威胁而言是大有裨益的。③ 物理政治原理告诉我们"由区域性的相互作用发展为集体行为,会表现出一个特点,就是系统的总体状态是不可能从探究其组成个体的特性中得到的",因此当下的全球体系一方面为人类之间的合作提供了充分的条件,一方面又充满着无数风险,人类稍有不慎就有可能导致体系的崩塌。所以,只有倡导共在、发展、沟通、多元的理念才能保证体系的健康发展,保证全人类的文明的安全,这就呼唤一种全球的、普遍的、共荣的理念。人类要敢于在继承和发扬的基础上选择和重塑历史,人类的命运在于自己的选择而别无他路。④

二

卡赞斯坦指出:"多维状态和多元性质的文明之存在恰恰可以发挥减震器的功能。协调而非冲突是以多元文明为基础的世界经济秩序的基本特征。"⑤在推进或建构体系心理的途径或方式上,霸道的、强行的或激进的

---

① 布赞不无忧虑地说过:国际体系丝毫仍处于一个后冷战时段,我们仍没有对后冷战体系做出一个比较清晰的界定。[英]巴瑞·布赞:《人、国家与恐惧:后冷战时代的国际安全研究议程》,闫健、李剑译,中央编译出版社 2009 年版,第 66 页。

② [英]菲利普·鲍尔:《预知社会——群体行为的内在法则》,暴永宁译,当代中国出版社 2010 年版,第 232 页。

③ 同上书,第 238 页。

④ 广义进化论倡导者拉兹洛倡议说:"我们生活在一个宽容的宇宙中:如果我们像所有其他生物一样真的必须在一种大潮中生存、进化和消亡,那么我们生存、进化和生存的道路就有赖于自己的选择。进化不是命运而是机遇";"我们要指明一种真正全球范围的精神任务:在多样性、可能性的拓展以及共同生存的旗帜下重塑人类历史。"[美] D. 洛耶编:《进化的挑战——人类动因对进化的冲击》,胡恩华、钱兆华、颜剑英译,社会科学文献出版社 2004 年版,第 206 页。

⑤ [美]彼得·卡赞斯坦:《多元多维文明构成的世界》,《世界经济与政治》2010 年第 11 期。

方式达到的效果往往适得其反。如果不计方式、后果进行输出，就极有可能导致现有国际体系崩塌、国家破产、全球秩序失衡，这样就失去了心理建构的意义。

体系心理关乎人类的文明可持续性。然而这并非说人类文明的崩塌是不可能的。正如人类历史学家所告诫的：或许文明冲突对于人类的整个进程而言并不可怕，可怕的是整个人类文明的崩溃——如果某个东西是"不可持续的"，那就意味着它的崩溃是必然的。①

过分强调单元体的利益或价值观将不利于人类文明的共同发展与进步。如果过度强调狭隘的国家利益或强行进行价值输出就极有可能引发不可预测的危机，甚而引起战争或灾难并导致人类文明的终结。人类学家约瑟夫·泰恩特称："人类如对自己的文明不做出调整、更新和创新，人类的整体文明消亡并非是不可发生的。"②

所以，大国在体系文化塑造上赋有义务与责任。对于体系的干预须虑及国家安全政策的狭隘性，须在多层面发挥集体安全的责任机制。第一次世界大战后国联的失败教训仍应吸取，如果联合国在主权承认（像利比亚问题、南苏丹问题、科索沃、南奥赛梯、克里米亚等）问题上产生争议，那么很有可能产生连锁反应。对此，一些政治精英面对当下的一些国际场景、地缘政治、大国博弈而担心新的冷战爆发不无道理。

---

① 约瑟夫·泰恩特等在斯宾格勒的"文明衰败论"、汤因比的"历史循环论"的基础上对人类社会（文明）的崩溃阐释道："崩溃（collapse）……是一种政治进程，它可以——而且通常——在经济、艺术、文学等领域造成影响，但从根本上说它是一个社会政治领域的概念。一个社会在社会政治复杂化的既定层次上出现快速的、实质的衰败，它就已经崩溃。"［美］约瑟夫·泰恩特：《复杂社会的崩溃》，邵旭东译，海南出版社2010年版，封面、第7—8、68、113—115页。

② "相变"为统计物理学的一个概念，主要指物质由液态、固态、气态互相转化前的瞬间状态，上述三种形态的转变都不是"说变就变"的，因而存在着一个瞬间的"点"，即相变（phase transitions）。这一类比现多用于社会、历史等领域关于制度、体制或组织、市场甚至文明形态的转变。笔者十分感触于一些社会学家、历史学家对于人类社会组织形式、文明嬗变或崩塌的因果分析。在多数历史学者看来，文明的崩坍或相变是由于内部原因造成的，从汤因比、泰恩特到兰德斯在对人类历史的论著中都表明了这种观点。［英］阿诺德·汤因比：《历史研究》，刘北成、郭小凌译，上海世纪出版集团、上海人民出版社2005年版；［美］约瑟夫·泰恩特：《复杂社会的崩溃》，邵旭东译，海南出版社2010年版；［美］戴维·S. 兰德斯：《国富国穷》，门洪华、安增才等译，新华出版社2010年版；［英］菲利普·鲍尔：《预知社会——群体行为的内在法则》，暴永宁译，当代中国出版社2010年版，第62—75页。

## 三

心理与文化存在着必然的联系，"如果像文化和国家这样的集体概念可以通过精神和情感的多棱镜来探讨，是否可以设想一种与病人们服用的药物类似的'全球解药'呢？有没有一种集体性的悲恸、绝望、歇斯底里或偏执，能够像人们的类似症状出现时那样得到缓解呢？"①

固然，在价值共享上，信仰的范畴往往与知识的范畴不能画等号，暴力、仇恨、迫害往往会伴随着政治或宗教革命。然而，人类文明并非是互相排斥的，比如，汤因比在《历史研究》中对中华文明的延续性、和谐性及其整体性作了一个肯定，对中西文明的整合曾有过一个期待：将传统的"正题"与西方的"反题"结合起来——创造出一个能够使人类免于自我毁灭的"综合体"。②

当下的场景显然不是恺撒主义式的英雄崇拜时代，也不是绝对主义的国家主权时代，全球社会之间的敏感性、脆弱性以及不确定性不断放大，传统安全与非传统安全到了一个新的临界点，使得一种多元的、多维的、多变的风险与冲突互有交织并影响或波及单元与体系本身。

人是社会意义的动物，始终在编织自己的意义之网，人也是有价值、有思维、有组织的动物，追求社会身份或认同是社会人的自然属性。这正如构成体系的单元体身份变化一样，单元体认同转换是一个"重新归类"、重新比较和重新界定身份（认同）的过程。③所以，当单元国家认识

---

① ［法］多米尼克·莫伊西：《情感地缘政治学：恐惧、羞辱与希望的文化如何重塑我们的世界》，姚芸竹译，新华出版社2010年版，第165页。

② 汤因比在《历史研究》一书中多次提到中华文明的独特性，尤其是在第四十九章"同时代文明相互接触的心理后果"中权重了对中华文明整合世界文明的期待。［英］阿诺德·汤因比：《历史研究》，刘北成、郭小凌译，上海世纪出版集团、上海人民出版社2005年版，第381—395页。

③ Social identity theory holds that a transformation of identities can occur when actors develop conceptual attachments to selective others through the process of recategorization, recomparison, and reidentification. When a group of states recognize that they share a common set of social characteristics and experiences that define them as a unique group, they have created a transnational identity. 见 Bruce Cronin: *Community Under Anarchy*, *Transnational Identity and the Evolution of Cooperation*, Columbia University Press, 1999, p. 31.

到它们共同享有一套社会特征和经历，而这些社会特征和经历又促使它们进行互动与交流，那么跨国身份或融合的身份往往就会自然生成。

单元体在互动中身份融合的假说对认同的转移是极具启示意义的。历史是不断发展的，人类社会的进步表现为人类意识的进步和科学技术的进步，体系文化的进步。从维也纳体系到联合国体系，从古典国家认同到后主权国家认同，历史的变迁多多少少印证了这一点。人类社会在进化中的自组织特征的内涵表现为爱与人类社会发展的目的意识。

欧文·拉兹洛总结说："只要（人类）还能存活，社会就会在时间过程中朝另一种可能的结构和组织形式进化。"[1]宇宙中物质的力量、信息的力量以及体系的力量不断融合，社会将走向"会聚"并恢复系统的平衡，进而在全球层面形成秩序并形成新的体系。

人类社会的进化从这个意义上讲就是一个从小到大，从点到面，从个我到他我、群我、共我，从混沌认同、原始认同、古典国家认同、现代主权认同、后主权国家认同到世界国家的认同过程。[2] 而这种认同的进步理应促使人类对于体系心理的干预抱有信心。

---

[1]　张全义：《世界国家生成机理初探——全球集体认同的生成与模式转换研究》，光明日报出版社 2010 年版，第 163—164 页。

[2]　同上书，第 156—164 页。

# 第六章　全球治理与认同的建构

上述关于体系相变的原理及其对体系干预的可能性论述为我们理解宏观的体系变迁提供了一定的佐证。然而，认同的建构并非仅仅是形而上的，它不仅表现于理念，而且也是一种制度的创制与规范的建构。正如本书开篇所言，在全球相互依存不断加深的情势下，认同是体系形成与发展的重大变量。在此意义上，体系心理与规范建构是相辅相成的，它们之间在内容上互相包括，在维度上相互重叠，在进程上则互相影响，这是推进从国内治理到全球治理进程中必须关注的一个议题。

## 一

规范的普及与建构经久以来成为哲学家、社会科学研究者力图思考的一个议题。① 人们多把国际规范与认同、道德、人性、文化、制度、集体愿望或者期望联系起来，在生成的路径上学者们大致将其总结为内化（internalization）、外化（externalization）、强制（imposing）

---

① 无论是柏拉图主义、亚里士多德学派、犬儒主义、斯多葛主义、马基雅维利主义、遁世主义、复古主义（帝国主义、民族主义）、乌托邦主义以及未来主义、马克思主义；还是笛卡尔的"我思故我在"、胡塞尔的"我思故我在"、赵汀阳的"我做故我在"以及"帝国论"（罗马治下和平、不列颠治下和平、美利坚治下和平）、"民主和平论""文明冲突论"很大程度上都是关于人类秩序如何运行即规范的理论。［英］阿诺德·汤因比：《历史研究》，刘北成、郭小凌译，上海世纪出版集团、上海人民出版社 2005 年版，第三十章（灵魂的分裂）、第三十一章（解体的挑战），第 217—232 页；赵汀阳：《每个人的政治》，社会科学文献出版社 2010 年版，第 166—168 页。

和谈判。① 理论归属上，国际关系学者一般套用国际关系理论中的现实主义、自由主义和建构主义三种分析范式，其论证的视角分别为利益、合作和观念对国际规范的生成或建构。现实主义、自由主义强调规范的工具性作用，而建构主义则强调观念和身份之间的相互建构及其对结构和利益的影响。

20世纪80年代末期以来，国内一大批学者围绕全球体系、国际制度、国际规范国内化等议题进行了厚重的研究，引介并发表了大量的论著、论述。学者们分别在外交理念、全球治理、国内民主建设、国际机制以及中国模式与全球秩序互动等方面做了研究。

在文化或哲学领域，一些学者推出了"文明和谐论""预付人权论"，②在体系融合层面，一些学者还试图就法理社会与礼俗社会、东方文明与西方文明、社会主义社会与资本主义社会之间寻找相切点，从而试图将国际规范的历时性、共时性、地域性等维度结合起来进行考证。

在现实层面，人类处在一个相互依存的世界已是基本认可的事实，政治和现实都在探讨建构一种基于全球普遍利益的认同。在单元和体系层面亟须达成一种集体认同，全球体系与国际关系的稳定与发展离不开国际规范的支撑。

在治理层面，一些紧迫的问题亟须得到解答：在国际社会行为体日益多元化、关系不确定化的场景中，如何保证国际规范的有效运行？如何应

---

① 比如，彼得·卡赞斯坦、温特和杰普森似乎不加区分地使用文化、制度和规范这些概念，由于规范具有人们普遍接受的定义，也就是"规范是对某个给定认同所应该采取的适当行为的集体期望"；规范的两层含义主要在于它的内化（internalization）和外化（externalization），规范的内化强调一种主体的自觉意识，即应然规范（oughtness），也就是说内化了的规范在于行为体的觉悟或事后的忏悔或内疚；而外化的规范主要强调外力，即社会团体、组织、国家或国际社会对违反规范的奖励或惩罚。宋伟：《国际规范、国家认同与国家行为——〈国家安全的文化〉述评》，《国际政治研究》2008年第2期；Michael Hechter and Karl - Dieter Opp（ed.），*Social Norms*，Russell Sage Foundation，2001，p.148；Bruce Cronin，*Community Under Anarchy*，Columbia University，1999，p.62.

② 关于天赋人权和预付人权的关系，赵汀阳阐述道："预付人权的核心观念是：人类以人类普遍契约为名把人权无条件地预付给每个人，或者说借贷给每个人，一个人必须履行做人的义务才能一直保有预先支付的人权。先预付人权，然后完成相应义务，这就是预付人权的基本精神。"笔者认为"预付人权取代天赋人权"的假设值得商榷。固然，预付人权可以缓冲天赋人权所带来的歧义和冲突，但是，这是否意味着人权能预付呢？如何预付？由谁来预付？退一步说，在个体意义上人权可以预付，那么如何将其付于国家或其他行为体的实践？赵汀阳：《每个人的政治》，社会科学文献出版社2010年版，第89、109、111—114页。

对全球治理中的异化问题，即个别国家超越他国意志对国际规范的践踏、曲解或滥用的问题？尤其是在国际规范建构上，集体暴力或武力干预是否可担当主变量的作用？就规范的普适性而言，是否存在着一个放之四海的元规则或金规则（以下统称金规则），即谁应该是规范的制定者与仲裁者？[①]主导型国家或处于体系前沿的国家如何引领基于全人类利益的国际规范建构？[②]

　　国际规范的一个重要功能是保证世界秩序的有序运行，上述问题或多或少构成了反映由国际规范社会性、主体性、普适性所衍生出来的一系列二律背反问题，[③]不妨说，这些问题已成为影响当下全球治理、国家关系发展的重要变量，成为影响人类历史和文明进化的硬核性问题。

二

　　观念的因素表现于个体、集体和体系的层面，冲突、暴力的化解绝非用单一的因素就可以化解，观念主义、基于理性的行为主义、认同的建构

---

　　① 国际关系学者一般将这种所谓的放之四海而皆准的国际规范纳入"元规则"的考证范畴，它类同于政治哲学或宗教意义上的"金规则"。为体现论证视角，本书采用了"金规则"的表述。政治哲学家往往将规范的普适性与金规则挂钩，原始意义的金规则渊源于基督教伦理至高无上或"绝对无疑的"道德原则，并能够"一以贯之"，在学术意义上相当于一个伦理体系其中的元定理并"能够对这个伦理体系中的各种具体规则进行总的指导和解释"。尽管对全球治理的界定尚存在着分歧，但是就全球治理的要素而言，它包含了全球治理的价值、全球治理的机制或规制、全球治理的主体或基本单元、全球治理的对象或客体。赵汀阳：《每个人的政治》，社会科学文献出版社 2010 年版，第 50—52 页；俞可平：《民主与陀螺》，北京大学出版社 2006 年版，第 33、89 页。

　　② 本书采用了处于体系前沿或主导型国家的概念，主要念及霸权国或帝国都包含或产生于这两类国家类型中，在含义上它们之间是同约、互换的。

　　③ 规范的主体性有两层意义，一是在本体意义上可指规范本身，二是指规范的制定者或创制者，本书关于规范主体性的论证多取后者，即"规范的主体性政治霸权"。本书的取义参考了赵汀阳先生关于规范主体性霸权的讨论。赵汀阳：《每个人的政治》，社会科学文献出版社 2010 年版，第 64 页。

主义并非是隔离的。① 人类不仅从自身的环境中获取信仰、概念、规则、目标和价值并付诸于行动，而且对于安全的认知、自我安全利益的保护享有集体观念，同时，观念的形成也与社会互动、社会对话、媒介影响具有关联性。因此，体系文化的生成与塑造需要在个体施动者、国际社会不同的行为体以及影响体系的主变量间进行。笔者将国际规范的社会效用概括为以下"四种诉求"，此四种诉求也大致构成了国际社会健康运行的核心基轴。

一是对于秩序的诉求。亚里士多德指出："人类天生就有合群的性情，人不能单个独立生活，必然与自己一样的人交往，并构成社会，才能谋得生存，才能实现自然赋予他的生活目的。"② 社会性动物的一个显著特征是人以群分，在群体间保持秩序就成了一种自发性的诉求。社会之所以得以健康运行，是因为规范对单元共同体的行为起着调控与监督的作用，促使规范成为一种"社会语法"。③ 所以，克拉托赫维尔说："作为一个惯例，一个规则不仅告诉某人如何应对他从未面对的境况，一方面它又不得不受到某人所在群体约定俗成的调控。"④ 规范蕴含于社会生活的每一个层面，从马路上的红绿灯、婚姻制度、合同条款、贸易规则、国家宪

---

① 蒂利将暴力观的形成分为三个阵营：观念者（idea people）、行为者（behavior people）和关系者（relation people）。三个阵营在理解人类事务的基本原因时存在根本的区别。观念者强调作为人类行动基础的意识。他们一般声称，人类需要从自身的环境中获取信仰、概念、规则、目标和价值；他们重新塑造自己（以及彼此）与这些观念一致的动力；他们将这些从社会中获得的观念付诸行动。为了阻止暴力，我们必须压制或消灭那些从事毁灭活动的观念。行为者强调动机、动力与机会的独立性。很多人把人类进化作为个人或集体的攻击行为的起源。行动者经常持还原主义（reductionist）的立场，认为所有集体现象最终都可以归结为个人行为或者甚至是特殊基因的影响。关系者在个人和团体之间进行交易，他们比观念者和行为者更加具有中心化特性。他们认为，人类通过与他人相互交换意见发展他们的个性和实践。在这种观点看来，遏制集体暴力更少取决于消灭坏观念、消灭机会或者压制动力，而是更多取决于在个人和群体中间进行的关系交换。［美］查尔斯·蒂利：《集体暴力的政治》，谢岳译，上海世纪出版集团2006年版，第5—6页。

② ［法］卢梭：《社会契约论》，施新州编译，北京出版社2008年版，第31页。

③ 美国一位学者曾对社会规范中的"公平、合作和互惠"等现象进行了类比。她干脆把社会规范当作一种"社会语法"，她从社会心理学、经济学和进化博弈理论（evolutionary game theory）的角度出发，推断出规范是如何形成的、人们为什么以及何时去遵循规范。参阅 Cristina Bicchieri, *The Grammar of Society*, Cambridge University Press, 2005。

④ Andrew Hurrell, "Norms and Ethics in International Relations", in Walter Carlsnaes, Thomas Rise and Beth A. Simmons (eds.), *Handbook of International Relations*, Sage Publications, 2006, p. 143.

法、国际条约，这些法令、法规、法律事实上构成了规范的代名词。①

设想，在太空中如果对人造卫星和宇宙飞船的运行轨道不做出界定、航空运输中不对航空器的飞行路线或区位进行细分、船务运行对于航线的经纬不做出具体圈定、国际贸易对货物发运、运输和结算没有一个细则，人类的生活和秩序将大打折扣。在国际关系意义上，如果没有一系列具有普遍意义的原则、准则、条例、协定等来引领国与国之间的互动，就无从谈起国际体系、国家安全的稳定与发展。显然，规范在一定程度上成了衡量人类文明进步的晴雨表，国际关系、国际制度的有序发展也是文明不断进步的一个体现。

从《威斯特伐利亚条约》《联合国宪章》到《不扩散核武器条约》《濒危野生动植物种国际贸易公约》，国际规范对于单元行为体和体系的正常运行在一定程度上起到了中流砥柱的作用。不难看出，随着全球社会的联系性、脆弱性、不确定性的增大，国际规范对于秩序之作用还在日益加强，进而呼唤更科学、更完善、更进步或更具有普适意义的规范，这是人类文明进步的自然诉求与体现。人类的文明泛指人类在理念与行为上趋向制度化、和谐化和规则化，规范二字则或多或少地成为文明在内容与形式上的实然体现。

在此意义上，秩序、和平、非暴力、福祉等便成为人类的诉求而逐步得到发扬光大。而在整体意义上，人类社会组织形式、国家治理、国际体系的演化体现于国际规范与文明的共同进步，比如从混沌认同、原始认同、古典国家认同、主权国家认同、后主权国家认同到世界国家认同的过渡，某种意义上也昭示着人类社会认同在不断进化的趋势。

二是基于社会利益的诉求。就国际社会的演变而言，秩序与利益存在有着不可分割的关联，而历史也反映了这一事实。在早期，实力或强权成为谋取利益最主要的途径，比如远古时代，人类的祖先曾围绕狩猎、栖息地进行争斗——胜者为王，败者为寇；地理大发现后帝国主义曾围绕殖民地、附属地进行过无数次掠夺战争；20 世纪的两场世界大战以及之后的冷战在一定程度上也凸显了强权在追逐利益及其对秩序的影响作用。与一

---

① 王逸舟生动形象地比喻说，"（这些规范）曾经、正在或仍将对国际经济和政治关系产生重要作用，这种作用好比马路上的红绿灯和斑马线：平日里人们不太觉察到它们的存在，在没有它们的地方才感受到它们的分量"。王逸舟：《探寻全球主义国际关系》，北京大学出版社 2005 年版，第 23 页。

个世纪前相比，尽管人类的历史发生了翻天覆地的变化，但推崇武力、运用军事手段谋取霸权，甚至超越联合国侵犯他国主权的思维和行为并没有完全退出历史舞台，从而对现有的国际规范和全球秩序构成挑战与威胁。

强权政治被视作现实主义的核心假定之一：国家生存和权利追求是根本，而社会规范是次生变量，国际规范和伦理只不过是霸权利益的体现。① 从爱德华·卡尔、汉斯·摩根索到肯尼斯·沃尔茨、保罗·肯尼迪、约翰·米尔斯海默，形形色色的现实主义者似乎从未放弃实力对于利益获取的主变量作用。

然而，笔者并非绝对否认现实主义关于强权和利益对规范的塑造作用。由于生产力、生产关系及人类意识进化滞后的限制，在特定的历史阶段，实力或技术曾对规范的创制、重塑起过核心变量的作用。但是，这并非意味着实力或强权一直成为规范创制或建构的永动力。毕竟，人是社会性或政治性动物，人类文明的进步在一定意义上意味着暴力或武力在利益诉求中的逐渐式微，社会建构主义者认为，共享观念、集体意识、集体身份往往会促使利益认知发生转换。

当一种规范在形成或内化之后，它会成为一种共有知识或集体认同，促使行为体之间利益共享。卡赞斯坦、温特、杰普森一致认为：国际规范具有建构性效应（constitutive effect）和管制性效应（regulatory effect），国家安全利益、国家认同之间呈现为递回循环性（recursivity）互构过程——从而成为一种特别的认同，在此意义上，认同的生成促进了利益的共享，反过来促进秩序的健康运行。②

三是表现为一种认同诉求。认同与规范某种程度上为一对孪生兄弟的关系。没有规范的内容，就谈不上认同的形成或建构，而没有集体认同，社会规范也难以维系。从这个意义上，规范便成了集体认同、愿望、身份的代名词。规范的一个效用是对社会凝聚力或认同的作用。而约定俗成的规范便成了人们需要遵守的准则，并通过"社会的框定（Frame）议事

---

① 卡尔曾在其代表作《二十年危机》一书中称：社会规范并不具有独立性，规范、道德和伦理只不过是权利的外在表现形式而已。[英] 爱德华·卡尔：《二十年危机》，秦亚青译，世界知识出版社2003年版，第五章。

② [美] 彼得·卡赞斯坦主编：《国家安全的文化：世界政治中的规范与认同》，宋伟、刘铁娃译，北京大学出版社2009年版，第55—57页。

（Negotiation）和解说（Narration）而得到皈依、遵守"，① 民族国家在某种意义上也是一种被普遍认同的规范，所以，本尼迪克特·安德森就生动形象地把国家比作"想象的共同体"，同理，社会学家滕尼斯所论及的"血缘共同体""地缘共同体""宗教共同体"在实然意义上或多或少地意味着对一种规范的认同。②

在国际社会里，约定俗成的规范可以促进行为体对于组织实体的认可或认同，于是，国际组织、国际机制、国际准则、原则、法规、法令、规则会演变成一种实实在在的认同或集体意愿而得到遵守。卡赞斯坦总结说："国际机制产生之原因是国际社会达成集体意愿的结果。因而，机制不仅成为一种调和的机器，也成为一种国际社会的规范。"③ 国际规范和国家认同互相影响和建构，一方面，国际规范会影响国家的利益和行为并建构国家认同；另一方面，国家认同反过来也建构国际规范，认同、利益、政策之间的互构造就了环境结构，同时，环境结构也塑造了国家的安全利益或者直接塑造了国家的安全政策，进而促进结构与单元体之间的良性互动。④

四是基于互动的诉求。从社会认同理论看，群体规范来源于人际互动。群体的形成并非一个独立的过程，而是单元个体与群体之间在沟通中不断建构的一个过程，"集群行为的相似性反映的并不是集体意识，而是集群成员构成的相似性，集群背景加强了个体性，而不是模糊了个体性"。⑤群际行为中社会背景像社会流动、社会变迁，特别是社会竞争等因素造成了沟通的客观实在即对群体认同的诉求——"合法性在很大程度

① See Michael Hechter and Karl – Dieter Opp（ed.），*Social Norms*，Russell Sage Foundation，2001，pp. 139 – 163.

② ［德］斐迪南·滕尼斯：《共同体与社会——纯粹社会学的基本概念》，林荣远译，北京大学出版社 2010 年版，第 53 页。

③ ［美］彼得·卡赞斯坦主编：《国家安全的文化：世界政治中的规范与认同》，宋伟、刘铁娃译，北京大学出版社 2009 年版，第 55 页。

④ 同上。

⑤ 传统的群体认同理论如勒庞强调"集体的无意识"割裂了群体与个体互动的过程。"在集体心理中，个人的才智被削弱了。从而他们的个性也被削弱了。异质性被同质性所吞没，无意识的品质占了上风。"［法］古斯塔夫·勒庞：《乌合之众：大众心理学研究》，冯克利译，中央编译出版社 2005 年版，第 11、16、19 页；［美］约翰·特纳等：《自我归类论》，杨宜音、王兵、林含章译，中国人民大学出版社 2011 年版，第 188、192 页。

上是社会共识和社会感觉的产物"。① 而国际规范便成了意愿与群际互动的桥梁，进而推进人类社会的良性互动。

卡赞斯坦指出：［规范］是对特定身份人行为赋予的一种集体愿望。规范的作用在于界定（或建构）身份或规约（调控）行为，或者说两者兼具。希尔（John R. Searle）则从集体行动的角度论证了规范的功能性作用，他解释道：所谓国际规范的意愿性实质有两层意思：一是对既定行为模式的肯定；二是对将来行为模式的抱有的某种期待，国际规范的内容和遵守规范因而便成为一种"公意"而得到国际社会的肯定与倡导。集体意愿不仅指行为体投身于合作行为，而且享有信念、愿望以及意愿等状态。

国际规范体现着国际社会对理念或制度的认同，反过来讲，这些理念或制度又构成国际规范的内容或形式。为了实现个体或集体的意志最大化，单元体之间往往会在大家共同遵守的游戏规则内行事。制度内的博弈往往会促进良性互动，单元体不得不将"利他性"因素纳入进来，经过多次博弈很可能就促成了共享规范的生成。以此类推，在体系层面，单元体之间的互动促成了国际社会的形成，于是促成了"国内治理"到"全球治理"进程的转换，这意味着认同的进步。

三

国际规范建构之二律背反问题是应对全球治理不可逾越的议题。它不仅反映在与单元体相关的微观因素，而且也体现于体系层面。

在单元体关系上，个别大国一方面坚称严守《联合国宪章》，一方面超越联合国或者滥用集体安全准则对他国进行先发制人式的攻击，造成国内政权坍塌、部族冲突不断、难民流离失所，时下仍在发酵的中东乱局或许能略见一斑。冷战结束已有时日，但是，个别大国的思维似乎仍停留于意识形态的对峙阶段，并不时进行价值输出、鼓噪颜色革命，造成地区动荡不断、恐怖主义肆虐。

① ［澳］迈克尔·A. 豪格、［英］多米尼克·阿布拉姆斯等：《社会认同过程》，高明华译，中国人民大学出版社 2011 年版，第 64—78 页。

而在体系层面，如在全球治理建设层面，个别大国一方面坚称推进全球自由、民主，包容不同文明、尊重文化多元化；另一方面却不时鼓噪文化优越论，排挤或歧视其他民族或移民，并引起民族或文化冲突。就人类可持续发展而言，一些国家一方面声称要推进《千禧年宣言》，保护地球环境、促进全球政治经济的稳定与繁荣；另一方面却在减排、汇率、关税和区域共同体建设上累累陷入困境，所签订的协议却迟迟得不到兑现。

在技术与道德关系层面，人类也亟须建构一种集体认同。尽管海德格尔、哈贝马斯等哲人早就提出科学研究性须严守技术中立的警告，但现实中仍存有一些具有争议的生物实验如"半兽人"实验问题。如果在实验上没有一套规范可循，这种技术将会把人类拖入到噩梦之中。①规范的建构问题同样涉及经济体系、信息体系、金融体系、航运、航空体系、外层太空体系、极地体系等诸多领域，在理论和实践上都带有二律背反之特征。

不难看出，上述二律背反的现象或事实之背后隐涵着一些国家对于实力或强权谋取利益的迷恋，隐含着个别国家推崇武力强行进行价值输出的理念，隐含着国家行为体在处置国家利益与全球利益上的困惑，从推进规范的意义看，隐含着国家行为体对国际规范的主体性、普适性问题的认知差异，甚而隐含着对国际规范话语权的争夺。笔者认为，以上矛盾关系在深层次上表现在霸权国意志及其对国际规范制定和裁决的垄断意志问题，即霸权意志与金规则的关系问题。

社会科学的任务之一被描述为揭示人类与物质世界（包括社会）的关系即主体与客体的关系。人的社会性、群体性及政治性决定了人类对规范的客观诉求，国际规范于是担当起架构国家与国际社会之间的桥梁。作为国际规范的主要建构者主权国家，国际规范的含义因而蕴含着一种基于世界的国家观或国家的世界观，或两者兼而有之。

从群体意志的角度看，霸权国与金规则的制定和实施存在着千丝万缕的联系。古希腊，罗马帝国，秦汉帝国，孔雀王朝以至中世纪的教皇国，中国的元帝国、清王朝，拿破仑帝国，英帝国都曾有自己特定或秉持的

---

① "如果不对科学家实施道德约束，地球恐将变成人猿星球。"英国医学科学院这一警告将英国拖入一场"人兽杂交"风暴。发出警告的专家要求英国政府严密监控所有敏感的人兽胚胎实验，防止科学家制造出"半兽人"，把人类拖入噩梦。http://news.xinhuanet.com/world/2011-07/31/c_121746225.htm.

"国际规范"。在某种程度上，这些所谓的规范也构成了当时秩序的"纲"，而其余的弱小城邦、教皇国、附庸或朝贡国等附属单元或卫星国便成了霸权主导下的"目"，从而形成"纲举目张"的格局。像"希腊式民主""罗马的潜主制或议事会"，阿育王体系以及独特的三位一体、朝贡体系及殖民地和冷战时期的卫星国从某种程度上权且都可以纳入这类规范体系。

不可否认，霸权国的金规则对当时的单元体系、城邦建制以及国际秩序发挥了重要的影响。但是，反过来，基于垄断意志的规范本身，事实上也构成了帝国的一种思维和话语——构成了基于理念的金规则。霸权国或主导国似乎对任何违逆其意志的单元体都有权进行清剿、灭杀，且构成了基于制度运行的金规则。这种现象在人类历史进程上屡见不鲜，尤其在宗教历史上表现得十分突出。比如，16世纪的路德、加尔文的宗教改革似乎打破了神圣罗马帝国一统天下的局面，打破了中世纪基督教对于人们思想和肉体的桎梏，确立了"因信称义"的规范。然而，加尔文却因此走向了另一个极端，进而造就了另一个金规则——对异端的灭杀、对异己的疯狂迫害，并造就了"苍蝇战大象"的不幸历史。①

在全球相互依存的今天，基于单元体垄断意志的金规则显然与历史发展的潮流不符，在学理层面，复古主义、一元论、帝国霸权已经遭到绝大多数学者和政治家的摒弃，而在现实中国际关系民主化的趋势或多或少昭示了绝大多数国家的呼声。

个体人之间、人类与自然之间、国家与国家以及所有行为体之间都离不开规范的指导作用。现实层面，相互依存、同舟共济、利益共享等话语受到了政治家和学者的推崇，国际共管、共治、共赢、伙伴关系因而成为全球化时代的一种理念而受到绝大多数行为体的认同。

战争或暴力无助于秩序的良性运转，只会加大地区间、国家间、民族间、文明间的冲突。冷战后发生的一系列战争和冲突事件多次印证了这一点，比如，科索沃战争、伊拉克战争、阿富汗战争以及北约发动的利比亚战争不仅给所在的国家政权、人民生命带来了灾难与难以治愈的创伤，而

---

① 茨威格对加尔文这个宗教的"改革者、反封建斗士"的另一面进行了入木三分的剖析：加尔文对其异类塞尔维特、卡斯特里奥利用强权表现出专横、残忍与卑劣的一面，从而造就了"苍蝇战大象"——异端反对异端的历史。[奥] 斯蒂芬·茨威格：《异端的权利》，张晓辉译，吉林人民出版社2011年版。

且给全球治理带来了许多前所未有的问题。

一味强调基于单元个体利益的"金规则"只会引起冲突，不仅会破坏既存的全球秩序，而且也不利于规范的认同建构。所以，国际规范的秩序、利益、认同、互动的效用诉求一方面构成了当下世界的运行规则或机制，更重要的是它成为促使国际社会朝着健康、进步方向发展的重要动力，本着上述假设，以下的管窥之见在于试图解决国际规范建构中的二律背反问题。

## 四

广义进化论认为：整个宇宙是一个互相联系的场，物质世界、生物世界和人类社会是互相联系的，在信息和能量上是沟通的，所以它们相互之间表现为普遍的联系性，因而一损俱损，一荣俱荣。体系心理的建构的侧重点在于单元行为体对共生体系的理解。

现实中对于是否存在一个放之四海而皆准的普世价值一直存在着大的分歧，人类社会的历史进程、文化构成、民族特性甚至地貌特征等不可能处于同一起跑线上，这是事实。但是从另一方面讲，人类的历史或思维方式、组织形式及其生存环境在不断地演化。在关于世界和人类终极意义的理解上，人类学家经过考证都赞同人类在思维方式、组织模式、文化倾向等方面表现出来的趋同性，基因科学家已得出结论：人类的基因几乎不存在差异。

人类在文化基因上的通约性决定了人类在精神追求，比如崇尚友爱、自由、和平、平等理念上是通约的。西方人将中国的中庸之道翻译成黄金的法则"principles of golden means"。这种对于爱、进步和秩序的追求不仅构成了规范得以建构的基础，也构成了国际规范国内化、地区化普及的动力。正如中国外交部部长王毅所指出的，"中国不仅自己坚持走和平发展道路，也希望其他国家共同走和平发展道路。"中国梦"既是中国人民的，也与世界各国人民的梦想紧密相连，休戚相关"①。

---

① 《王毅就中国的外交政策和对外关系答记者问（二）》，http：//news.163.com/14/0308/13/9MQLJRPG00014JB5_ 2. html。

规范的认同表现于生物机理、生产力、生产关系、上层建筑与经济基础的互相作用，表现于人类对终极世界进化的思考。在人类历史长达数千年的演化中，人类社会就社会组织形式的结构、国家的构成、国际体系的运行诸方面达成了基本的认同，这种基本认同也使我们确信国际社会特别是处于体系前沿的国家可以在国际规范的二律背反问题上找到解决的途径。

首先，培育共在的秩序理念，慎用军事干预方式。

正如前述，秩序问题是关于世界的总体秩序问题，关于总体秩序问题的认识也是金规则的问题，如果在对体系和单元的构成没有一个普遍的共识（比如现代主权制度），那么体系不是乏力就是面临着崩塌的危险。[①]对于秩序的认知问题，说到底只是关乎谁是规范的制定者、仲裁者，即主体性问题。

人类已进入 21 世纪，路易十四的"朕即国家"的理念遭到了国际社会绝大多数行为体的唾弃，历史证明，凭借强权维系的霸权不可能持久。更重要的是，全球国际社会的普遍联系性、脆弱性促使人类不得不用一种全镜头的思维理解这个世界——整个世界成了一个体系、一个循环系统、一个命运共同体，套用哲学的话语讲就是人类存在于一个"共在"的世界中。[②] 处于体系前沿的国家须以全球责任和整体利益的角度在维护人类安全、促进国际关系民主化、维护人类世界和平与发展上做出努力，并付诸行动。

比如，就军事干预模式而言，处于体系前沿的国家须反思大国在集团政治、军事盟国框架下所建立的国际规范中所出现的赤字及其效用，特别是结合冷战后的一系列战争进行反思。科索沃战争、伊拉克战争、阿富汗战争以及北约发动的利比亚战争和当下大国在乌克兰问题上的军事博弈模

---

① 赵汀阳指出："一旦失去'价值共识'这个基础，传统金规则就会失去普遍有效性。其实不仅仅是传统金规则的失效，几乎所有古典的标准都因为现代社会的各种新价值（平等、个人主义、进步、新奇、数量化、多元化等）而失去效力。金规则问题可以看做是现代问题的一个典型案例。"赵汀阳：《每个人的政治》，社会科学文献出版社 2010 年版，第 55 页。

② 赵汀阳阐释道："共在存在论的基本原则是：共在先于存在，这意味着，任何事必定形成一个共在状态，在共在状态中的存在才是有意义的存在，共在状态所确定的在场状态才是存在的有效面目。""共在存在论研究的不是物的世界而是事的世界。事的世界由各种人际和心际关系组织而成，万事自有万理，因此事的世界必须是一个能够容纳复数真理的世界。"赵汀阳：《每个人的政治》，社会科学文献出版社 2010 年版，第 162、174 页。

式是否能达到预期的治理目的，尤其是，如何解决战争后遗症，这些所谓的被改造的国家是否真正会沿着某些大国设定的路线图走下去？

单边主义、军事干预终究不能从心源上解决问题。国家是社会意义的人，具有目的、意愿、主体感、情感、社会意识等特征。①主导型国家应该认识到，在全球体系与国际体系并存的场景下，每个国家都多多少少拥有损失厌恶、沉没效应、风险预警的心理。② 历史告诉我们：霸权或结盟战略会引起囚徒困境的不断重复，从而引起反制衡，遑论国家过度地扩张或张力也将导致其本身的消亡。更进一步说，军事干预、武力侵犯造成的国家身份转移或丧失，不但达不到赢得民心的效果，反而会加剧民粹主义、帝国主义乃至恐怖主义的生成，20 世纪的两次世界大战以及"9·11"事件或多或少地印证了这一推断。

历史、地区、国家、民族、部族乃至政体、国体发展的不平衡性造成了全球治理与国内治理之间的矛盾或不协调，霸权国意志与世界秩序或国际规范的普及路径上历来存有争议，大致看来在理念上表现于多边主义与单边主义之争，或类同于国际与国内中的"一元论""二元论"所面临的两难抉择。③ 就国际规范的生成与普及而言，无论是多边主义、单边主义还是一元论者、二元论者都要涉及规范的主体性问题，即由谁制定的问题。

在当下全球体系与国际体系并存的场景下，"一元论"的模式不能从心源上解决问题；"二元论"或许能促成单元体之间良性博弈，进而产生双赢的效果。有学者分析称，"二元协调思维不将内外政治分离、分割开来，相反，却从两种政治合作统筹的角度，重视内外政治的对话协商，追求国内责任和国际责任的平衡，探寻国内问题和全球问题的综合治理观"④。

① Alexander Wendt, "The State as Person in International Theory", *Review of International Studies*, 30, 2004.

② "损失厌恶""沉没效应""风险预警""参考依赖"系政治心理学中前景理论的一些核心概念。林民旺：《国际关系的前景理论》，《国际政治科学》2007 年第 4 期。

③ 全球性问题的治理不足，与国内政治与国际政治严重分离的事实有关。一元论者认为：要么国内政治从属于国际政治，要么认为国际政治从属于国内政治。二元论者主张单元体之间采用互动、融合的方式进行沟通。苏长和：《中国与全球治理——进程、行为、结构与知识》，《国际政治研究》（季刊）2011 年第 1 期。

④ 苏长和：《中国与全球治理——进程、行为、结构与知识》，《国际政治研究》（季刊）2011 年第 1 期。

　　因此，须关注世界格局转换给国家身份带来的变化，在治理上勇于"分权"给新兴工业国家。两极体系结束后，行为体多元化、多极化成为一种趋势，在全球化的驱动下许多边缘的国家成为新兴的主体，并对全球治理、国际体系、经济走势、金融结构、区域政治以及国际关系发挥着越来越重要的影响，这是当下世界体系的一个特征。

　　秦亚青在《世界格局、国际制度与全球秩序》一文中曾提出了后危机时代的三元结构。①新兴大国之间的融合与协作已对现有的世界格局形成了挑战；南方世界大国在经济、政治和外交上的崛起以及对世界新秩序所产生的多重、连锁影响已显而易见。这表明，霸权国或集团已无力包揽全球治理的一切事务，而过于迷恋霸权机制往往无助于冲突的根本解决，甚至最终伤害其本国的利益。

　　所以，安德鲁·F. 库珀总结说："如何在维持既有结构和保持既有决策方式的基础上应对新兴国家，这是全球治理的核心。"② 总之，全球秩序与国际规范存在着必然的因果关系，善政与善治从某种意义上而言是保证规范的主体性和普适性的统一，就长远而看，全球治理呼唤主导型国家在合法性（legitimacy）、法治（rule of law）、透明性（transparency）、责任性（accountability）、回应（responsiveness）、有效（effectiveness）、参与（civic participation/engagement）、稳定（stability）、廉洁（cleaness）、公正（justice）上有所突破并找到平衡点或相切点。③

　　其次，树立新安全观，尝试建立或重建有效的全球风险预警机制。

　　自民族国家生成以来，行为体在预防战争、促进全球和平与发展等方面曾建立过一系列预警机制，然而，就当下而言，传统安全与非传统安全的发展的不确定性亟须人类对遇到的各种潜在风险进行预测，进而建立与时俱进的全球风险预警机制。

---

　　① 秦亚青指出：后金融危机的时代，一超多强格局没有发生根本变化，但在这一基本框架之中，一超实力有所减弱，形成了美国、欧盟和新兴大国三种重要力量的三元结构。秦亚青：《世界格局、国际制度与全球秩序》，《现代国际关系》2010 年庆典特刊。

　　② 2007 年八国集团在德国海利根达姆召开峰会，并发起了一个由主要发达国家与发展中大国就当前全球性问题开展结构性对话的"海利根达姆进程"。安德鲁·F. 库珀等围绕着这一进程的实施及其困境进行了深入的讨论。[加] 安德鲁·F. 库珀、[波] 阿加塔·安特科维茨主编：《全球治理中的新兴国家——来自海利根达姆进程的试验》，史明涛、马骏等译，上海人民出版社 2009 年版，中文版序言、第 1 页。

　　③ 俞可平：《民主与陀螺》，北京大学出版社 2006 年版，第 85—86 页。

冷战结束后，特别是"9·11"事件发生后，安全在内核、定义、形式上发生了巨大变化，这些因素有温室效应导致的气候问题、金融危机、贸易保护主义、地区一体化、核扩散、种族、部族冲突、恐怖主义、黑客、媒体效应、海盗、贩毒、人口走私以及由自然灾害造成的虫害、洪灾、水灾、地震、海啸等。如果处置不当，主权国家的灾难或危机往往会演变成国际危机，进而影响到全球秩序。

这是因为，在全球体系与国际体系并存、传统安全与非传统安全相互交织的场景下，任何单方面的危机极有可能诱发其他隐伏的危机，进而侵蚀既有的国际规范并冲击现有的全球治理模式。

2010 年由维基泄密事件引起的突尼斯"茉莉花革命"仍在发酵，并给全球治理和国际关系带来了前所未有的冲击和影响；2011 年由日本地震导致的核泄漏足以引起国际社会对 20 世纪 80 年代后期发生在苏联切尔诺贝利事故的恐慌回忆，那场核事故给当事国以及周边国家留下了难以医治的创伤，窥斑见豹，这类影响全球治理的事件的发生在将来或将不可避免。

试问，如何在建立全球风险预警机制上达到一个基本的认同呢？

主导型国家须在安全的标准、内容、范围以及应对安全的机制上有必要形成共识。在全球体系与国际体系并存的场景下，维护国家利益作为一种法理诉求在短期内不可能消失。因此，如何处理全球安全与国家安全之间的关系仍是主权国家不可逾越的一个困境。

事实上，早在 20 世纪 90 年代，以巴瑞·布赞（Barry Buzan）、奥利·维夫（Ole Waever）等学者就提出了与"安全化"相关的复合安全理论，倡议各种行为体就安全的主体、保护的对象、威胁的内容和范围、安全的听众等达成认同，并认为，安全化与国际合作、国际规范存在着重大的关联。[①]联系当下的中东乱局、欧债危机、美伊冲突、恐怖主义泛滥等事实，安全化所给的启示不无意义。而推动国际社会听众对于安全认知的理念转换则与国际规范的国内化进程即不同行为体之间的互动有着不可分割的关

---

① 在哥本哈根学派看来，安全化往往包含着四类必不可缺的行为体：安全化主体或施动者——启动和实施安全化操作的行为体；指涉对象（reference objective）——其安全需要得到保护的行为体；威胁代理（threat agent）——它是制造威胁的元凶或威胁的来源；听众——他们决定安全化逻辑的被接受程度和成功可能。这四类行为体的相互关系决定了安全化与国际合作、国际规范的复杂关系。潘亚玲：《安全化、国际合作与国际规范的动态发展》，《外交评论》2008 年 6 月总第 103 期。

系。这些议题不仅涉及行为体对正式与非正式机制的选择，① 涉及行为体之间的权力让渡及博弈等具体问题，② 也将涉及体系结构、权力哲学、国家利益等诸多层面。

安全化视角在当前仍具有不可替代的意义。处于体系前沿的国家至少要在创造安全化的环境、认知及其条件的认同上做出努力。安全化须要具备两个条件：一是安全化主体从因果、实践、道德三个层面上将"存在性威胁"逻辑化，二是安全化听众需要在聚焦事件和媒体宣传的帮助下接受这一安全定位或措辞。在法理层面，大国已就安全的主体的内涵与外延——主权国家及其他行为体，保护的对象——主权国家、地球环境、全球国际社会，威胁的内容——传统安全与非传统安全达成了基本认同，其理念事实上已体现在联合国签署的《千禧年宣言》中。而这种认同将在法理上促进全球预警机制的建立。

国际组织作为全球治理进程中的一个主要行为体的作用日益显现，它不仅在重塑国际社会空间，也在重塑着国内社会的空间，这已被大多数学者和政治家所认同。"它们不仅帮助创造世界政治的崭新结构，而且致力于创造和建构崭新的国内社会。"③

主导型国家至少要重思固有的理念——把国际官僚描绘成无私无权的国家代理人，并赋予国际组织对于世界秩序的建构作用，"国际组织是世界政治舞台上中心的行为体。它们并不只是一些规则或者结构，它们是全球变化的积极施动者"。④联合国、欧盟、世界贸易组织、国际货币基金组织、八国集团、二十国集团、东南亚国家联盟、绿色和平组织、保护动物

---

① 国家选择非正式国际制度的制度形式，是因为在特定的国家属性、交易情景和国际环境制约下，非正式国际机制使国家间交易成本最小化。刘宏松：《非正式国际机制的形式选择》，《世界经济与政治》2010 年第 10 期。

② 田野指出："国际机制的建立可以理解为各成员国之间某些特定权力的相互让渡。而权力的让渡过程本质上是一种国家间交易的过程。"田野：《关于国家间交易成本的一个思辨》，《欧洲研究》2006 年第 1 期。

③ ［美］迈克尔·巴尔特、玛莎·芬尼莫尔：《为世界定规则——全球政治中的国际组织》，薄燕译，上海人民出版社 2009 年版，第六章（第 228—249 页）、第 238—239 页。

④ 迈克尔·巴尔特、芬尼莫尔（费丽莫）等在《为世界定规则——全球政治中的国际组织》一书中将国际组织的功效与全球治理的三个失败案例即国际组织对金融危机管理、难民保护和阻止种族屠杀三方面努力的失败结合起来，进而促使我们反思国家官僚对于国际制度及世界秩序的特殊作用。［美］迈克尔·巴尔特、玛莎·芬尼莫尔：《为世界定规则——全球政治中的国际组织》，薄燕译，上海人民出版社 2009 年版，封底、第 8 页。

者协会等国际组织对于当代的全球治理的作用日益彰显，当代全球治理没有它们的参与显然是不可能的。它们不仅是全球治理的参与者，也是国际规范建构的推动者。

秦亚青指出："国际组织不仅要发挥监管、早期预警和协调的功能，而且要考虑建立全球层面的风险和早期预警机制。"①所以，一方面，主导型国家要正确处理好国家与国际组织的"委托人与代理人"（principle - agent）关系；另一方面，国际组织本身也要进一步发挥其"官僚功能"，把握"理性化中的非理性"，并对其失败的案例做出总结。当然，就国际机制运行的效用性而言，国际机制对国家行为具有独立影响的命题似乎并不意味着普适于一切国家或行为体，显然，对现有的国际规范或机制的效用不能作出绝对的判断。②也就是说国际组织并非完美无缺，国际制度有时不仅仅成不了"仁慈的管理者"，甚而有可能成为"邪恶的剥夺者"，因此，处于体系前沿的国家尚要对国家与国际组织之间面临的"合作问题、权力结构、'治理困境'"进行合理地治理与整顿，在集体安全机制下发挥其领导优势。③

再次，虑及国际规范国内化进程中的不平衡因素，在互动中促进认同。

规范的形成是个体与群体互动的结果，只有良性的互动才能促成规范的认同实现。规范可促成群体心智、引发从众行为、激发认知改变、信息交往，从而促使单元体对自我范畴或主观不确定性（subjective uncertainty）进行反思或转换，加大社会凝聚力，最后形成共识并使其具有规定性（prescriptive），因而共识也就成为一种社会规范。④

---

① 秦亚青：《世界格局、国际制度与全球秩序》，《现代国际关系》2010 年庆典特刊。

② 一项国际机制包括事物领域（scope）、成员国范围（domain）和管制性规则（regulatory rules）。刘宏松：《正式与非正式国际机制的概念辨析》，《欧洲研究》2009 年第 3 期。

③ 曲博：《合作问题、权力结构、治理困境与国际制度》，《世界经济与政治》2010 年第 10 期；［美］迈克尔·巴尔特、玛莎·芬尼莫尔：《为世界定规则——全球政治中的国际组织》，薄燕译，上海人民出版社 2009 年版。

④ 虽然规范影响和信息影响对于社会认同的影响是两个独立的过程，但是最新的社会认同理论研究成果认为：大多数时候，它们两者之间是一个共同作用的结果；主观不确定性从根本上说是一种社会产物，是由于意见分歧和社会冲突而导致的结果。规范可以成为行为间主观不确定性的一个均值，而信息互动可以促使行为体在均值上进行积极性博弈并导致对观点、看法、信念等的私下接受，而不仅仅是行为上的顺从。［澳］迈克尔·A. 豪格、［英］多米尼克·阿布拉姆斯等：《社会认同过程》，高明华译，中国人民大学出版社 2011 年版，第 210、213—215、216 页。

　　上述类比也适宜于社会意义的国家，社会建构主义认为，行为体、结构、利益及认同是互构的。"国家利益是根据国际上公认的规范（norm）和理解（understandings）——什么是善的和合适的来定义，规范的语境也随时间变化，当国际上公认的规范和价值变化时，它们就引起体系层面的规范和行为的相应转变。"① 这一如涂尔干所倡导的集体意识（collective consciousness）或麦独狐提出的群体心智（group mind）被植入一种社会道德因素而得到发扬光大。②从"思的哲学"（philosophy of mind）过渡到"心的哲学"（philosophy of heart），达到最优共在，进而产生人人同样满意的普遍受惠的利益改进——孔子改进（Confucian Improvement）。③ 或许这正是汤因比极力推崇儒教在东西方价值融合上发挥作用的重要理由。

　　然而，这并非意味着互动可以自然生成，国际规范的国内化还取决于目标国的政治体系及其意愿，同时也涉及国际与国内规范的协调或匹配，这也是处于体系前沿的国家需要关注的。

　　托马斯·里斯（Thomas Rise）指出，国际规范的国内化首先必须克服两个障碍：第一，国际规范必须有渠道进入"目标国"的政治体系；第二，国际规范必须能够在目标国内产生支持力量或者有助于这些力量的产生，以便目标国的决策能够向着它们所期望的方向变化。④ 国际规范影响政策变化的能力取决于它们能够在目标国取得支持和认同，而在国际规范的国内化过程中，国内结构也发挥着重要的作用。

　　所谓国内结构，是指国家的政治制度、社会结构以及连接两者的政策

---

　　① ［美］玛莎·费丽莫：《国际社会中的国家利益》，袁正清译，浙江人民出版社2001年版，译者序第3页。

　　② 涂尔干分析道："社会通过产生集体意识而影响个体，集体意识通过共有的行事方式表达出来，它是一种施加于行为之上的道德约束"，以同样的方式，麦独狐早在他的著作中引入了"群体心智"概念。［澳］迈克尔·A.豪格、［英］多米尼克·阿布拉姆斯等：《社会认同过程》，高明华译，中国人民大学出版社2011年版，第20—21页。

　　③ "孔子改进"的一个核心概念是"共在存在论"，即有利于一切存在的最优状况就是多样存在的兼容互惠合作，主要表现为，人之间的和谐共在将使每个人的利益和幸福都获得改善。和谐策略可以理解为一个强化了双赢效果的帕累托改进升级版，它能够解决一般帕累托改进难以避免的单边受益问题。作者用方程的形式对这一和谐策略进行了表述：某一方X要获得利益改进X＋，当且仅当，另一方Y必定同时获得利益改进Y＋，反之亦然。于是，促成X＋的出现是Y的优选策略，因为Y为了达到Y＋就不得不承认并促成X＋，反之亦然。赵汀阳：《每个人的政治》，社会科学文献出版社2010年版，第174—175、179—180页。

　　④ 林民旺、朱立群：《国际规范的国内化：国内结构的影响及其传播机制》，《当代亚太》2011年第1期。

网络。国内结构既包含政治与社会制度的组织结构、惯例、决策规则和程序（这些都包含在法律和传统之中），也包含内嵌于政治文化中的价值和规范。①国际规范国内化的过程，是指国家抵制、调整、适应直至最后内化国际规范的过程。② 国内规范与国际规范的匹配问题是影响国际规范普及的重要变量，规范或文化的不匹配将会导致冲突。③。

可以看出，全球治理之有效性表现于"国家主权与国际社会""公民社会与政府组织""实质民主与程序民主""个体权利与公共利益""治理与善治"之间找到切合点。④主导型国家特别是霸权国家如果仅立足于狭隘的单元体利益，而不考虑对方的安全，就不可能形成良性的互动，即便是有规范可依，也极有可能陷入零和游戏并引发安全困境。眼下欧洲所遇到的挑战和危机正是这样一种场景，欧洲在市场、身份、制度上三位一体的认同眼下受到了前所未有的挑战，因而亟须站在全球治理的高度进行战略整治。

最后，包容多元文明，在整体意识上推进体系的综合进步。

场景的不同、发展的不同、历史环境的不同、认知的不同等往往会造成制度、政体、机制的不同，这是全球体系演变和国际关系发展路径中的客观事实，但是，这并非意味着在国际规范建构上无法达成认同。人类在社会性、政治性和组织性、自律性以及友爱性等共同的特性是规范认同建构的基础，正如前述，《千禧年宣言》正是绝大多数体系行为体维护全人类利益上所达成的一个认同。

德国伦理哲学家孔汉思、库舍尔总结道：各种文化上都有金规则，而且在含义表述上"都惊人地相似"，"几乎可以说其逻辑意义是完全一致

---

① 林民旺、朱立群将国内结构概括为三个方面，即国内制度、国内利益和国内规范。林民旺、朱立群：《国际规范的国内化：国内结构的影响及其传播机制》，《当代亚太》2011 年第 1 期。

② 林民旺、朱立群：《国际规范的国内化：国内结构的影响及其传播机制》，《当代亚太》2011 年第 1 期。

③ 林民旺、朱立群就国际规范与国内规范的匹配问题提出了一个很好的假设，他们写道：如果国际规范和国内规范之间是对立的，那么国际规范在国内的传播将非常困难；如果国际规范和国内规范之间是部分包容的，那么国际规范在国内的传播将比较容易；如果国际规范是已有国内规范的一部分，那么国际规范将容易（自动地）在国内传播开来。林民旺、朱立群：《国际规范的国内化：国内结构的影响及其传播机制》，《当代亚太》2011 年第 1 期。

④ 上述几个条目的归类参考了俞可平教授"政治学研究的前沿问题"中所论述的几个概念并在内容上进行了调整。俞可平：《民主与陀螺》，北京大学出版社 2006 年版，第 29—37 页。

的"，这种认同的一致性表明了"金规则是放之四海而皆准的普遍必然原则，因而也是永恒的原则"。① 崇尚和平、反对暴力、保证福祉、促进发展因而成为不同文明所秉持的"黄金规则"而得到整个人类的热爱与推崇。

帝国的心态对美国产生了很大的影响。"一个在国际上更谦虚、更诚实，在国内社会和环境方面更雄心勃勃的美国，将会重新恢复它的国际形象，它将认识到武力与影响力并不是一回事，以及'过犹不及'的道理，换一句话说，少一点武力，也许就会多一点影响力。"②

"器物之利"毕竟不能从心源上解决问题。规范的建构往往体现于身份的自觉转换，即国际规范的内化，从"适当性逻辑"出发在心源上进行融合，这种途径建构起来的认同更持久、更牢固。③不难看出，所谓的"普世情怀"（cosmopolitan consciousness）也同"文化公民"连在一起，文化在此意义上或多或少昭示着人们对和平、秩序、友爱的崇尚。④

## 五

以上围绕国际规范问题的社会性、主体性和普适性问题进行了刍议，笔者尝试提出了解决国际规范普及过程中面临的二律背反困境之途径，然而，从国际规范与全球治理的现状看，仅此阐述是远远不够的。

由于规范本身的应然性的特点，如何将假设引入案例或实验，特别

---

① ［德］孔汉思、库舍尔编：《全球伦理：世界宗教议会宣言》，何光沪译，四川人民出版社1997年版；赵汀阳：《每个人的政治》，社会科学文献出版社2010年版，第52页。

② ［法］多米尼克·莫伊西：《情感地缘政治学：恐惧、羞辱与希望的文化如何重塑我们的世界》，姚芸竹译，新华出版社2010年版，第168页。

③ 马奇（March）和奥尔森（Olsen）在谈到国际规范化的机制时说，行为体的动力主要遵从两种逻辑：适当性逻辑和后果性逻辑。前者指的是行为体由于认同或者内化了群体所共有的意义和理解，因而调整并遵守来自体系层面的规范。后果性逻辑指的是行为体基于利益、成本、机会、权利等方面的权衡考虑，调整并遵守体系层面的规范。后果性逻辑可称之为"激励"机制。林民旺、朱立群分析称：这两种逻辑在国际规范国内化的过程中并不矛盾，经常在不同阶段同时发挥作用，任何特定行为都可能包含两种逻辑的因素。林民旺、朱立群：《国际规范的国内化：国内结构的影响及其传播机制》，《当代亚太》2011年第1期。

④ ［英］尼克·史蒂文森：《文化公民身份：世界性问题》，北京大学出版社（影印版）2010年版，第23页。

是，如何在措施层面进行推进仍是作者思考的一个方向。在学理层面，一些问题也亟待探索，比如新行为体自身认同建构路径对国际格局、国际关系及全球治理的影响，这些行为体不仅包括国家、区域性共同体、国家间组织、非政府组织，也包括宗教组织、跨国公司、利益集团甚至个人等；从体系突变或相变的角度考证国际规范紊乱给全球治理、国家政治失序可能带来的后果，比如关注金融、核事故、自然灾害甚至民族身份诉求等非传统安全因素对于全球治理国际关系、区域共同体带来的影响。

在认知领域，也亟须从政治心理学的视角从行为体和体系互动的角度探讨国际规范的建构。强权、实力、利益、霸权等因素仍不可避免地干扰着具有普遍意义的国际规范推进，而如何弱化"器物文明"从"力的哲学"过渡到"心的哲学"，推进国际规范认同的建构仍需要学者和政治家们做出艰苦的摸索，更需要主导型大国在行动上付诸实践。

就国内治理而言，中国与国际规范之间的矛盾并非是不可调和的。学者和政治家尚需本着历时性原则对结构和单元体的发展不平衡进行评估，从国内政治偏好、文化自觉性、文明之间的兼容性等角度进一步思考；并虑及"事实维度（to be）和价值维度（ought to be）""普遍价值和必要价值""天赋人权和预付人权"上的相互关系及其转化。① 在强调平衡性的同时，将价值或规范当作一个动态变量、一个陀螺，在螺旋式上升中逐步推进规范认同。②

当然，就人类的文化而言，并非我们仅提倡千篇一律的文化，否则便曲解了文化认同的实质。同质性和异质性的文化对全球治理均有意义，因此认同并非等于同化，至少不是强迫的同化。在体系层面上，文化认同更重要的表现在国家形式变化方面，而指导国家形式变化的是理念、价值、社会组织形式，以及人类在共享安全与繁荣上的认同。文化的认同过程类同于国家身份的扩展过程。这个进程"既是自组织的过程，又是选择的

---

① 新儒学试图用其融合的哲学本身试图拉近东西方的分歧与冲突，这种追求世界的终极和谐的尝试无疑是值得推崇的。特别是赵汀阳先生，在其基本著作中，试图从"天下""正己""共在"等理念出发，试图在政治哲学领域寻找东西方之间的相切点。关于上述几种关系的论述，可参见赵汀阳《每个人的政治》，社会科学文献出版社 2010 年版。

② 俞可平称"民主就像一个旋转的陀螺，重要的是旋转的过程。离开了这个旋转的过程，民主政治这个陀螺就会倒下，个人的权利就无从谈起。"俞可平：《民主与陀螺》，北京大学出版社 2006 年版，第 24 页。

过程；既是既定的，又是被建构的；即是自上而下的，又是自下而上的"。①

体系文化的生成对全球治理的有序推进具有十分重要的意义。多样性、广泛性、包容性本身也许就是全球治理的一个特征。日益全球化的国际社会呼吁一种更高级、更完善、更进步且有利于整个人类健康与发展的"世界文化"。从认同变量对体系转换的意义看，如果某一种认知得到普遍的共识并得到普及，那么这种对于体系的普遍认知便构成了一种"集体认同"。

从人类认同的进化历史看，如果说人类已经历了混沌认同、原始认同、古典国家认同、主权国家认同、后主权国家认同（正在经历）的话，那么，我们有理由相信，世界国家的出现是迟早的事。总之，"人类活动和交往的高密度既增加了现实中的相互依赖，也推进了全球意识的形成"②，全球层面的文化认同是我们正在经历的一种理念或事实，这是推进人类整个文明进步的诉求，也是推进全球治理的使然。

---

① 秦亚青、魏玲：《结构、进程与大国的社会化：东亚共同体建设与中国崛起》，载朱锋、[美] 罗伯特·罗思主编《中国崛起：理论与政策的视角》，上海人民出版社 2008 年版，第 236 页。

② [美] 巴里·布赞：《人、国家与恐惧：后冷战时代的国际安全研究议程》，闫健、李剑译，中央编译出版社 2009 年版，第 136 页。

# 全篇结语

本书将群体冲突化解与全球治理纳入了心理认同的分析范式，这主要得益于心理学、社会学、政治学及系统学等学科的支撑。在此意义上，心理认同研究或超越了社会心理学、政治心理学传统的理论范式，它融社会科学与自然科学为一体，试图集各大学科（尤其是哲学、历史、心理、政治）之大成，进而升华了社会认同与心理研究范式研究的含义。

基于上述认识，笔者在中观层面、宏观（宇观）层面做了一个分析尝试，即围绕认同的失范与重构，在个体、群体、实体以及体系以及社会进程、历史场景等维度进行了刍议，它多多少少构成了本书的一个特色，这是因为：

其一，基于微观的政治人格分析对于社会治理有着特殊的意义。从政治精英到平民百姓，其人格的形成同其家庭背景、教育经历、婚姻状况、宗教信仰、工作经历息息相关，而人格因素可以对决策或愿望产生影响。愿望可以在属于认知类型的机制的影响下得到塑造，通过心理干预可以达到消除或缓解冲突的目的。

其二，从群体心理的建构而言，社会潜意识或反社会人格的出现同社会治理中的一些异化因素相关联，风险是任何社会机制中的一个变量，既是自变量也是因变量；风险不仅仅意味着"挑战、困难、危机"，而且它还蕴藏着"机会、机遇、希望"，因此，针对负向认同所做出的干预可以延缓社会拐点的出现。

其三，国家心理的不确定性给国家本身以及全球治理带来的撞击不可小觑。脆弱、敏感、信息发酵、事件外溢成为当下国际体系的一个表征。国家的治理似乎不再可能回归传统的"黑匣子式"治理，人类生活的地球不再相互孤立或隔绝，人类的一切活动相互依存，各种行为体在体系的轨道内运作和发展，维护国家利益仍是这个社会的集体表征。

因此，在体系层面，我们须虑及健康体系心理对于形塑健康国家文化的意义。它不仅需要每个单元体国家自身的努力，而且更需要主导型或文明型大国之间的担当、合作与推进。体系心理学的建构并非是空洞无物的。雅各布斯在其《集体失忆的黑暗年代》著作中对于人类精神文化的缺失感到忧虑不无道理，他吁请人类重视文化、精神、心理对于推进人类文明进步的意义。① 或许，人类在文化、文明的发展模式、形式上的认同正是人类存在的本义或意义。

其四，从国家治理到全球治理离不开规范或机制作为调节的平台。这是因为，国内政治、经济之间的相互依存、大国博弈、地缘政治、地区冲突、媒体效应等因素往往还会对国内冲突推波助澜，并引发暴力的升级，导致社会治理紊乱，甚至国家解体、体系崩塌。单元体、规范、机制、体系之间的融合准则始终是从国内冲突到全球治理中一个不可逾越的因素。

所以，规范建构不仅构成了心理认同建构的载体，而且是化解社会冲突与应对全球治理的一个有效路径，推进规范认同是化解人类社会冲突的一个重要路径或步骤。规范认同中须关注众多的心理文化因素，从微观的角度上，治愈心灵创伤、培养利他主义行为、从人类的共同历史中寻求和解；重视教育的作用，塑造文化、人格以及自我意识、相信人性的善及人类的功能选择和积极的辅助措施。②

规范的建构尚须从单个人做起。尽管本书没有涉及个体的行为规范问题，但是这并非说它与社会治理无关。个人言谈举止不仅对自身修养有关系而且也影响国际关系、国家安全。如何从跨文化的传播上进行醒觉启发的路径值得研究。比如，如何从细节处提高国家的形象不可忽略，网上有了很多负面的报道，值得国人进行反思。尽管我们在国内被带上不同的省份、城市的标签，在国外我们只有一个"中国人"的身份。所以，做一个自信、物质与精神都富有、不卑不亢的中国人并非仅仅是一句宣传口号。

规范的建构同提升国别文化之间存在着必然的联系。中国要做一个负责任的具有影响力的大国或者说做一个真正的文明型国家，就必须慎思国

---

① ［美］简·雅各布斯：《集体失忆的黑暗年代》，姚大均译，中信出版社 2014 年版。

② "Healing from past wounds and altruism born of sufferings"，"Reconciliation and a shared history"，"Education that promotes caring and peace"，"Goodness and optimal human functioning"，Ervin Staub，"Notes on Cultures of Violence，Culture of Caring and Peace"，and "the Fulfillment of Basic Human needs"，"Active Bystandership"，Political Psychology，Vol. 24，No. 1，March 2003，pp. 10 - 19.

际规范的中国化、中国的规范国际化，或者说中国规范与国际规范之间的衔接与融合问题，这也是人类文化建设的一个重要内容。规范重建或重塑不仅构成中国文化体制重塑和建设的核心，也是振兴中国政治和社会科学的出路所在，同时也是振兴民族精神、重塑核心价值观之根本。规范的建设与推进与民族的自律、自觉性有重大关联，这也是民族精神塑造之要件。

民族精神反映于一个民族的文化自尊性、自信心、责任心等多个层面。比如，文化或者规范建设的一个重要目的应该是培育我国国民的理性或成熟的心态，也就是既不能被人牵着鼻子走，也不能过高估计自己。文化民粹主义、文化帝国主义都与全球治理的真实含义是相悖的，在这个意义上，如何将中国的和谐理念植入全球治理对中国自身和世界都意义重大。

然而，本书的观点及论证并非是无可挑剔的，就学科的进步性而言，尚需在许多方面做出努力。

其一，心理认同范式亟须实证研究。本书的研究成果某种程度上只是提供了一种理论的假设或架构，尽管其中也不乏一些具体案例、一些模型或数据分析。但是，就心理认同范式的框架研究而言，亟须在一些具体问题上（比如关于心理认同的建构或干预）进行深入研究，在案例、数据与框架上进行补充或扩展。

其二，在心理认同研究范式的研究上，亟须在学科融合与嫁接上做出进一步尝试。一方面受篇幅所限，对于其中的一些内容（比如示威机制、心理范式）不能无限制地展开。而更重要的是，囿于笔者浅薄的学识，对于个别学科（比如物理相变）自愧不能做到完全的融会贯通。所以，笔者始终有一种忐忑不安感，并希望能在以后的研究中做进一步的探讨。

其三，笔者对于现实的社会治理（包括全球治理）只能做到纸上谈兵。一系列现实的与形而上的问题始终萦绕在笔者的脑际：

如果说醒觉意识已成为当代公共意识的一部分，就示威建制而言，如何将国际上示威管理机制与我国的应急管理模式进行嫁接？比如，韩国的或西方的示威机制是否适宜于我们自身的场景或者说如何嫁接？在体系心理建构方面，如果说主权国家治理仍是当代理想的治理模式，那么，在非常态的国际场景中，如何应对形形色色认同对国家认同的挑战？在认同融合层面，政党认同、国家认同与宗教如何进行嫁接？

如果说，政治认同建立在价值理念基轴上，比如就像后现代文化、后物质主义、存在主义、嬉皮士文化以及新中世纪主义给当代的国家政治带来的撞击与反思的那样，我们需要观察与研究的是未来一段时期内新生代的政治文化转型朝什么方向发展？青年一代如何对待政治认同的钟摆效应或钟形曲线①：对政治冷漠还是重拾政治的灵感与热情、向左还是向右？

就意识形态认同而言，如果说政治学家福山所总结的"历史终结"值得推敲，那么政治认同是否还会发生突然逆转或回弹，历史现象是否还会重演？人类的世界朝什么方向发展？它对国家政治文化、全球主义制度文化有何借鉴，东方文明与西方文明，礼俗文化与法理文化如何得以融合或嫁接？在此意义上，人类如何在共生主义的政治认同下繁衍生息与幸福地生活？

上述问题将是笔者今后一段时间内思考与研究的方向，笔者也期待着就本书之议题尤其是上述强调的问题向广大的专家、学者、读者虚心请教。任何本着向善、进步与发展之理念或批评建议，笔者都将由衷地表示感谢与学习。总之，全球化的场景下，社会治理已跨越国界，走向全球，政治治理成了已不再从属于"哲学王"的专属议题，推进国家治理、解决全球治理困境，除了国际社会中的主要行为体发挥能动的作用，也离不开我们每个人的参与与奉献。

---

① 社会科学家经过研究发现，在大多数民主国家中，政治观点就像一条钟形曲线：大量的人处于中间，而越向左或右移动，人数就越少。[美] 迈克尔·罗斯金：《国家的常识：政权·地理·文化》（插图第 10 版），夏维勇、杨勇译，世界图书出版社 2013 年版，第 215 页。

# 参考文献

### 中文著作

1. 艾学蛟：《危机：突发事件经典案例解析与实用指南》，中国长安出版社 2011 年版。

2. 陈桂棣、春桃：《中国农民调查》，人民文学出版社 2004 年版。

3. 陈南国：《历史潜规则》，中央编译出版社 2011 年版。

4. 陈志尚：《人学原理》，北京出版社 2004 年版。

5. 董群：《融合的佛教》，宗教文化出版社 2002 年版。

6. 冯友兰：《中国哲学简史》，涂又光译，北京大学出版社 1985 年版。

7. 高连奎：《世界如此危机》，上海三联书店 2013 年版。

8. 葛剑雄、周筱赟：《历史学是什么》，北京大学出版社 2002 年版。

9. 郭湛主编，王维国、郑广永副主编：《社会公共性研究》，人民出版社 2009 年版。

10. 胡守钧：《社会共生论》，复旦大学出版社 2012 年版。

11. 胡治洪：《全球语境中的儒家论说：杜维明新儒学思想研究》，生活·读书·新知三联书店 2004 年版。

12. 黄小燕编：《西方文化地图》，中国长安出版社 2004 年版。

13. 江宜桦：《自由主义、民族主义与国家认同》，扬智文化事业股份有限公司 1998 年版。

14. 蒋明君：《生态安全学导论》，世界知识出版社 2012 年版。

15. 李从军：《价值体系的历史选择》，人民出版社 2008 年版。

16. 李家宏：《人类自觉的新起点》，国家行政学院出版社 2012 年版。

17. 李希光、李珮主编：《软实力要素》，法律出版社 2010 年版。

18. 李霞：《圆融之思——儒道佛及其关系研究》，安徽大学出版社 2005 年版。

19. 李永清：《如何应对重大突发事件——以深圳经验为例》，中央编译出版社 2011 年版。

20. 李中莹：《重塑心灵》，世界图书出版公司北京公司 2006 年版。

21. 梁丽萍：《中国人的宗教心理——宗教认同的理论分析与实证研究》，社会科学文献出版社 2004 年版。

22. 卢凌宇：《论冷战后挑战主权的理论思潮》，中国社会科学出版社 2004 年版。

23. 陆汉文、沈洋、何良、岳要鹏：《非政府组织与灾后重建》，华中师范大学出版社 2011 年版。

24. 马胜利、杨主编：《欧洲认同研究》，社会科学文献出版社 2008 年版。

25. 闵家胤：《进化的多元论：系统哲学的新体系》（增订版），中国社会科学出版社 1999 年版。

26. 闵家胤选编：《社会系统等级结构研究（研究性论文集)》，冯鹏志、徐继明、缪建英翻译，单继刚统校，中国社会科学出版社 2011 年版。

27. 欧阳英：《走进西方政治哲学》，中央编译出版社 2006 年版。

28. 钱振勤、钱湘泓主编：《宗教与文化》，国防工业出版社 2005 年版。

29. 单波：《跨文化传播的问题与可能性》，武汉大学出版社 2010 年版。

30. 申荷永：《心理分析：理解与体验》，生活·读书·新知三联书店 2005 年版。

31. 沈一兵：《系统视野下城市突发公共事件的生成、演化与控制》，科学出版社 2011 年版。

32. 上海市社会科学界联合汇编：《全球治理：新认识与新事件：上海市社会科学界第十届学术年会文集（2012 年度）世界经济·国际政治·国际关系学科卷》，上海人民出版社 2012 年版。

33. 上海证大研究所：《文明的和解：中国和平崛起以后的世界》，人民出版社 2005 年版。

34. （汉）司马光：《资治通鉴》（第一卷），中央民族大学出版社 2002 年版。

35. 史仲文：《中国人走出死胡同》，中国发展出版社 2004 年版。

36. 铁戈：《荒漠之岩：反犹主义与阴谋论解析》，世界图书出版公司北京公司 2013 年版。

37. 王保健：《图解政治学》，五南图书出版公司 2013 年版。

38. 王宏伟：《重大突发事件应急机制研究》，中国人民大学出版社 2010

年版。

39. 王家忠：《人性、社会、心灵：社会潜意识研究》，山东人民出版社2006年版。

40. 王逸舟：《全球政治和中国外交》，世界知识出版社2003年版。

41. 王逸舟：《创造性介入：中国外交新取向》，北京大学出版社2011年版。

42. 王逸舟：《探寻全球主义国际关系》，北京大学出版社2005年版。

43. 吴国林、孙显曜：《物理学哲学导论》，人民出版社2007年版。

44. 吴思：《血酬定律：中国历史中的生存游戏》，中国工人出版社2003年版。

45. 吴瑛：《文化对外传播：理论与战略》，上海交通大学出版社2009年版。

46. 夏建平：《认同与国际合作》，北京知识出版社2006年版。

47. 肖佳灵：《国家主权论》，时事出版社2003年版。

48. 张建新：《国际体系变革与新型大国关系》，上海人民出版社2013年版。

49. 徐峰：《当代台湾政党政治研究》，时事出版社2009年版。

50. 徐博：《马尔库塞否定性思想研究》，社会科学文献出版社2011年版。

51. 徐正、夏德元：《突发公共事件与微博治理研究》，浙江大学出版社2014年版。

52. 俞可平：《民主与陀螺》，北京大学出版社2006年版。

53. 俞可平主编：《国家治理与评估——中国与世界》，中央编译出版社2009年版。

54. 俞沂暄：《国家特性与世界秩序：对国际政治变迁的研究》，时事出版社2009年版。

55. 余英时：《文史传统与文化重建》，生活·读书·新知三联书店2004年版。

56. 赵戒斐：《政党政治与政治现代性：基于马克思主义政治哲学视野的研究》，中央编译出版社2010年版。

57. 赵汀阳：《天下体系：世界制度哲学导论》，江苏教育出版社2005年版。

58. 赵汀阳：《每个人的政治》，社会科学文献出版社2010年版。

59. 张静：《法团主义》，中国社会科学出版社 2005 年版。

60. 张全义：《世界国家生成机理初探——全球集体认同的生成与模式转换研究》，光明日报出版社 2010 年版。

61. 张维为：《中国震撼：一个"文明型国家"的崛起》，上海世纪出版集团、上海人民出版社 2011 年版。

62. 张蕴岭主编：《构建和谐世界：理论与实践》，社会科学文献出版社 2008 年版。

63. 周殿富：《领袖政治学——自柏拉图以来政治生存法则的历史陈述》，吉林人民出版社 2007 年版。

64. 朱锋、［美］罗伯特·罗思主编：《中国崛起：理论与政策的视角》，上海人民出版社 2008 年版。

65. 朱贻庭：《儒家文化和和谐社会》，学林出版社 2005 年版。

66. ［奥］弗洛伊德等：《心灵简史》，高申春等译，线装书局 2003 年版。

67. ［奥］斯蒂芬·茨威格：《异端的权利》，张晓辉译，吉林人民出版社 2011 年版。

68. ［澳］埃克尔思：《脑的进化：自我意识的创生》，潘泓译，上海科技教育出版社 2004 年版。

69. ［澳］迈克尔·A. 豪格、［英］多米尼克·阿布拉姆斯等：《社会认同过程》，高明华译，中国人民大学出版社 2011 年版。

70. ［澳］欧文·E. 休斯：《公共管理导论》（第三版），中国人民大学出版社 2004 年版。

71. ［澳］约翰·C. 埃克尔斯：《脑的进化：自我意识的创生》，潘泓译，上海科技教育出版社 2004 年版。

72. ［德］埃里亚斯：《个体的社会》，翟三江、陆兴华译，译林出版社 2013 年版。

73. ［德］费迪南·滕尼斯：《共同体与社会——纯粹社会学的基本概念》，林荣远译，北京大学出版社 2010 年版。

74. ［德］弗里德里希·梅尼克：《世界主义与民族国家》，孟钟捷译，上海三联书店 2007 年版。

75. ［德］黑格尔：《小逻辑》，贺麟译，商务印书馆 2007 年版。

76. ［德］拉尔夫·乔治·劳埃特：《大逆转 1919：希特勒反犹背后的欧洲史》，陈艳译，陕西人民出版社 2012 年版。

77. ［德］克劳斯·迈因策尔：《复杂性思维：物质、精神和人类的计算动力学》，曾国屏、苏俊斌译，上海辞书出版社 2013 年版。

78. ［德］孔汉思、库舍尔编：《全球伦理：世界宗教议会宣言》，何光沪译，四川人民出版社 1997 年版。

79. ［德］诺贝特·埃利亚斯：《个体的社会》，翟三江、陆兴华译，译林出版社 2006 年版。

80. ［法］艾哈尔·费埃德伯格：《权力与规则——组织行动的动力》，张月等译，上海人民出版社 2006 年版。

81. ［法］多米尼克·莫伊西：《情感地缘政治学：恐惧、羞辱与希望的文化如何重塑我们的世界》，姚芸竹译，新华出版社 2010 年版。

82. ［法］古斯塔夫·勒庞：《革命心理学》，佟德志、刘训练译，吉林人民出版社 2011 年版。

83. ［法］古斯塔夫·勒庞：《乌合之众：大众心理学研究》，冯克利译，中央编译出版社 2005 年版。

84. ［法］雷蒙·阿隆：《知识分子的鸦片》，吕一民、顾杭译，凤凰出版传媒集团 2005 年版。

85. ［法］卢梭：《社会契约论》，施新州译，北京出版社 2008 年版。

86. ［荷］彼得·李伯庚：《欧洲文化史》，赵复三译，上海社会科学院出版社 2003 年版。

87. ［加］安德鲁·芬博格：《海德格尔和马尔库塞：历史的灾难与救赎》，文成伟译，上海社会科学院出版社 2010 年版。

88. ［加］安德鲁·F. 库珀、［波］阿加塔·安特科维茨主编：《全球治理中的新兴国家——来自海利根达姆进程的试验》，史明涛、马骏等译，上海人民出版社 2009 年版。

89. ［加］黛布拉·斯蒂格主编：《世界贸易组织的制度再设计》，汤蓓译，上海人民出版社 2010 年版。

90. ［加］霍尔斯蒂：《和平与战争：1648—1989 年的武装冲突与国际秩序》，王浦劬译，北京大学出版社 2005 年版。

91. ［加］卡列为·霍尔斯蒂：《和平与战争：1648—1989 年的武装冲突与国际秩序》，王浦劬译，北京大学出版社 2005 年版。

92. ［加］威尔弗雷德·坎特韦尔·史密斯：《宗教的意义与终结》，董江阳译，中国人民大学出版社 2005 年版。

93. ［黎］纳迪姆·艾勒·基斯尔：《信仰的历程》，优博译，天马出版有限公司 2006 年版。

94. ［美］阿兰·斯密德：《制度与行为经济学》，刘璨、吴水荣译，中国人民大学出版社 2006 年版。

95. ［美］爱德华·卡尔：《二十年危机》，世界知识出版社 2003 年版。

96. ［美］爱德华·W. 萨义德：《东方学》，王宇根译，生活·读书·新知三联书店 1999 年版。

97. ［美］埃里克·欧林·赖特主编：《阶级分析方法》，马磊、吴菲等译，复旦大学出版社 2011 年版。

98. ［美］艾米·蔡：《大国兴亡录》，刘海青、杨礼武译，新世界出版社 2013 年版。

99. ［美］巴里·布赞、［丹麦］琳娜·汉森：《国际安全研究的演化》，余潇枫译，浙江大学出版社 2011 年版。

100. ［美］保罗·肯尼迪：《大国的兴衰：1500—2000 年的经济变迁与军事冲突》，陈景彪等译，国际文化出版公司 2007 年版。

101. ［美］本杰明·富兰克林：《我的奋斗：本杰明·富兰克林成长自传》，万绍红译，陕西师范大学出版社 2005 年版。

102. ［美］布朗编：《比较政治学读本》（世界政治与国际关系原版影印丛书），北京大学出版社 2003 年版。

103. ［美］查尔斯·库普乾：《美国时代的终结——美国外交政策与 21 世纪的地缘政治》，潘忠岐译，上海人民出版社 2004 年版。

104. ［美］查尔斯·W. 凯格利：《世界政治走向新秩序》，夏维勇、阮淑俊译，世界图书出版社 2010 年版。

105. ［美］查尔斯·蒂利：《集体暴力的政治》，谢岳译，上海世纪出版社 2006 年版。

106. ［美］查尔斯·蒂利：《民主》，维洪钟译，上海人民出版社 2009 年版。

107. ［美］D·洛耶编著：《进化的挑战——人类动因对进化的冲击》，胡恩华、钱兆华、颜剑英译，社会科学文献出版社 2004 年版。

108. ［美］戴维·S. 兰德斯：《国富国穷》，门洪华、安增才等译，新华出版社 2010 年版。

109. ［美］格伦·廷德：《政治思考：一些永久性的问题》（第 6 版），王宁坤译，世界图书出版社 2010 年版。

110. ［美］拉塞尔·哈丁：《群体冲突的逻辑》，刘春荣、汤艳文译，上海人民出版社 2013 年版。

111. ［美］哈罗德·R. 克博：《社会分层与不平等：历史、比较、全球视角下的阶级冲突》，蒋超等译，上海人民出版社 2012 年版。

112. ［美］汉斯·摩根索：《国际纵横捭阖论——争强权，求和平》，卢明华、时殷弘、林勇军译，上海译文出版社 1994 年版。

113. ［美］汉斯·摩根索：《国家间的政治：寻求权利与和平的斗争（完全版）》（世界政治与国际关系原版影印丛书·学术精品系列），汤普森修订，北京大学出版社 2005 年版。

114. ［美］贝克：《你不可不知道的 50 个物理知识》，马潇潇译，人民邮电出版社 2010 年版。

115. ［美］贾恩弗朗哥·波齐：《国家：本质、发展与前景》，陈尧译，上海世纪出版社 2007 年版。

116. ［美］简·雅各布斯：《集体失忆的黑暗年代》，姚大均译，中信出版社 2014 年版。

117. ［美］杰里米·里夫金：《第三次工业革命：新经济模式如何改变世界》，张体伟、孙豫宁译，中信出版社 2012 年版。

118. ［美］加洛蒂：《认知心理学》（第三版），吴国宏等译，陕西师范大学出版社 2005 年版。

119. ［美］凯格利、雷蒙：《从战争到和平：国际政治中的重大决策》（世界政治与国际关系原版影印丛书），北京大学出版社 2003 年版。

120. ［美］肯尼思·约瑟夫·阿罗：《社会选择：个性与多准则》，钱晓敏等译，首都经济贸易大学出版社 2000 年版。

121. ［美］拉西特等：《世界政治：供选择的菜单》（世界政治与国际关系原版影印丛书），北京大学出版社 2003 年版。

122. ［美］劳伦斯·纽曼：《社会研究方法：定性和定量的取向》（第五版），郝大海译，中国人民大学出版社 2007 年版。

123. ［美］罗伯特·杰维斯：《国际政治中的知觉与错误知觉》，秦亚青译，世界知识出版社 2003 年版。

124. ［美］罗伯特·门斯切：《市场、群氓和暴乱——对群体狂热的现代观点》，郑佩芸、朱欣微、刘宝权译，上海财经大学出版社 2007

年版。

125. ［美］罗兰·罗伯森：《全球化社会理论和全球文化》梁光严译，上海人民出版社 2000 年版。

126. ［美］罗纳德·L. 约翰斯通著：《社会中的宗教——一种宗教社会学》，袁亚愚、钟玉英译，四川人民出版社 2012 年版。

127. ［美］曼瑟尔·奥尔森：《集体行动的逻辑》，陈郁、郭宇锋、李崇新译，格致出版社、上海三联书店、上海人民出版社 1995 年版。

128. ［美］迈克尔·巴尼特、玛莎·芬尼莫尔：《为世界定规则：全球政治中的国际组织》，薄燕译，上海人民出版社 2009 年版。

129. ［美］迈克尔·哈特、［意］安东尼奥·奈格里：《帝国》，杨建国、范一亭译，凤凰出版传媒集团、江苏人民出版社 2008 年版。

130. ［美］迈克尔·罗斯金：《国家的常识：政权·地理·文化》（插图第 10 版），夏维勇、杨勇译，世界图书出版社 2013 年版。

131. ［美］欧文·拉兹洛：《人类的内在限度，对当今价值、文化和政治的异端反思》，黄觉、闽家胤译，社会科学文献出版社 2004 年版。

132. ［美］彼得·卡赞斯坦主编：《国家安全的文化：世界政治中的规范与认同》，宋伟、刘铁娃译，北京大学出版社 2009 年版。

133. ［美］彼得·卡赞斯坦、罗伯特·基欧汉、斯蒂芬·克拉斯纳编：《世界政治理论的探索与争鸣》，秦亚青、苏长和、门洪华、魏玲译，上海世纪出版集团 2006 年版。

134. ［美］彼得·D. 希夫：《国家为什么会崩溃》，刘寅龙译，中信出版社 2013 年版。

135. ［美］乔恩·埃尔斯特：《政治心理学》，陈秀峰、胡勇译，吉林出版集团有限责任公司 2010 年版。

136. ［美］乔治·索罗斯：《这个时代的无知与傲慢：索罗斯给开放社会的建言》，欧阳卉译，中信出版社 2012 年版。

137. ［美］撒穆尔·伊诺克·斯通普夫、詹姆斯·菲泽：《西方哲学史——从苏格拉底到萨特及其后》（影印第 8 版），世界图书出版公司、后浪出版公司 2013 年版。

138. ［美］孙隆基：《中国文化的深层结构》，广西师范大学出版社 2004 年版。

139. ［美］托马斯·弗里德曼：《世界是平的》，何帆、肖莹莹、郝正非译，湖南科学技术出版社 2006 年版。

140. ［美］托马斯·弗里德曼：《世界又热又平又挤》，王玮沁译，湖南科学技术出版社 2009 年版。

141. ［美］托马斯·库恩：《必要的张力——科学的传统和变革论文选》，范岱年、纪树立译，北京大学出版社 2005 年版。

142. ［美］托马斯·R. 戴伊：《理解公共政策》（第十二版），中国人民大学出版社 2009 年版。

143. ［美］汪翔：《奥巴马大传》，长江文艺出版社 2008 年版。

144. ［美］西摩·马丁·李普塞特：《共识与冲突》，张华青等译，竺乾威校，上海世纪出版集团 2011 年版。

145. ［美］约翰·特纳等：《自我归类论》，杨宜音、王兵、林含章译，中国人民大学出版社 2011 年版。

146. ［美］约瑟夫·泰恩特：《复杂社会的崩溃》，邵旭东译，海南出版社 2010 年版。

147. ［美］威廉·恩道尔：《霸权背后：美国全方位主导战略》，吕德宏、赵刚、顾秀林译，知识产权出版社 2009 年版。

148. ［美］威廉·詹姆斯：《宗教经验之种种：对人性的研究》，蔡怡佳、刘宏信译，广西师范大学出版社 2008 年版。

149. ［美］威亚尔达：《比较政治学导论：概念与过程》，娄亚译，北京大学出版社 2005 年版。

150. ［美］文森特·鲁吉罗：《超越感觉：批判性思考指南》，顾肃、董玉荣译，复旦大学出版社 2010 年版。

151. ［美］约瑟夫·奈：《理解国际冲突：理论与历史》（世界政治与国际关系原版影印丛书·学术精品系列），北京大学出版社 2005 年版。

152. ［美］詹姆斯·多尔蒂、小罗伯特·普法尔茨格拉夫：《争论中的国际关系理论》（第五版），世界知识出版社 2002 年版。

153. ［美］詹姆斯·G. 马奇、［挪］约翰·P. 奥尔森：《重新发现制度：政治的组织基础》，张伟译，生活·读书·新知三联书店 2011 年版。

154. ［美］赵志裕、康萤仪：《文化社会心理学》，刘爽译，中国人民大学出版社 2010 年版。

155. ［美］朱迪斯·戈尔茨坦、罗伯特·O. 基欧汉：《观念与外交政策：信念、制度与政治变迁》，刘东国、于军等译，北京大学出版社 2005

年版。

156. ［日］入江昭：《20 世纪的战争与和平》，李静阁、颜子龙、周永生译，世界知识出版社 2005 年版。

157. ［意］多梅尼克·洛苏尔多：《自由主义批评史》，王崇兴、张蓉译，商务印书馆 2014 年版。

158. ［意］诺伯特·波比奥：《民主与独裁：国家权力的性质和限度》，梁晓君译，吉林人民出版社 2010 年版。

159. ［意］维罗里：《从善的政治到国家理由》，郑红译，吉林人民出版社 2010 年版。

160. ［印］阿马蒂亚·森：《理性与自由》，李风华译，中国人民大学出版社 2006 年版。

161. ［英］阿兰·巴纳德：《人类学历史与理论》，王建民、刘源、许丹译，华夏出版社 2006 年版。

162. ［英］阿诺德·汤因比：《“文化和无政府”及其他著作》（影印本），中国政法大学出版社 2003 年版。

163. ［英］阿诺德·汤因比：《历史研究》，刘北成、郭小凌译，上海世纪出版集团、上海人民出版社 2005 年版。

164. ［英］安德鲁·海伍德：《政治学核心概念》，吴勇译，天津人民出版社 2008 年版。

165. ［英］巴里·布赞：《人、国家与恐惧——后冷战时代的国际安全研究议程》，闫健、李剑译，中央编译出版社 2009 年版。

166. ［英］波特兰·罗素：《西方的智慧》，崔权醴译，文化艺术出版社 2004 年版。

167. ［英］戴维·贾奇、格里·斯托克、［美］哈罗德·沃尔曼：《城市政治学理论》，刘晔译，上海人民出版社 2009 年版。

168. ［英］菲利普·鲍尔：《预知社会——群体行为的内在法则》，暴永宁译，当代中国出版社 2010 年版。

169. ［英］哈利迪：《革命与世界政治》，张帆译，世界知识出版社 2006 年版。

170. ［英］克里斯托弗·胡德：《国家的艺术：文化、修辞与公共管理》，彭勃、邵春霞译，上海世纪出版集团 2008 年版。

171. ［英］罗斯玛丽·克朗普顿：《阶级与分层》，陈光金译，复旦大学出版社 2011 年版。

172. ［英］尼克·史蒂芬森：《文化公民身份：世界性的问题》，北京大学出版社 2010 年版。

173. ［英］尼尔·弗格森：《西方的衰落》，米拉译，中信出版社 2013 年版。

174. ［英］尼尔·弗格森：《虚拟的历史》，颜筝译，中信出版社 2012 年版。

175. ［英］尼尔·弗格森：《帝国》，雨珂译，中信出版社 2012 年版。

176. ［英］R. G. 柯林伍德：《历史的观念》，尹锐、方红、任晓晋译，光明日报出版社 2007 年版。

177. ［英］沃尔特·白芝浩：《物理与政治——或"自然选择"与"遗传"应用于政治社会之思考》，金自宁译，上海三联书店 2008 年版。


**中文期刊**

1. 蔡亮：《共生性国际体系与中国外交的道、术、势》，《国际观察》2014 年第 1 期。

2. 明金维：《美元投机套利交易规模空前：分析人士警告——美"零利率"正酝酿全球资产泡沫》，《解放日报》2010 年第 4 期。

3. 林民旺：《国际关系的前景理论》，《国际政治科学》2007 年第 4 期。

4. 林民旺、朱立群：《国际规范的国内化：国内结构的影响及其传播机制》，《当代亚太》2011 年第 1 期。

5. 刘宏松：《非正式国际机制的形式选择》，《世界经济与政治》2010 年第 10 期。

6. 刘宏松：《正式与非正式国际机制的概念辨析》，《欧洲研究》2009 年第 3 期。

7. 潘亚玲：《安全化、国际合作与国际规范的动态发展》，《外交评论》2008 年 6 月总第 103 期。

8. 秦亚青：《世界格局、国际制度与全球秩序》，《现代国际关系》2010 年庆典特刊。

9. 曲博：《合作问题、权力结构、治理困境与国际制度》，《世界经济与政治》2010 年第 10 期。

10. 宋伟：《国际规范、国家认同与国家行为——国家安全的文化述评》，

《国际政治研究》2008 年第 2 期。

11. 苏长和：《中国与全球治理——进程、行为、结构与知识》，《国际政治研究》（季刊）2011 年第 1 期。

12. 田野：《关于国家间交易成本的一个思辨》，《欧洲研究》2006 年第 1 期。

13. 张全义：《乔治·W. 布什中东政策的政治心理分析》，《阿拉伯世界研究》2008 年第 2 期。

14. 张全义：《社会大拐点与干预分析》，《经济要参》2014 年第 26 期。

15. 张全义、常笑：《大学生宗教信仰态势分析》，《经济要参》2012 年第 29 期。

16. 张全义：《从韩国做法看如何处置游行示威》，《公安内参》2014 年第 45 期。

17. 张全义：《从前景理论视角看美国的对华战略》，《国际关系学院学报》2012 年第 3 期。

18. 张全义：《中日钓鱼岛纷争与中日战略机遇期碰撞刍议》，《经济要参》2014 年第 2 期。

19. 张全义：《人、国家与体系心理：国际政治社会学的一种诠释》，《国际观察》2014 年第 5 期。

20. 张全义：《采访亚历山大·温特：探寻建构主义的"问题领域"》，《国际观察》2017 年第 1 期。

21. 张全义：《世界国家还是国家世界——全球认同生成的路及其困境分析》，《国际政治研究》2011 年第 2 期。

22. ［美］彼得·卡赞斯坦：《多元多维文明构成的世界》，《世界经济与政治》2010 年第 11 期。

**外文著作**

1. 3 – Randy Charles Epping, *A Beginner's Guide to the World Economy*, New York: Vintage Books, 2001.

2. Acquiring Editor, *The SAGE Handbook of Conflict Communication*, *Integrating Theory*, *Research*, *and Practice* (*I – II*), Library of Congress, 2006.

3. Anthony D. Smith, *Nationalism and Modernism*, *A Critical Survey of Recent Theories of Nations and Nationalism*, Routledge, 2003.

4. Anthony D. Smith, *National Identity*, University of Nevada Press, 1991.

5. Bruce Cronin, *Community Under Anarchy*, *Transnational Identity and the E-volution of Cooperation*, Columbia University, 1999.

6. Barry H. Steiner, *Collective Preventive Diplomacy*, State University of New York Press, 2004.

7. Benedict Anderson, *Imagined Community: Reflections on the Origin and Spread of Nationalism*, London: Verso, 1983.

8. Carl von Clausewitz, *On War*, *Wordsworth Classics of World Literature*, 1997.

9. Carrie Menkel – Meadow, *Dispute Processing and Conflict Resolution*, *Theory and Policy*, ASHGATE/Dartmouth Publishing Company, 2003.

10. Charles W. Kegley, Jr. , Gregory A. Raymond, Fateful Decisions in International Politics, Peking University Press, 2003.

11. Cristina Bicchieri, *The Grammar of Society*, Cambridge University Press, 2005.

12. Edward S. Herman and Noam Chomsky, *Manufacturing Consent*, *the Political Economy of the Mass Media*, Pantheon Books, 1988.

13. Geert Hofstede, *Cultural' s Consequences*, *Second Edition*, Sage Publications, 2001.

14. George A. Craig, Alexander L. George, Force and Statecraft, *Diplomatic Problems of Our Time* ($2^{nd}$ edition), Oxford University Press, 1990.

15. Herbert I. Schiller, *Communication and Cultural Domination*, International Arts and Sciences Press, INC. , 1976.

16. Hobart A. Burch, *The Why's of Social Policy*, *Perspective on Policy Preferences*, Praeger Publishers, 1991.

17. James E. Dougherty, Robert L, Praltzgraff, Jr. , *Contending Theories of International Relations*, *A Comprehensive Survey* ($5^{th}$ edition) , Peking University, 2004.

18. James M. Poland, *Understanding Terrorism: Groups*, *Strategies*, *and Responses*, Pearson Prentice Hall, 2005.

19. James R. Townsend, Brantly Womack, *Politics in China*, Little, Brown and Company Ltd. , 1986.

20. Jim Wallis, God's Politics, *Why the Right Gets It Wrong and the Left Doesn't Get It*, Harper Collins Publishers, 2005.

21. John Baylis& Steve Smith, *The Globalization of World Politics*, An Introduction to International Relations (3$^{rd}$ edition), University Press, 2004.

22. John Baylis & Steve Smith, *The Globalization of World Politics* (third edition), Oxford University Press, 2005.

23. John Galtung, *The True World*, A Transnational Perspective, The Free Press, 1980.

24. John G. Oetzel, Stella Ting - Tooomey, *The SAGE Handbook of Conflict Communication*, Integrating Theory, Research, and Practice, SAGE publications, 2006.

25. John Lewis Gaddis, *The Long Peace*, Oxford University Press, 1987.

26. John R. Searle, *The Construction of Social Reality*, Free Press, 1995.

27. John Rawls, *A Theory of Justice* (Revised Edition), Harvard University Press, 1999.

28. John T. Rourke, *International Politics on the World Stage* (7$^{th}$ edition), University of Connecticut, Dushkin/Mcgraw - Hill, 1999.

29. Joseph R. Mitchell, Helen Buss Mitchell, William K. Klingaman, R. K. McCaslin, Taking Sides, Clashing Views on Controversial Issues in World Civilizations, Volume I, *From Ancient Times to the Rise of National States*, Dushkin/McGraw - Hill, 1998.

30. Joseph S. Tulchin, Amelia Brown, *Democratic Governance and Social inequality*, Woodrow Wilson International Centre for the Scholars, 2002.

31. Marilynn B. Brewer, Miles hewstone, *Self and Social Identity*, Blackwell Publishing, 2004.

32. Marth Finnemore, *National Interests in International Society*, Cornell University Press, 1996.

33. Marshall R. Singer, *Intercultural Communication: A Perceptual Approach*, Prentice Hall, The copy was provided in 2008.

34. Michael Hechter and Karl - Dieter Opp, Editors, *Social Norms*, Russell Sage Foundation, 2001

35. Miles Kahler, *International Institutions and the Political Economy of Inte-*

gration, The Brooklings Institution, 1995.

36. Peter N. Stearns, Michael Adas, Stuart B. Schwartz, *World Civilizations*: *The Global Experiences*, Volume II 1450 to Present, Harper Collins Publishers, 1992.

37. Richard E. Nisbett, *The Geography of Thought, How Asians and Westerners Think Differently…and Why*, Free Press, 2003.

38. Robert O. Keohane, Joseph S. Nye, *Power and Interdependence*, Peking University Press, 2004.

39. Robert Gilpin, *War and Change in World Politics*, Peking University Press, 2005.

40. Robert L. Wendzel, *International Relations, A Policymaker Focus*, John Wiley & Sons, 1977.

41. Rober Kupperman, Darrell Trent, *Terrorism, Threat, Reality, Response*, Hoover Institution Press, 1979.

42. Rose McDermott, *Political Psychology in International Relations*, The University of Michigan Press, 2007.

43. Samuel Freeman ed. John Rawls, *Collected Papers*, Harvard University Press, 1999.

44. Samuel P. Huntington, *The Clash of Civilizations and the Remaking of World Order*, Simon & Schuster, 1996.

45. Sean Byrne and Cynthia L. Irvin, *Reconcilable Differences—Turning Points in Ethnopolitical Conflict*, Kumarian Press, 2000.

46. Shi – xu, *A Cultural Approach to Discourse*, Palgrave Macmillan, 2005.

47. Shu Guang Zhang, *Mao's Military Romanticism, China and the Korean War*, 1950 – 1953, University Press of Kansas, 1995.

48. Sino – Soviet Alliance, 1949 – 1963, *Woodrow Wilson Centre Press*, Standford University Press, 2001.

49. Vincent Mosco and Janet Wasko, *The Political Economy of Information*, The University of Wisconsin Press, 1988.

50. Walter Carilsnaes, Thomas Risse and Beth A. Simmons, *Handbook of International Relations*, Sage Publications, 2006.

51. William A. Hachten, James F. Scotton, *The World News Prism, Global*

*Media in an Era of Terrorism* (*Sixth Edition*)，Iowa State Press，2002.

52. William B. Gudykunst，*Theorizing about International Intercultural Communication*，California State University，Fullerton，2005.

53. William B. Gudykunst, Young Yun Kim, *Communication with Strangers*, *An Approach to Intercultural Communication* (4$^{th}$ *edition*)，California State University，University of Oklahoma，2003.


## 外文期刊和报刊文章

1. Alan Beattie and Alan Rappeport，"Soaring US Trade Deficit Fuels Tension"，*Financial Times*，15 October，2010.

2. "Accomodation in International Conflict"，*International Relations*，Vol. 20，Number 1，March 2006.

3. Alexander Wendt，"Collective Identity Formation and the International State"，*The American Political Science Review*，Vol. 88，No. 2，June 1994.

4. Alexander Wendt，"Social Theory as Cartesian science, An Auto – critique from a Quantum Perspective"，*European Studies of International Relations*，Vol. .

5. Alexander Wendt，"The State as Person in International Theory"，*Review of International Studies*，2004，30.

6. Bruce W. Jentleson and Christopher A. Whytock，"Who 'Won' Libya? The Force Diplomacy Debate and Its Implications for Theory and Policy"，*Robert F. Trager and Dessislava Pernational Relations*，Vol. 9 (4) .

7. Christopher Chase – Dunn，Yukio Kawano，Benjamin D，Brewer，"Trade Globalization since 1795：Waves of Integration in the World – System"，*American Sociological Review*，Vol. 65，February 2005.

8. David A. Lake，"Escape from the State of Nature：Authority and Hierarchy in World Politics"，*International Security*，Vol. 32，No. 1，Summer 2007.

9. David A. Lake，"The New Sovereignty in International Relations"，*International Studies Review*，Vol. 5，Issue 3，September 2003.

10. David L. Anderson，"One Vietnam War Should Be Enough and Other Reflections on Diplomatic History and the Making of Foreign Policy"，*Diplo-*

*matic History*, January 2006, Vol. 30, No. 1.

11. David Schweingruber, "Mob Sociology and Escalated Force: Sociology's Contribution to Repressive Police Tactics", *The Sociological Quarterly*, Vol. 41, No. 3.

12. Ervin Staub, "Notes on Cultures of Violence, Culture of Caring and Peace, and the Fulfillment of Basic Human Needs", *Political Psychology*, Vol. 24, No. 1, March 2003.

13. Howard L. Williams, "Back from the USSR: Kant, Kaliningrad and World Peace"; Samuel Azubuike, "To Appease or to Concede? Contrasting Two Modes of Accomodation in International Conflict", *International Relations*, Vol. 20 (1).

14. Jan Klabbers, "The Meaning of Rules", Friedrich Kratochwill, "On Legitimacy", Chris Brown, "Conceptions of a Rule – Governed International Order: Europe vs, America?", Mark Imber, "The Reform of the UN Security Council", *International Relations*, Vol. 20, September 2006.

15. Joel Migdal, "State Building and the Non – Nation – State", *Journal of International Affairs*, Vol. 58, No. 1, Fall 2004.

16. John Gerring, "What Is a Case Study and What Is It Good for?", *American Political Science Review*, Vol. 98, No. 2, May 2004.

17. John J. Mearsheimer, E. H. Carr vs Idealism, The Battle Rages On; Peter Stirk, "The Westphalian Model, Sovereignty and Law in Fin – de – siecle German International Theory"; Michael Blowfield, "Corporate Social Rseponsibility – The Failing Discipline and Why it Matters for Internaitonal Relations"; Emad El – Din Aysha, "September 11 and the Middle East Failure of US 'Soft Power', Globalisation contra Americanisation in the 'New' US Century", *International Relations*, Vol. 19, No. 2, June 2005.

18. John Williams, "Pluralism, Solidarism and the Emergence of World Society in English School Theory", *International Relations*, Vol. 19 (1), 2005.

19. Johan A. Gentry, "Norms and Military Power: NATO'S War Against Yugoslavia", *Security Studies*, Vol. 15, No. 2 (April – June), 2006.

20. Jonathan Monten, "Thucydides and Modern Realism", *International Studies Quarterly*, Vol. 50, 2006.

21. Joseph S. Nye Jr. "US – China Relationship, A Shift in Perception of Power", *Los Angeles Times*, 6 April, 2011.

22. J. Samuel Barkin, "Realist Constructivism", *International Studies Perspectives*, Vol. 5, Issue 4, November 2004.

23. Kim D. Reimann, "A View from the Top: International Politics, Norms and the Worldwide Growth of NGOS", *International Studies Quarterly*, Vol. 50, 2006.

24. Martha Grenshaw, "Explaining Suicide Terrorism, A Review Essay", Vol. 16, No. 1, January – March 2007.

25. M. Taylor Fravel, "Regime Insecurity and International Cooperation: Explaining China's Compromises in Territorial Disputes", *International Security*, Fall 2005, Vol. 30, No. 2.

26. Nancy Bernkopt Tucker, "If Taiwan Chooses Unification, Should the United States Care?", *The Washington Quarterly*, Summer 2002.

27. Nancy Bernkopf Tucker, "Taiwan Expendable? Nixon and Kissinger Go to China", *The Journal of American History*, June 2005.

28. Patrick Tyler, "The (Ab) normalization of U. S. – Chinese Relations", *Foreign Affairs*, September/October.

29. Robert A. Pape, "Soft Balancing against the Unitd States", T. V. Paul, "Soft Balancing in the Age of the U. S. Primacy", Stephen G. Brooks and William C. Wohlforth, "Hard Times for Soft Balancing", Keir A. Lieber and Gerard Alexander, "Waiting for Balancing: Why the World Is Not Pushing Back", *Internaitonal Security*, Vol. 30, No. 1, Summer 2005.

30. Robert T. Kudrle, "Globalization by the Numbers, Quantitative Indicators and the Role of Policy", *International Studies Perspectives*, Vol. 5, Issue 4, November 2004.

31. Ronald Inglehart and Wayne E. Baker, "Modernization, Cultural Change, and the Persistence of Traditional Values", *International Studies Quarterly*, Vol. 65, No. 1, February 2000.

32. Shelley Rigger, "Disaggregating the Concept of National Identity", *From The Evolution of A Taiwanese Identity*, Vol.

33. Special Issue, "National Identity in Europe, Political Psychology", *Jour-

*nal of the International Society of Political Psychology*, Vol. 24, No. 2, June 2003.

34. Stephen J. Majeski, "Asymmetric Power Among Agents and the Generation and Maintenance of Cooperation in International Relations", *International Studies Quarterly*, Vol. 48, No. 2, June 2004.

35. Taku Tamaki, "Confusing Confucius in Asian Values? A Constructivist Critique", *International Relations*, Vol. 21 (3), September 2007.

36. Thomas J. Christensen, "The Contemporary Security Dilemma, Deterring a Thaiwan Conflict", *The Washington Quarterly*, Autumn 2002.

37. Vaughn P. Shannon and Michael Dennis, "Militant Islam and the Futile for Reputation", Vol. 16, No. 2, April – June 2007.

38. William A. Gallahan, "War, Shame, and Time, Pastoral Governance and National Identity in England and America", *International Studies Quarterly*, 2006, 50.

39. Yun – han Chu and Jih – wen Lin, "Political Development in 20th – Century Taiwan, State Building, Regime Transformation and the Construction of National Identity", *The China Quarterly*.

40. Zagorcheva, "Detering Terrorism, It Can Be Done", *International Security*, Vol. 30, No. 3, Winter 2005.

41. Zhang Quanyi, "Applying Soft Power to Resolving the Syria Conflict", *Dialogue & Alliance*, *A Journal of the Universal Peace Federation*, Summer 2014, Vol. 28, No. 1.

42. David A. Lake, "Escape from the State of Nature, Authority and Hierarchy in World Politics", *International Security*, Vol. 32, No. 1, Summer 2007.

43. Jeffrey T. Checkel, "International Institutions and Socialization in Europe", *International Organization*, Vol. 59, No. 4, Fall 2005.


**电子文献**

1. 《2012 年我国突发公共事件舆情与应对分析》（http：//yjy. people. com. cn/ n/2013/0608/c245083 – 21791373. html）

2. 《党报评民众抵制 PX 项目："散步"非最佳途径》（http：//cd. qq. com/a/

20130508/000285. htm)

3. 《复旦投毒案：因琐事杀人带来什么的反思?》（http://view. news. qq. com/zt2013/fudanpoison/index. htm)

4. 《关于法国大革命的分析》（http://view. news. qq. com/zt2012/tkwer/index. htm? pgv_ ref = aio2012&ptlang = 2052）

5. 《官场素描：究竟是什么样的压力导致官员频频自杀》（http://forum. home. news. cn/post/viewPost. do? ver = 1&id = 133020908）

6. 《官员升迁前后成抑郁症病发高点：宁肯死 不住院（图）》（http://www. cpd. com. cn/n10216060/n10216158/c23407295/content. html）

7. 《湖州政府不顾民意，一意孤行将长兴撤县设区》（http://bbs. tianya. cn/post – 828 – 429828 – 1. shtml）

8. 《环球时报：自由亚洲电台勾结东突煽动"仇汉"》（http://news. sohu. com/20140705/n401802725. shtml）

9. 《经济学家：中国最富的1%人口 拥有全国1/3 房产》（http://business. sohu. com/20140514/n399539644. shtml）

10. 《军科院公方彬大校披露谷俊山案部分详情》（http://news. sohu. com/20140406/n397816839. shtml）

11. 《茂名PX事件前的 31 天：专家曾建议邀请群众参观》（http://news. sohu. com/20140405/n397795293. shtml）

12. 《美国"弗格森骚乱"波及 34 州 90 城 超过 80 人被捕》（http://news. sohu. com/20141126/n406387506. html）

13. 任志强：《改革之难在于要求利益集团放弃固有利益》（http://business. sohu. com/20131208/n391443406. shtml）

14. 孙立平：《在搜狐博客新年联欢会上的演讲》（http://sun – liping. blog. sohu. com/300327867. html）

15. 王毅：《2014 不是 1914 更不是 1894》（http://news. sina. com. cn/c/2014 – 03 – 09/040029659821. shtml）

16. 《王毅就中国的外交政策和对外关系答记者问（二）》 （http://news. 163. com/14/0308/13/9MQLJRPG00014JB5_ 2. html）

17. 《习近平：空气质量直接关系群众幸福感》（http://news. sohu. com/20140308/n396248280. shtml）

18. 《许怀熔："周恩来所树立的新中国外交风格"》（http://

www. people. com. cn/GB/shizheng/8198/9405/34150/2543663. html）

19. 《英国："如果不对科学家实施道德约束，地球恐将变成人猿星球"》（http：//news. xinhuanet. com/world/2011 – 07/31/c_ 121746225. htm）

20. 《袁世凯与中国现代化的"假晶现象"（三）——中国现代化的"假晶现象"》（http：//blog. sina. com. cn/s/blog_ 67cc3b260102dy9d. html）

21. 《云南副省长沈培平被调查 民间称其"拆迁大佐"》（http://hen. chinadaily. com. cn/n/2014 – 03 – 10/NEWS13443. html）

22. 《中国（海南）改革发展研究院院长迟福林称，改革过程中，高层的思路很清楚，基层政府有决心，关键是中间环节有障碍》（http：//news. sohu. com/20140224/n395520055. shtml）

23. 《中国成功解密水分子》（http：//news. mydrivers. com/1/290/290042. htm）

24. 《中国哲学简史》第七章《儒教的理想主义派：孟子》（http：//www. phil. pku. edu. cn/res/files/fengyoulan/chph/fyl07. html）

25. 朱海军：《地理位置决定论论纲》（http://www. nows. com/c/zgyj2000/zgyj0005/g000525b. html）

26. 《丁咚："为何说普京是个独特的独裁者?"》（http://dingdong550. blog. sohu. com/306854198. html）。

27. Minxin Pei. An Assertive China a "New Normal"? ［DB/OL］. （http://the – diplomat. com/2010/11/24/an – assertive – china – the – new – normal/2/）

28. Seth Cropsey. Keeping the Pacific Pacific：The Looming U. S. – Chinese Naval Rivalry ［DB/OL］. （http：//www. foreignaffairs. com/articles/66752/seth – cropsey/keeping – the – pacific – pacific? page = 2）

29. William H. Overholt. China and Globalization ［DB/OL］. （http://www. rand. org/pubs/testimonies/CT244. html）

# 重要人名及词目索引

# 后 记

　　自 2012 年初稿杀青已逾两年有余，至今几易其稿，但每次打开稿件总感到有许多东西需要修订与补充，疏漏与瑕疵肯定在所难免，自己深感江郎才尽，在此只能恳请同仁与读者批评与指正。

　　同时，感激与感谢的话一定要说的，否则我会心里不安。

　　集腋成裘，笔者发现平日的积累对于学术研究是多么的重要，尤其是对我这个社会治理领域的门外汉而言；近年来积累的相关历史、哲学、宗教、社会治理、物理政治方面的书籍一次次帮助了我，所以，我从内心里感谢那些为学术作出贡献的集大成者；笔者不得不提到一些对笔者影响比较大的书籍，像《西方哲学思想史原著选读》《复杂社会的崩溃》《世界文明的源泉》《国家的常识》《冲突与一致》《预知社会》等不一而足。对于那些从事翻译的学者与出版社我也从心底里想表达一份感激，正是那些优秀的翻译作品才使自己对原著有了更深入的了解，或者说，避免了笔者对于一些理念、模式等内容上的望文生义或囫囵吞枣。

　　在频繁的学术旅程中，笔者还走访或请教了不少国内外学者、友人甚至邂逅的不知名的旅行者、愤世嫉俗的青年学者。他们在一些领域的慧识与洞见消除了我许许多多的盲点。微博、微信上的公知议论也启发了笔者的不少灵感，我不排除其中的观点有偏执或者宣泄的成分所在。但包容是学术创新与进步的前提，他们其中的一些议论针中时弊、发人深省，有政策建言，有人物分析，其中的一些观点的确很值得借鉴。"位卑未敢忘国忧"，就学术争鸣而言，所有的民众须发扬光大公知的爱国精神、责任意识与奉献精神。

　　专家与学者们的真知灼见或真诚的建议总是令笔者获益匪浅，其中的一些建议或忠告令人难以忘怀，似乎它们仍停留于笔者的耳际。北京大学的王逸舟教授、外交学院的秦亚青教授、上海外国语大学的胡礼忠教授多年来一直在鼓励笔者在学术上进行探索，他们关于国际政治与国内政治、国内规范与国际规范、历史场景对于现实的制约等阐述给了笔者不少灵感，并使笔者在孤独的理论岛中得到了鼓励与慰藉。一些专家学者如国务院发展研究中心的何玉兴先生关于政治文化中的"假肢现象、假晶现象"的阐释，已故宪政学者曹思源关于法治与宪政关系的阐述，《求是》杂志杨发喜博士论及的社会潜意识与民情之关系，上海外国语大学武心伯教授提及的社会意识和心理对于治理的作用，中国社会科学院研究员江时学提供的关于拉美社会分析的资料，复旦大学沈丁立、肖佳灵两位教授分别围绕"相变理论"与主权和国家核心利益关系的批评与分析，浙江大学余逊达、教授关于群体冲突与社会治理、关系的点评，清华大学张清敏教授、北京外国语大学尹继武副教授在共同体会议上关于体系心理学话语的建议，国际生态生命安全科学院院士蒋明君在生态政治对于冲突诱发的高论，俄亥俄州立大学亚历山大·温特关于国家心理的论断，澳大利亚麦考利大学朱利安·诸葛博士从犯罪心理学的角度谈及的对极端暴力遏止的机制，新华社宁波分社郑黎社长就"邻避效应"发表的议论，浙江国际政治研究会的吕有志教授、朱志华教授、《改革内参》王屹老师、《公安内参》郑宗昌老师在关于文化建设、国外示威机制稿件评审中提出的慧见，一些从事社会治理一线工作者还合中国国情就案例适用性方面提出的十分宝贵的建议。上述学人与社会治理人士的建议高屋建瓴，令笔者受益无穷。

此外，笔者的友人 Kathleen Hwang 等在会晤中也提出了不少新颖的观点；在写作过程中，笔者所在单位的学者、同仁与领导及科技部的负责人，课题的团队刘勇、王艳、孙祥生、牛芃以及我所主持的英语共同体同仁及学生在问卷调研与分析、文档编辑等方面给予了具体的支持；中国社会科学出版社编辑侯苗苗老师在出版立项、后期编辑等方面做了大量的工作。

尤其值得一提的是，浙江大学非传统安全与和平发展研究中心主任余潇枫教授欣然应邀为拙著赐序。

对于上述大师、学人、同仁真诚的关怀与帮助，笔者在此一并表示发自内心的谢忱。

最后，再一次感谢我的妻子、父母及家人多年来对我工作的无私支持与帮助，而爱女的聪颖与发奋及其在学业上所取得的佳绩也给我的研究带来了不少精神上的愉悦，她们分别收到韩国延世大学与日本早稻田大学、东京大学录取通知书，并获得奖学金。总之，亲人、友人们的关爱、鼓舞与爱女之奋进永远是我生活与学术追求的动力。

张全义

2014 年 12 月于宁波万里学士路公寓